반려동물행동지도사를 위한

반려동물 훈련학 이론과 실무

반려동물행동지도사를 위한

반려동물 훈련학 이론과 실무

김병석 · 장인배 공저

동문사

일러두기

- 본문에서 사용하는 용어 중 리드줄은 영어로 Leash이며 국내 반려견 보호자들이 일반적으로 사용하는 단어이므로 사용하였다.
- 본문에서 사용하는 단어 중 초크체인(choke chain) 등 체인(chain)은 영어로 Collar이며 국내에서 사용하는 단어이므로 체인이라는 단어를 사용하였다.
- 본문에서 사용하는 일부 단어들은 국내에서 사용하는 단어로서 영어 표기는 다를 수 있다.
- 본문에서 사용하는 놀이, 게임 등은 훈련이나 행동교정(행동치료) 시 효과를 높이기 위해 저자가 사용한 것이다.
- 본문에서 사용한 훈련 및 행동교정(행동치료) 방법은 예로서 개의 견종적 특성, 개체별 특성에 알맞게 사용해야 하며, 본문에서 사용한 방법이 일반화될 수 없는 경우도 있을 수 있다. 모든 개는 저마다 다른 기질, 경험, 환경 등에 알맞은 방법으로 훈련해야 한다. 훈련 및 행동교정(행동치료)은 종합적으로 분석하여 그 방법을 적용해야 한다.

머리글

1991년 동물보호법이 제정되었다. 동물보호법 제3조 동물호보의 원칙이 정립된 이후 33년 전과 비교해 동물보호와 복지에 많은 발전이 이루어졌다. 그중에 하나가 많은 관계자분들의 노고로 시행되는 국가자격증 반려동물행동지도사 제도이다. 제1회 반려동물행동지도사 1차 필기시험이 2024년 8월 24일 시행될 예정이다. 반려동물행동지도사는 반려동물과 보호자 간의 중요한 연결고리이다. 전문가의 한마디로 인해 반려견은 행복과 불행이 결정되어질 수 있다.

반려동물행동지도사는 반려동물의 행동과 심리를 이해해야 한다. 단순하게 기계적으로 훈련과 행동교정을 하는 경우, 눈앞에서 훈련성과가 나타나고, 문제행동이 교정된 것처럼 보일 수 있다. 하지만 전문가라면 깊은 지식과 경험을 기반으로 반려동물과 보호자의 반려생활을 깊이 고민해야 한다.

저자는 전문가와 반려인들에게 필요한 전문가적 자질로서 개에 대한 행동학적 특징, 형태학적 특징, 학습원리, 훈련방법 등에 대해 서술하였다.

반려동물행동지도사는 반려동물에 대한 배려, 생명존중, 공감 능력 등 인간적 자질이 필요하다. 지나치게 일방적인 인간 중심적 사고방식이 아닌 반려견의 생명을 존중하고 고통을 줄이는 방식으로 훈련과 행동교정이 이루어져야 한다. 이러한 자질은 이 시대가 필요로 하는 반려동물행동지도사의 자질이다.

이 책에서는 반려견 훈련 및 행동교정을 위해 폭력적인 방법을 써도 된다는 견해를 받아들이지 않는다. 그 이유는 반려견을 이해하지 못한 상태에서 폭력적인 방법을 사용한다면 반려견을 학대하는 사람들에게 폭력적인 방법을 사용해도 된다는 선례로 사용될 수 있기 때문이다.

올바른 반려견 훈련 문화는 전문가들이 앞장서서 이성적인 방법을 사용할 때 발전한다고 믿는다. 전문가라면 반려견에게 고통과 두려움을 주지 않고 비폭력적이며 효과적인 방법을 찾을 의무가 있다.

이 책은 반려동물행동지도사가 되고자 하는 분들에게는 자격시험 준비를 위한 수험서이고, 반려견들과 생활하는 반려인들을 위한 훈련 및 행동교정 가이드북이다.

반려견 훈련과 행동교정 목표는 반려견, 반려인, 비반려인 모두가 행복해지는 것이다. 이 목표를 달성하기 위해 할 수 있는 합리적이고 이성적인 방법을 이 책을 통해 찾기를 희망한다.

김병석, 장인배

반려동물행동지도사 자격시험

2급 1차 필기시험(총 5개 과목) 시험과목 및 출제범위

시험과목	출제범위	시험시간
반려동물 행동학 (20문항)	• 반려동물 행동의 개념 • 반려동물의 행동발달 • 반려동물의 정상행동 • 반려동물의 의사소통 • 반려동물의 문제행동	120분
반려동물 관리학 (20문항)	• 반려동물의 복지 • 영양관리 • 건강관리 • 환경관리 • 운동 및 행동관리 • 반려견개론 및 견종 표준	
반려동물 훈련학 (20문항)	• 반려견 훈련개념 및 훈련의 영향요인 • 반려견의 학습이론 • 훈련원리의 활용 • 반려견 훈련능력 평가와 활용	
직업윤리 및 법률* (20문항)	• 동물보호법 • 소비자기본법 • 기타 생활법률 • 반려동물행동지도사의 직업윤리	
보호자 교육 및 상담 (20문항)	• 반려동물 보호자의 개념과 역할 • 반려동물 보호자 교육 계획수립 • 반려동물 보호자 교육방법 • 반려동물문제행동 예방교육 • 고객상담 • 반려견 위탁서비스 • 사후관리	

* '법률' 과목은 해당 시험시행일 기준으로 시행 중인 법률·규정·기준 등을 적용하여 정답 처리함.

2급 2차 실기시험(작업형 총 1개 과목) 시험과목 및 출제범위

시험과목	출제범위	시험시간
반려동물 기본 지도능력 – (공통) 규격 15m×15m 이상, ‘ㅁ자’ 도식 – (선택) 지역 및 실내·외 시험장	1. 견줄하고 동행하기(상보·속보·완보) 2. 동행 중 앉기 3. 동행 중 엎드리기 4. 동행 중 서기 5. 부르기(와) 6. 가져오기 * 덤벨, 장난감, 공, 인형 등 개인 지참이 가능하나, 지참물건에 먹이·간식 등을 넣어 평가의 공정성을 해하는 경우 부정행위로 간주 * 미지참 시 시험장에 비치된 공용 ‘물건’ 사용 7. 악수하기 8. 짖기 9. 지정장소로 보내기(하우스) * 컨넬 등 개인 지참이 가능하나, 지참물건에 먹이·간식 등을 넣어 평가의 공정성을 해하는 경우 부정행위로 간주 * 미지참 시 시험장에 비치된 공용 ‘상판’ 사용 10. 기다리기(대기) * 견줄 없이 3분 기다리기	15분

| 2급 2차 실기시험 도식도 |

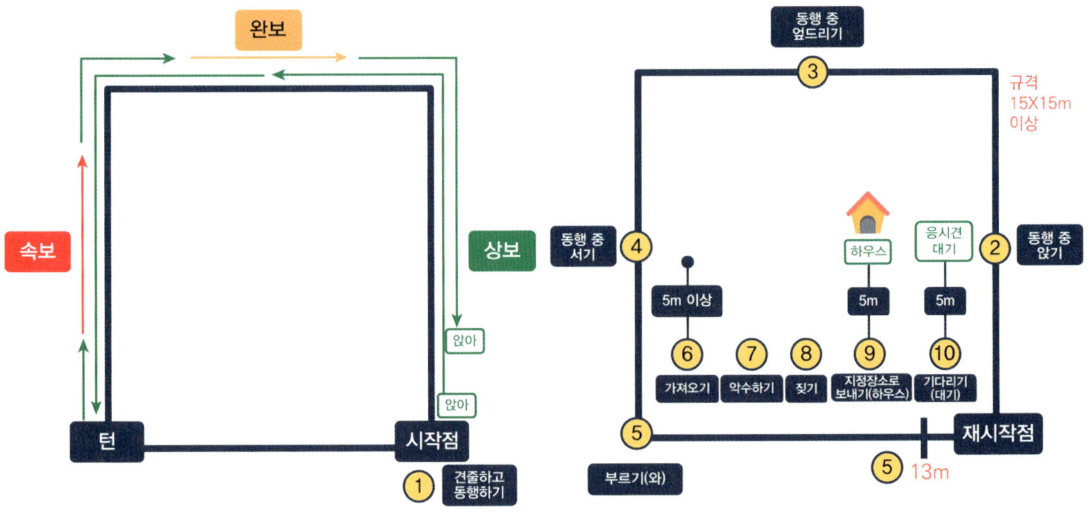

평가항목 및 진행사항(15분 이내)

❶ **견줄하고 동행하기**

❷ **동행 중 앉기**

❸ **동행 중 엎드리기**

❹ **동행 중 서기**

*응시견이 앉았다 일어서는 동작도 가능

*응시견은 심사위원 지시가 있을 때까지 약 3~5초 서 있는 상태 유지

❺ **부르기(와)**

❻ **가져오기**

*개인이 지참한 덤벨, 장난감, 공, 인형 등

❼ **악수하기**

*왼쪽, 오른쪽 순서에 상관없이 각각 한번씩 진행

❽ **짖기**

*1회 명령에 응시견은 3회 이상 짖어야 한다.
단 명령은 3회까지만 허용

❾ **지정장소로 보내기(하우스)**

❿ **기다리기(대기)**

결격사유

「동물보호법」 제32조(반려동물행동지도사의 결격사유 및 자격취소 등) 제1항 다음 각 호의 어느 하나에 해당하는 사람은 반려동물행동지도사가 될 수 없다.

- 피성년후견인
- 정신질환자 또는 마약류의 중독자
  * 「정신건강증진 및 정신질환자 복지서비스에 관한 법률」 제3조제1호, 「마약류 관리에 관한 법률」 제2조제1호
  * 다만, 정신건강의학과 전문의가 반려동물행동지도사 업무를 수행할 수 있다고 인정하는 사람 가능
- 동물보호법을 위반하여 벌금 이상의 실형을 선고받고 그 집행이 종료(집행이 종료된 것으로 보는 경우를 포함한다)되거나 집행이 면제된 날부터 3년이 지나지 아니한 경우
- 동물보호법을 위반하여 벌금 이상의 형의 집행유예를 선고받고 그 유예기간 중에 있는 경우

합격기준

시험등급	시험구분	합격기준
2급	1차 필기시험	전 과목 평균 60점 이상, 각 과목 40점 이상 – 총 5개 과목(100문항), 문항당 5점, 각 과목 100점
	2차 실기시험	60점 이상 – 작업형 총 1개 과목(10개 항목), 평가항목별 상이, 100점

* 동물보호법 시행령 제14조의4제2항에 따라, 1차 시험에 합격한 사람에 대해서는 합격한 날로부터 2년간 해당 자격시험의 1차 시험을 면제

※ 반려동물행동지도사 국가자격시험에 관한 자세한 사항은 반려동물행동지도사 자격정보시스템 (https://apms.epis.or.kr/pet/home/kor/main.do)에서 확인하시기 바랍니다.

차 례

Part 02 훈련이론의 적용

Part 03 개의 문제행동

Part 04 탐지견

PART

01

개의 행동학

Chapter 01

개 행동의 개념과 분류

학습목표

1. 동물행동학의 개념을 이해한다.
2. 동물행동의 분류를 이해한다.

1. 동물행동학의 개념

1) 동물행동학의 정의

동물행동학(Ethology)이란 동물의 행동, 형태, 습성뿐만 아니라 진화, 유전, 학습, 환경 등의 관찰을 통하여 동물행동에 대해 과학적으로 탐구하는 학문이다.

동물의 행동은 자극(Stimulus)에 대한 반응(Response)으로 설명되어 왔다. 동물행동의 원인은 외부로부터의 자극(시각, 청각, 촉각, 후각, 미각 등), 신체 내에서의 호르몬(hormone)의 분비에 의한 내부적인 자극도 모두 포함될 수 있다. 최근에는 동물 인지와 감정에 관한 연구도 진행되어 동물행동에 관해서 다양한 관점에서 연구되며 발전되고 있다.

근대 동물행동학의 개척자인 네덜란드의 생물학자 니콜라스 틴베르겐(Nikolaas Tinbergen, 1907~1988), 오스트리아의 생물학자 콘라트 로렌츠(Konrad Z. Lorenz, 1903~1989), 카를 폰 프리슈(Karl von Frisch, 1886~1982)가 동물의 개별적 · 사회적 행동 패턴의 구조와 도출에 관한 발견(For their discoveries concerning organization and elicitation of individual and social behaviour patterns)으로 1973년 노벨 생리의학상을 수상하면서 동물행동학 분야가 20세기 후반에 큰 발전하는 계기를 만들었다.

로렌츠의 경우의 『Man Meet Dog』라는 책을 통해, 개에게 세 가지 필수적인 명령어를 규정하였다. 첫 번째 명령어는 '엎드려(down)'로 '기다려(stay)'의 의미를 포함하고 있다. 두 번째는 '여기에(place)'로 원문에서는 basket으로 표현하였으며, '저쪽으로 가라'라는 의미를 포함하고 있다. 반려동물행동지도사 실기에서 "하우스"라고 이해하면 된다. 세 번째는 '따라(heel)'로 '나와 함께 가자'라는 의미이다.

로렌츠

틴베르겐

프리슈

그림 1-1 동물행동학의 개척자

그림 1-2 진화론의 찰스 다윈

A. 적의를 가지고 또 다른 개에게 접근하는 개의 모습

B. 애정을 담은 마음 상태의 자신을 낮춘 개의 모습

C. A와 동일한 마음 상태의 잡종 셰퍼드의 모습

D. 주인에게 몸을 비벼 대는 동일한 개의 모습

그림 1-3 개의 다양한 감정 표현

출처: 인간과 동물의 감정 표현(다윈, 1872).

다윈은 1872년 『인간과 동물의 감정 표현(The Expression of the Emotions in Man and Animals)』을 출간하였다. 이 책에서 다윈은 정서적 삶의 생물학적 측면에 관한 인간 특성의 동물행동 기원과 동물의 감정 표현에 관해 연구하였다.

특히 다른 동물 개, 원숭이 등의 감정 표현에 대해 다양한 사진과 그림을 담았다. 또한 다윈은 "인간의 유래와 성 선택"에서 학습된 행동이 유전될 수 있다는 연구 결과를 발표하였다.

2. 동물행동의 분류

1) 동물행동의 유형에 다른 분류

동물의 행동은 각각의 동물 개체가 자신의 생존에 필요한 기본적인 욕구를 충족시키는 개체유지행동과 혼자서 행동하는 것이 아닌 주변 다른 개체들과 상호작용을 받으면서 행동하는 사회행동으로 구분할 수 있다.

(1) 개체유지행동

개체유지행동은 개체가 생활하고 생존하기 위해서 필요한 행동으로 생리적, 신체적 욕구를 충족시키는 개별적인 행동을 말한다.

예를 들면, 먹이 먹기, 배변하기, 그루밍(Grooming), 잠자기, 휴식하기 등의 행동으로 대부분의 개체유지행동은 다른 개체들과 상관없이 스스로 할 수 있는 행동이다.

(2) 사회행동

사회행동은 개체별로 행동을 하는 것이 아닌 복수의 개체가 모여 함께 상호작용을 하며 행동하는 것을 의미한다.

번식기에 종의 번식을 위해 하는 성행동, 다른 개체보다 돋보이게 하려고 하는 과시(Display), 다른 개체로부터 고유의 영역을 지키기 위해 방어행동, 다른 개체를 물리치기 위한 공격행동, 무리를 이루는 동물의 경우 우열을 나누는 서열행동, 새끼를 돌보는 양육행동, 다른 개체들과의 놀이행동 등의 사회행동으로 나눌 수 있다.

표 1-1 개체유지행동과 사회행동

개체유지행동	사회행동
먹이 먹기	과시하기(Display)
배변하기	짝짓기
그루밍(Grooming)	공격하기
잠자기	세력권 방어
휴식하기	새끼 양육하기
탐색하기	친화행동(놀이)

2) 동물행동의 발달과 변화에 따른 분류

동물은 태어나 점차 성장하면서 주변 환경과의 상호작용을 통해 죽을 때까지 행동은 정교하고 다양하게 발달한다.

(1) 선천적 행동(생득적 행동, Innate behavior)

선천적 또는 생득적이라는 것은 동물이 태어나면서부터 하는 행동을 말하는 것으로 학습이나 연습, 모방하지 않고, 또한 환경에서의 영향을 받지 않고 발달하는 행동을 뜻한다. 이러한 선천적 행동의 조합으로 각각의 동물 종의 행동을 특징짓는다.

선천적 행동으로는 나방이 빛의 자극에 따라 다가가는 반응, 연어가 물을 거슬러 올라가 번식하는 행동, 무의식적으로 행동하는 무조건반사 등은 동물 자신의 생존과 보호하는 데 매우 중요하다. 특히 무조건반사로는 개의 눈물, 침의 분비, 땀 분비, 배변, 하품 등과 고양이의 입위반사, 동공반사, 무릎반사 등이 해당한다.

(2) 후천적 행동(습득적 행동, Acquired behavior)

동물은 태어나 성장하면서 다양한 환경과 경험(experience)을 통해 각기 다른 상황에 알맞은 행동을 한다. 모든 동물은 주변 환경으로부터 영향을 받고 생활하며 어미, 같은 종 또는 다른 동물로부터 살아가는 데 필요한 기술이나 행동 방법 등을 배워가며 살아간다. 훈련(training)을 통해 학습된 내용으로 행동교정(Modification)하는 것 또한 후천적 행동이다. 반복된 습관, 조건반사(Conditioned reflex), 인지(Cognition) 등도 후천적 행동에 속한다.

고양이가 사냥하는 방법, 새가 둥지를 만드는 방법, 개가 위험으로부터 피하는 방법 등 동물 종마다 생존에 필요한 기술이나 방법을 후천적으로 습득하게 된다. 어느 정도 학습이 끝나고 신체적으로 성숙하면 동물들은 어미로부터 독립된 생활을 시작하며 환경에 각자 적응하면서 많은 경험과 시행착오(Trial error)를 거치면서 완벽한 개체로 생존을 시작한다.

러시아의 생리학자 파블로프(Pavlov, Ivan Petrovich, 1849~1936)는 개가 사육사의 발소리에 타액을 흘리는 것을 발견하여, 조건반사를 연구하여 대뇌가 조건반사에 관여한다는 것을 생리학적으로 증명하였다.

표 1-2 **선천적 행동과 후천적 행동**

선천적 행동	후천적 행동
먹이 먹기	훈련
배변하기	경험
주광성	인지
무조건반사	조건반사

3) 동물행동의 발생 범위에 따른 분류

동물이 보이는 다양한 행동양식(repertory)을 분류하여 종을 특징짓는다. 따라서 동물 종의 고유한 행동을 기준으로 정상행동과 이상행동으로 구분할 수 있다.

(1) 정상행동(Normal behaviors)

각각의 동물 종에서 자연스럽게 일어날 수 있고 예상되는 행동으로, 각 종이 보이는 행동의 기준에서 벗어나지 않는 일상적인 행동을 정상행동이라고 할 수 있다.

개의 경우 짖음, 하울링, 배변 전과 후의 행동, 마킹 등은 정상행동으로 볼 수 있다. 고양이의 경우 스프레이행동, 그루밍 등이 정상행동이다.

그림 1-4 마킹행동

(2) 이상행동(Abnormal behaviors)

동물이 행동의 유형과 빈도가 정상 행동양식에서 벗어난 것을 이상행동이라고 한다.

정상범위를 벗어난 이상행동은 다양한 원인이 복합적으로 작용해서 발생하는 경우가 많다. 이상행동의 범주 안에 원인이나 목적 없이 습관처럼 단조롭고 규칙적으로 무의미한 행동을 반복적으로 하는 행동을 상동행동(Stereotypical behaviors)이라고 한다.

이상행동의 경우 자연계에 있는 야생동물보다 닭, 돼지, 소 등과 가축화된 농장동물이나 동물원에 있는 동물에서 발생하는 경우가 많다. 동물원이나 농장에서 사육되고 있는 동물의 경우 대부분의 자연계의 서식환경과 비교하여 좁은 면적의 사육시설, 운동 부족, 심리적 요인, 유전적 요인 등의 다양한 원인으로 인해 스트레스를 받아 이상행동이 일어나는 것으로 판단된다.

카니발리즘(Cannibalism)의 종류에는 항문 쪼기, 깃털 쪼기 및 잡아당기기, 발가락 쪼기, 머리 쪼기 등이 있다. 카니발리즘과 같은 비정상적인 행동이 이상행동이다.

반려동물인 개의 행동의 경우 자연계에 살아 있는 다른 갯과 동물이 보이는 행동양식 안에 포함되어 있는지가 정상행동과 이상행동인지를 판단하는 근거가 될 수 있다. 이상행동을 판단하고 대응하기 위해서는 동물행동학적 관점에서 접근이 필요하다.

그림 1-5 꼬리 무는 행동

(3) 문제행동 (Problematic behaviors)

문제행동이란 보호자가 문제라고 간주하거나 다른 사람에 의해 문제라고 간주하는 행동이다.

동물이 보이는 행동을 받아들이는 사람에 따라 정상행동으로 간주하거나 문제행동으로 판단할 수 있다. 반려동물인 개의 경우 문제행동으로 인해 유기되거나 안락사가 되는 경우가 많다. 따라서 반려견의 경우 문제행동을 예방하기 위해 개의 특성과 생리를 이해하고, 기본 복종훈련, 보호자와의 신뢰구축과 개의 사회화 교육이 필요하다.

◉ 문제행동의 정의

- 동물이 본래 가지고 있는 종 특유의 행동 양식이 아닌 행동을 하는 경우
  예) 개가 발끝을 핥는 상동행동, 빙글빙글 도는 행동, 머리를 계속 끄덕이는 행동
- 동물이 본래 가지고 있는 종 특유의 행동 양식의 범주에 있으면서 그 행동의 빈도가 비정상적일 경우
  예) 개의 과식증, 개의 과도한 마운팅
- 동물이 본래 가지고 있는 종 특유의 행동 양식의 범주에 있으면서 그 행동의 빈도가 정상적이지만 보호자나 다른 사람이 문제시하는 경우
  예) 초인종에 대해 짖음, 점프하기

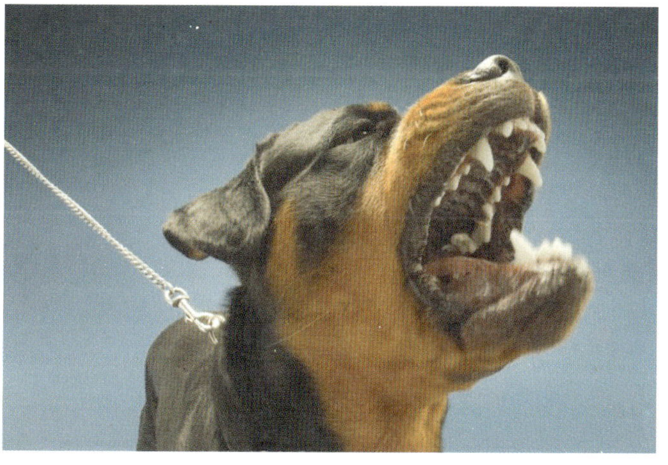

그림 1-6 공격행동

3. 개과(갯과) 동물의 분류

개과 동물의 공통된 습성이라면 무리(pack)를 지어 생활한다는 것이다. 대부분의 개과 동물들은 무리를 이루고 살며, 개체 간 서열이 나뉘고, 자기 서열에 따라 체계적으로 움직인다. 다른 동물을 사냥하고, 영역을 지키기 위해 무리를 이루어 생활하는 방향으로 진화되었다고 추측할 수 있다.

개는 약 15,000년~30,000년 전에 인간에 의해 가축화가 된 것으로 추정되며, 전 세계 모든 곳에서 번식되어 생활하고 있다. 사역견으로 몰이견, 사냥견, 경비견, 애완견 등의 용도로 쓰였으며, 유사시에는 식용으로 사용되는 등 다양한 용도로 사용되어 왔다고 할 수 있다.

표 1-3 개과 동물의 분류

학명	개과(Canidae)
분류	
계	동물계
문	척삭동물문(Chordata)
강	포유강(Mammalia)
목	식육목(Carnivora)
과	개과(Canidae)

<table>
<tr><th colspan="5">개과(Canidae)</th></tr>
<tr><th colspan="2">개족(Canini)</th><th colspan="2">여우족(Vulpini)</th><th>기타</th></tr>
<tr><td colspan="2">개속(Canis)</td><td rowspan="2">여우속
(Vulpes)</td><td rowspan="2">회색여우속
(Urocyon)</td><td rowspan="3">• 박쥐귀여우속 또는 큰귀여우속 (Otocyon)
– 박쥐귀여우 또는 큰귀여우 (Otocyon megalotis)
• 너구리속 (Nyctereutes)
– 너구리 (Nyctereutes procyonoides)</td></tr>
<tr><td rowspan="2">가로줄무늬자칼
(Canis adustus)
검은등자칼
(Canis mesomelas)
붉은늑대
(Canis rufus)
황금자칼
(Canis aureus)
에티오피아늑대
(Canis simensis)
아프리카황금늑대
(Canis anthus)
코요테
(Canis latrans)
회색늑대
(Canis lupus)</td><td>회색늑대(Canis lupus)</td></tr>
<tr><td>유라시아 늑대
(Canis lupus lupus)
딩고
(Canis lupus dingo)
개
(Canis lupus familiaris)
인도늑대
(Canis lupus pallipes)
히말라야늑대
(Canis lupus imalayaensis)
한국 늑대
(Canis lupus chanco)</td><td>– 북극여우 (Vulpes lagopus)
– 북극여우속 (Alopex)의 Alopex lagopus로 분류하기도 함
– 붉은여우 (Vulpes vulpes)
– 스위프트여우 (Vulpes velox)
– 키트여우 (Vulpes macrotis)
– 코사크여우 (Vulpes corsac)
– 케이프여우 (Vulpes chama)
– 검은꼬리모래여우 (Vulpes pallida)
– 벵골여우 (Vulpes bengalensis)
– 티베트모래여우 (Vulpes ferrilata)
– 아프간여우 (Vulpes cana)
– 흰꼬리모래여우 (Vulpes ruppelli)
– 페넥여우 (Vulpes zerda) 사막여우속 (Fennecus)의 Fennecus zerda로 분류하기도 함</td><td>– 회색여우 (Urocyon cinereoargenteus)
– 섬여우 (Urocyon littoralis)
– 코즈멜여우 (Urocyon sp.)</td></tr>
</table>

4. 개의 유래

개의 진화 경로나 가축화의 과정에 대해서는 다양한 이론과 주장이 있으나 확실하지 않다. 야생 늑대가 인간과 함께 살면서 개로 종분화가 되었다는 주장과 늑대에서 생물학적으로 갈라져 나온 개의 조상 개체군이 인간에 의해 길러지기 시작한 것으로 보기도 한다.

일부 학자들의 경우 인간이 떨어진 늑대 새끼를 기르고 이 새끼들끼리 번식을 시작하면서 이 늑대들이 시간이 흐르면서 개로 점점 변하며 오랜 시간에 걸쳐 결국 현재의 개가 되었다는 이론이다.

그러나 2013년 매사추세츠주 햄프셔 대학의 래몬드 코핀거(Raymond Coppinger) 박사가 발표한 논문에 의하면 초기 늑대는 청소부 역할을 했으며 인간의 거주지에 나오는 먹이들을 먹으며 인간과의 상호작용에 성공했고 가장 사회적이고 덜 두려워하는 개체들이 그들의 자손에게 이 특성이 유전되면서 인간 성향에 가깝게 되었다고 주장하고 있다.

미토콘드리아 DNA 분석 결과 현대의 개와 회색늑대는 대략 10만 년 전에 종분화된 것으로 추정되어 왔는데, 2013년 개의 화석을 이용한 분석에서는 33,000~36,000년 전 사이에 분화가 이루어졌을 것으로 보고 있다.

다른 생물종들의 경우 일반적으로 종분화 이후에는 번식력이 있는 잡종이 생산되지 않는 것과 달리, 개과의 늑대, 코요테, 자칼, 개는 서로 자유롭게 교잡할 수 있으며 이들의 잡종 역시 번식력을 유지한다. 이는 이들이 유전적으로 매우 가까운 관계임을 나타낸다.

그림 1-7 늑대와 개

문제) 떠돌이개들은 다음 행선지를 결정할 때 누구를 따를까?

① 무리에서 가장 지배적인 개
② 무리에서 친구가 가장 많은 개
③ 먹이를 가장 잘 찾는 개
④ 떠돌이개는 무리 생활을 하지 않는다.

연구 결과에 의하면 68%의 사람들이 떠돌이개는 지배적인 개를 따른다고 믿는다. 2%만이 친구가 가장 많은 개가 무리의 리더라고 대답했다.

※ 떠돌이개의 경우 어떤 무리에는 지배 위계가 있어서 먹이나 짝짓기 파트너에게 먼저 접근할 수 있다. 하지만 떠돌이개의 위계는 늑대 무리의 위계만큼 엄격하지 않다.
무리를 이끄는 우두머리 부부가 없으며, 친구를 가장 많이 둔 개가 무리를 이끈다. 떠돌이개는 갈 곳을 정할 때 가장 지배적인 개를 따르지 않고, 사회관계망이 가장 강한 개를 따른다.

출처: Bonanni. R., et al.(2010). Effect of affiliative and agonistic relationships on leadership behaviour in free-ranging dogs.

5. 개의 커뮤니케이션

개의 경우 종간 커뮤니케이션뿐만 아니라, 사람과 개, 개와 고양이 등과 같은 다른 동물과의 커뮤니케이션이 가능하다. 개의 커뮤니케이션 방법인 시각신호, 청각신호, 후각신호에 대해 숙지하고, 견종별/개체별 특성에 따른 표현의 다양성과 특이석인 차이를 고려하여 훈련 및 행동교정에 임해야 한다.

스탠리 코렌(Stanley Coren)은 개의 청각신호를 구분하여 개의 감정과 의도를 알아낼 수 있다고 하였다. 또한, 투리드 루가스(Trudid Rugaas)는 개의 시각신호, 청각신호를 가지고 자신의 의사를 표현하는 카밍시그널(Calming Signal)이란 용어를 사용하고 있다.

개의 커뮤니케이션을 이해하기 위해서는 표정, 귀, 눈, 꼬리, 몸동작, 소리 등을 종합적으로 고려하여 판단해야 한다.

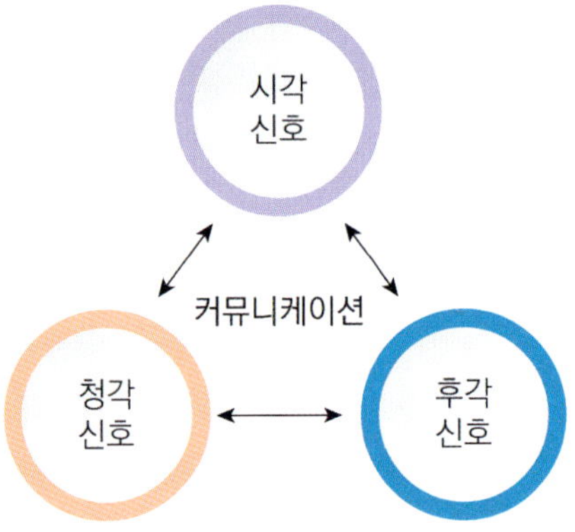

그림 1-8 개의 커뮤니케이션(의사 및 감정 표현)

개는 무리를 지어 생활하는 사회적 동물로서 서열을 정하고 서열에 맞게 각자의 일을 배분하고 정보를 전달하며 서로 간의 갈등 해소를 위해 의사소통을 한다. 개는 무리에서 계층적인 구조를 이루고 있다. 개의 경우, 영역이란 한 개체의 것이 아니라 무리 전체의 것이라는 개념을 포함하고 있다. 개마다 선호하는 자리나 위치가 있으나 무리 내 다른 개체와 갈등 없이 그 자리를 차지하는 것이 가능하다.

1) 개의 시각 커뮤니케이션

갯과 동물인 늑대의 경우 무리 간 커뮤니케이션의 대부분이 시각신호, 즉 몸짓이나 표정으로 동료 간의 커뮤니케이션을 한다. 개도 늑대와 유사하게 시각을 이용한 커뮤니케이션이 중요한 의사 전달 수단이다. 특히 개와 개 또는 개와 고양이, 개와 사람과의 시각을 이용해 커뮤니케이션하는 경우가 많다.

시각적 커뮤니케이션의 특징은 개의 생리적 특성의 영향을 받는다고 할 수 있다. 특히 개는 시력이 좋지 않다. 따라서 시각을 이용한 커뮤니케이션의 경우 근거리 또는 중거리 커뮤니케이션에서 효과적이다. 동물의 시각적 신호는 보이는 것을 전제로 하고 있다.

이는 경쟁자, 포식자, 사냥감에게 드러날 가능성이 있다는 문제점을 가지고 있다. 또한 나무, 바위 등의 장애물이 있을 때 효과적으로 의사 전달을 할 수 없다.

개의 다양한 표정을 익힘으로써 개의 감정을 파악할 수 있다. 개의 꼬리, 귀, 입, 등의 털, 몸의 전체적인 균형, 움직임을 종합적으로 관찰하여 개의 행동과 심리를 파악하는 연습이 필요하다. 개의 언어를 이해하고 대화법을 배운다면 훈련 및 행동교정에 효과적이다.

(1) 개의 온화한 표정

긴장이 이완되어 꽤 만족한 상태를 나타내는 신호이다. 개가 자신의 안전에 대해 불안을 느끼거나 위협을 느끼게 하는 것이 전혀 없을 때의 표정이다.

- 꼬리가 자연스럽게 처져 있다.
- 귀가 서 있다. (앞쪽으로 기울어 있지 않다.)
- 머리를 들고 있다.
- 입을 가볍게 벌리고 혀가 엿보인다.
- 발을 자연스러운 형태로 벌리고 체중이 그대로 발에 실려 있다.

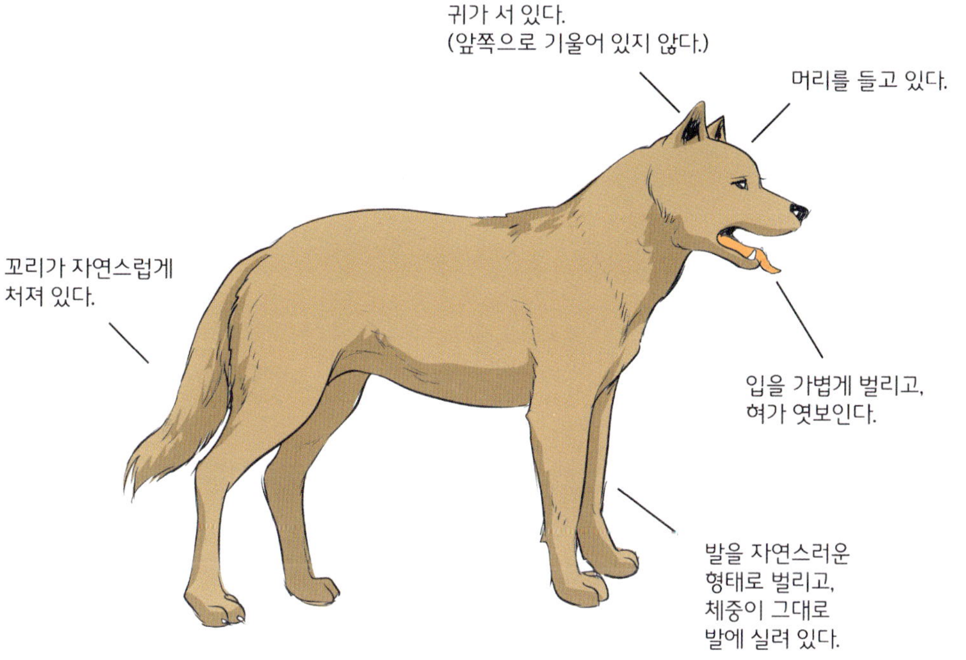

그림 1-9 개의 온화한 표정

(2) 우위인 개가 보이는 공격의 표정(공격적인 위협)

지배성이 강한 개가 자신의 사회적인 순위가 높음을 나타내고, 도전받으면 공격에 나서겠다는 신호이다.

- 꼬리는 올라가고 털이 곤두서 있다. 꼬리가 긴장하여 좌우로 조금씩 흔들리는 경우도 있다.
- 앞으로 기운 듯한 귀 (약간 좌우로 벌어져 V자가 퍼진 형태를 취하는 경우도 있다.)
- 등줄기의 털이 곤두서 있다.
- 이마에 세로 주름이 잡히고, 코 위에 주름이 잡힌다.
- 이빨이 엿보인다. 잇몸이 보이는 경우도 많다.
- 입을 C자형으로 벌리고 입아귀가 앞쪽으로 튀어나와 있다.
- 다리를 경직시키고 몸을 약간 앞으로 내민다.

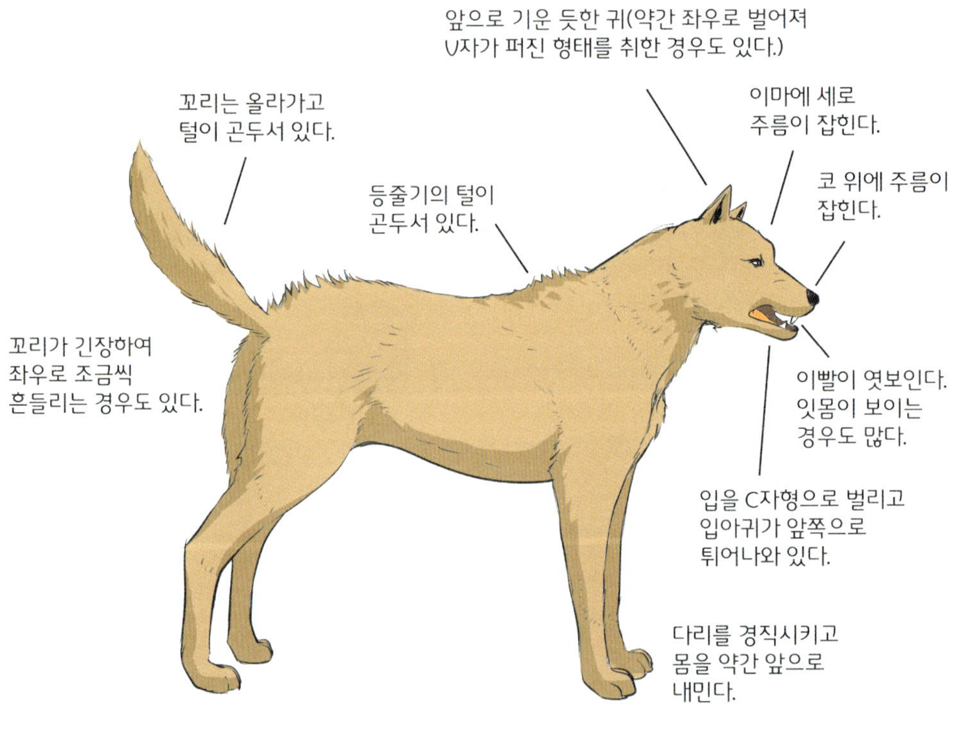

그림 1-10 개의 공격적인 위협

(3) 겁먹은 개가 보이는 공격의 표정(방어적인 위협)

여차하면 공격에 나서겠다는 신호이다. 이러한 신호는 자신을 위협하는 특정 상대에게 행동한다.

- 몸을 낮추고 꼬리는 감아 넣고 있다. (거의 움직이지 않는다.)
- 등줄기의 털이 곤두서 있다.
- 귀를 뒤로 덮고 있다.
- 동공이 열려 있다.
- 코 위에 주름이 잡혀 있다.
- 입술이 약간 밀려 올라간다. (이빨이 약간 보인다.)
- 입아귀가 뒤쪽으로 끌어 당겨져 있다.

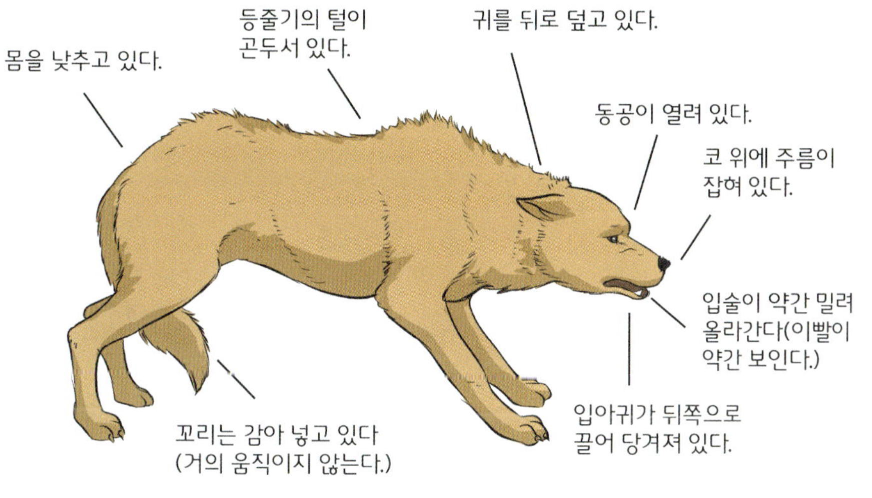

그림 1-11 개의 방어적인 위협

(4) 긴장과 불안을 나타내는 표정

긴장한 개의 신호이다. 긴장의 원인은 신변의 상황에 있고, 신호가 특정 개체를 향한 것은 아니다.

- 꼬리가 내려가 있다.
- 몸의 위치는 낮다.
- 귀를 뒤로 덮고 있다.
- 동공이 열려 있다.
- 입아귀는 뒤쪽으로 끌어 당겨져 있고 숨결은 빨라진다.
- 발바닥에 땀을 흘린다.

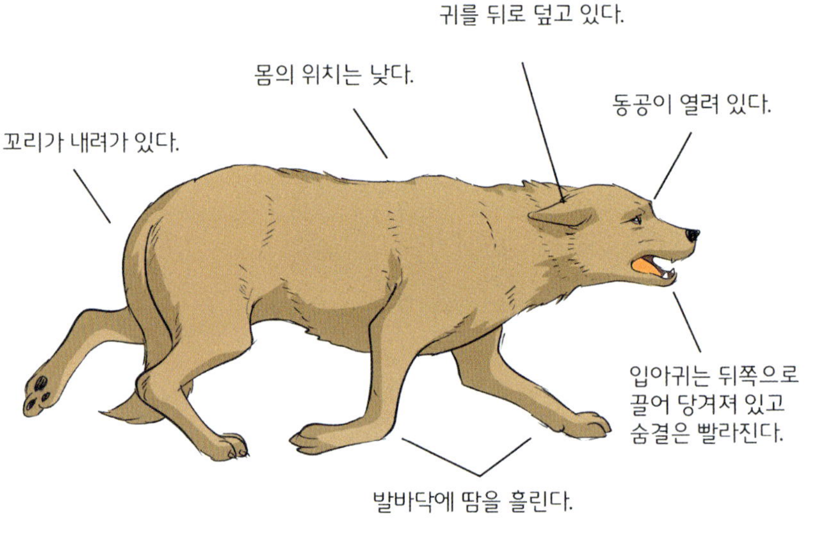

그림 1-12 개가 긴장과 불안을 나타내는 표정

(5) 공포와 복종을 나타내는 표정(적극적인 복종)

겁먹고 있어 복종을 나타내려는 개의 신호이다. 순위가 높은 상대의 기분을 누그러뜨리고, 그 이상의 위협이나 도전을 피하기 위한 신호이다.

- 꼬리는 처져 있다. (약간 좌우로 흔들리는 경우도 있다.)
- 몸의 위치는 낮다.
- 귀를 뒤로 덮고 있다.
- 이마에는 주름이 잡히지 않는다.
- 눈을 맞추지 않는 듯하면서 힐끔힐끔 상대를 본다.
- 우위인 개의 얼굴을 핥거나 공기를 핥는다.
- 입아귀가 뒤로 끌어 당겨져 있다.
- 한쪽 앞발을 올리고 있다.
- 발바닥의 땀이 바닥에 자국을 남기는 경우도 있다.

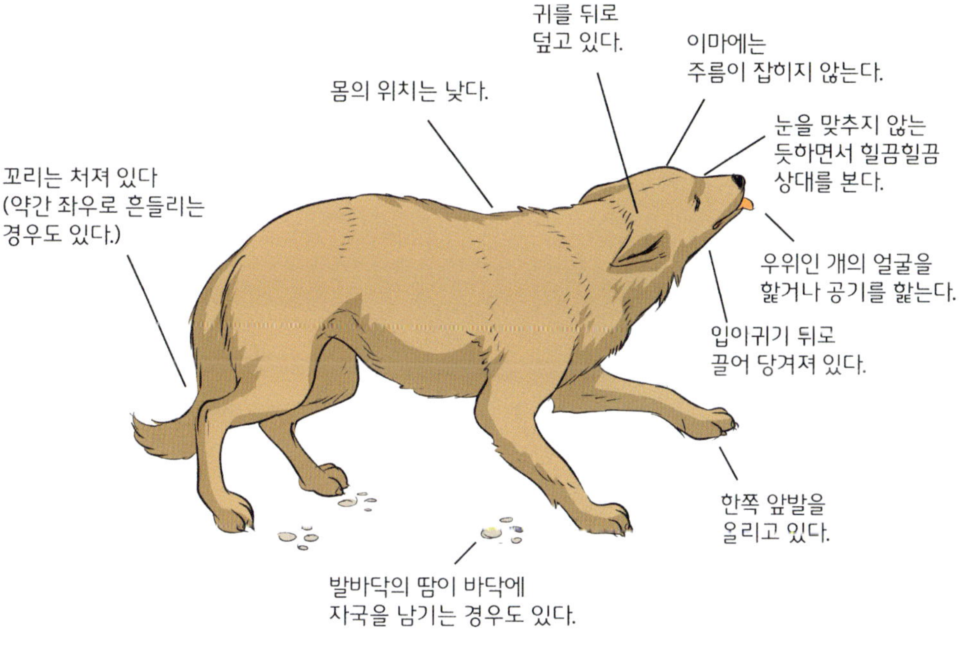

그림 1-13 개의 적극적인 복종 자세

(6) 극도의 공포와 완전한 복종을 나타내는 표정(무저항의 복종)

완전한 복종과 항복을 나타내는 신호이다. 개는 자신이 열위라는 사실을 나타내고, 우위인 상대에게 굴복하고 화해를 청해 공격을 중지하도록 호소한다.

- 꼬리는 감아 넣고 있다.
- 위를 향해 드러누워 배와 목을 보인다.
- 귀를 뒤로 딱 덮고 있다.
- 옆을 향하여 상대와 눈을 마주치는 것을 피한다.
- 눈은 반쯤 닫혀 있다.
- 코와 이마에 주름이 잡혀 있지 않다.
- 입아귀는 뒤로 당겨져 있다.
- 오줌을 싸는 경우도 있다.

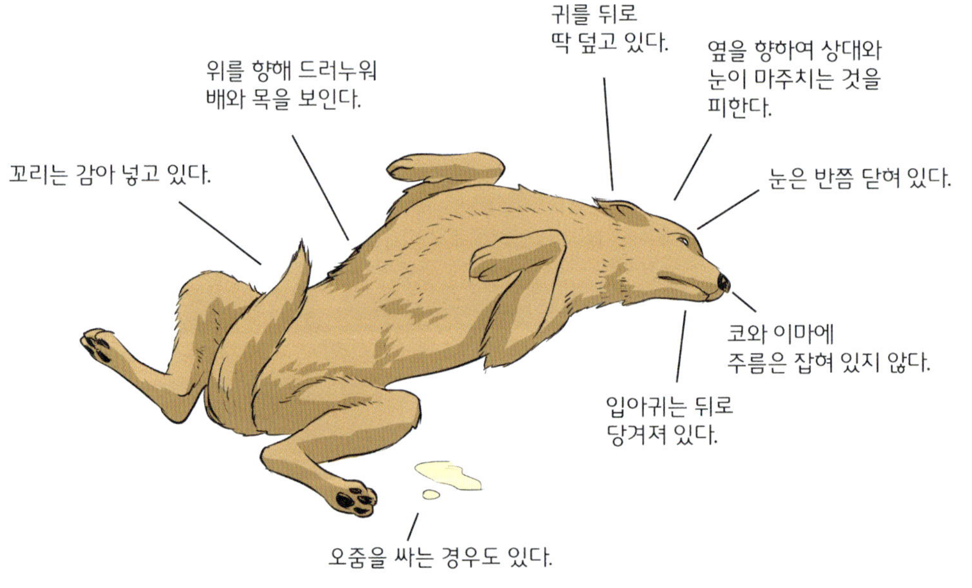

그림 1-14 개의 무저항의 자세

(7) 놀고 싶을 때의 표정

놀이로 유인할 때 나타내는 신호이다. 흥분해서 짖거나, 공격 흉내를 내고는 뒤로 휙 비켜서는 동작을 수반하는 경우가 많다. 지금 하는 공격이 진심은 아니라고 전하기도 한다.

- 꼬리는 올라가 있다.
- 꼬리가 크게 좌우로 흔들린다.
- 귀가 서 있다.
- 눈을 크게 뜨고 있다.
- 입을 열고 혀가 엿보이는 경우도 있다.
- 앞발을 쭉 펴는 듯이 하여 상체를 낮춘다.
- 개는 한순간 이 자세를 취했다가 대개 기세 좋게 달리며 논다.

그림 1-15 개가 놀고 싶을 때의 자세

출처: 개는 어떻게 말하는가?(스탠리 코렌, 2020).

2) 개의 청각 커뮤니케이션

청각신호라면 시각신호가 가지고 있는 단점을 보완할 수 있다. 장거리에서도 청각신호는 서로가 의사 전달을 효과적으로 할 수 있다. 짖음, 하울링 등의 소리는 무엇보다 소리를 내는 발신자의 위치를 드러내지 않고 신호를 보내고 받을 수 있다.

개가 가축화된 이유 중에 하나는 개가 자신의 세력권, 즉 영역을 누군가 침해당하면 바로 경고의 소리를 내는 것이 인간의 안전을 지키기에 도움이 된다는 것을 알고 개를 가까이 두기 시작했다고 추정할 수 있다. 개는 신체적인 구조의 차이로 사람처럼 다양한 소리를 내지 못한다. 그러나 분명 다양한 소리를 내고 있다. 그리고 다양한 소리를 통해 서로 간에 의사 전달을 하고 있음은 분명하다.

개과 동물인 이리, 자칼, 여우, 코요테 등은 짖는 경우는 드물다. 사람들은 선택 교배를 시작했을 때 커다란 소리로 짖는 개를 선발해서 번식했을 것으로 추정된다.

개의 소리를 이용한 커뮤니케이션을 이해하기 위해서는 개가 내는 소리의 세 가지를 중요하게 관찰하면 쉽게 이해할 수 있다. '소리의 높이', '소리의 길이', '반복되는 빈도'이다.

그림 1-16 개의 청각신호

출처: https://en.wikipedia.org/wiki/Bark

(1) 개의 '소리의 높이', '소리의 길이', '빈도'

① 개의 '소리의 높이'

개는 '소리의 높이'로서 다양한 의사를 전달한다. 예를 들어, 으르렁거림이나 짖는 소리, 음정이 낮은 소리는 대개 위협이나 분노, 공격적 행동을 할 때 내는 경우가 많다. 음정이 낮은 소리는 "저리 가"를 의미한다. 반대로 음정이 높은 소리는 대개 "이리 와" 하는 의미 또는 "그쪽으로 가도 돼?"라는 질문을 나타내는 경우가 많다.

으르렁거리는 소리는 다른 개체들에게 행동을 바꾸게 하기 위한 신호로써만 사용된다. 즉, 위에서 명시한 "저리 가"로서 나에게서 멀어지라고 전하는 신호이다. 으르렁거려도 상대가 물러나지 않으면 개는 으르렁거리기를 멈춘다. 이것은 적의가 사라졌기 때문이 아니다. 자신의 경고가 받아들여지지 않았으므로 다음은 싸움밖에 없다는 의미이다. 공격하기로 한 개는 으르렁거리지 않고 머리를 약간 낮추고 이빨을 드러내며 달려가 공격적 행동을 한다.

개가 공포나 분노를 나타내기 위해 소리를 냈을 때 상대방에게 언어로서 의사 전달 기능을 하지 못하면 개는 침묵한다. 이는 상대의 행동에 영향을 미치는 신호로써 통용되지 않는 상황에서 소리를 낼 필요가 없기 때문이다.

일단 싸움이 시작되면, 으르렁거리는 소리를 다시 내면서 상대방에게 싸움을 그만두고 물러나라고 전한다. 만약 겁먹은 상대가 도망갈 수밖에 없다고 판단하면 침묵하고 가능한 빨리 멀어지는 경우가 많다.

② 개의 '소리의 길이'

개의 '소리의 길이'는 '소리의 높이'의 의미를 바꾸는 경우가 많다. '소리의 높이'와 '소리의 길이'가 조합해서 사용되면 소리의 의미가 복잡해진다. 소리의 길이가 짧고, 소리의 높이가 높고 날카로운 경우에는 개의 공포, 고통, 욕구와 연결된다.

예를 들어, 높고 짧은 경우의 '깨갱'은 개가 고통을 느끼거나 겁을 먹고 도망가려고 하는 표현일 경우이다. 반면 길게 '깨갱' 소리는 즐거운, 기쁨, 유혹을 의미한다.

개의 소리가 길수록 개가 그 신호의 의미와 이어질 행동에 대해 분명하게 결정하고 있을 가능성이 높다. 예를 들어, 서열이 높은 개의 경우, 물러나지 않고 단호하게 자신의 지위를 지키려고 할 때 으르렁거리는 소리의 높이는 낮고, 소리의 길이는 길게 낸다. 반대로 소리를 짧고 단발적으로 내는 경우에는 공포가 있거나 상대의 공격을 잘 방어할 수 있을지에 대한 불안함의 표시이다.

③ 개의 '소리의 빈도'

개가 내는 '소리의 빈도', 즉 빠른 속도로 여러 번 반복하는 소리는 개가 흥분했거나 위급한 상황에 있음을 나타낸다. 반대로 소리의 빈도의 간격이 벌어지거나 되풀이되지 않을 때는 흥분의 정도가 낮거나, 잠깐이라도 흥분이 사라졌음을 의미한다.

예를 들어, 창문을 통해 밖을 보면서 한두 번 짖을 때는 흥미로운 무언가에 호기심을 가지고 있다는 신호이다. 그러나 연속적으로 짖을 때는 흥분의 정도가 높다는 의미로 해석될 수 있다. 또는 자신의 신변에 영향을 줄 수 있는 중요한 문제이거나 위험 가능성이 있다는 표현으로 짖는 것으로 해석할 수 있다.

(2) 개의 소리

개의 청각신호로는 짖음(barking), 으르렁거림(growling), 하울링(howling), 낑낑거림(whining), 깨갱, 헐떡거림, 한숨 등이 있다. 개가 소리를 이용해 의미를 전달하려고 할 때는 소리의 높이, 길이, 빈도가 조합되어 있다. 청각신호를 보낼 때는 시각신호가 반드시 동반된다. 따라서 두 개의 신호를 조합하여 소리를 이해하는 것이 필요하다.

짖음(barking)의 경우 다양한 자극에 대한 반응으로 나오는 청각신호로서 불안, 경계, 영역방어, 스트레스(소음, 애정 부족, 운동 부족 등), 사회화 부족, 훈련 등의 요인으로 내는 소리이다.

으르렁거리기(growling)는 개가 어려운 상황으로, 예를 들면, 두려움, 무서움, 위협, 고통 등의 순간에 내는 의사 전달 청각신호이다. "나는 지금 상황이 좋아하지 않아! 그러니 더 이상 다가 오지 마!", "너로 인해 내가 다칠 수 있어.", "지금까지 참았는데 더는 못 참겠어.", "나도 배고파, 이건 내 음식이야! 건들지 마!", "지금까지 충분해, 그만해!" 등의 의미로 해석할 수 있다. 사람에게 으르렁거리는 개에 대한 처벌을 줄 경우 역효과가 나오는 경우가 많으므로 주의해서 행동교정을 시행해야 한다.

하울링(howling)은 늑대 무리에서 많이 사용되며, 개도 하울링은 한다. "나 여기 있어 - 너는 어디 있니?" 의미로서 자신의 위치를 알리고 무리를 모으는 목적으로 사용된다. 또한 자신이 외로움을 표시하기 위한 청각신호이다.

낑낑거림(whining)은 특히 어린 자견이 주로 어미견에게 다가갈 때, 젖이나 무언가를 원할 때, 너무 좋아 흥분했을 때 등에서 낑낑거리는 소리를 낸다. 성견의 경우, 관심을 끌 때, 요구할 때, 요구가 받아들여지지 않을 때 내는 경우도 있다.

깨갱 소리는 심한 고통, 위험, 공포를 느낄 때 내는 비명 같은 소리로 음이 높다. 길이는 짧고 약간 길게 내는 경우가 있다. 몇 초간 이어지거나 반복되는 경우도 있다. 깨갱 소리의 경우 낯선 개 앞에서 하는 경우 포식 본능을 자극한다. 그리하여 깨갱 소리를 지르는 개를 공격하여 위험한 상황을 맞는 경우가 있다.

헐떡거리(panting)는 소리는 개가 체온 조절을 하거나, 운동을 한 후 지쳤을 때, 너무 흥분, 불안 또는 긴장했을 경우, 과도한 스트레스를 받았을 때 "헉헉" 숨소리를 낸다.

한숨(sighing)을 내는 경우는 그 상황을 보면 쉽게 이해할 수 있다. 한숨은 "만족해. 쉬어야지"의 의미이다. 또한 엎드려 누운 개가 눈을 크게 뜨고 한숨을 쉴 때는 자신의 요구가 실현되지 않았을 때의 실망감 표시로 "할 수 없지. 포기해야지, 뭐"의 의미일 수 있다.

다음은 투리드 루가스(Turid Rugaas)가 구분하는 개의 짖음의 분류이다.

- 흥분성 짖음(Excitement barking)
- 경고성 짖음(Warning barking)
- 두려움에 의한 짖음(Fear barking)
- 방어성 짖음(Guard or Defensive barking)
- 좌절성 짖음(Frustration barking)
- 학습된 짖음(Learned barking)

3) 개의 후각 커뮤니케이션

개의 후각신호는 종별, 성별, 건강상태, 발정상태 등의 다양한 정보들을 전달할 수 있다. 개의 후각 수용체(세포)는 견종에 따라 차이가 있으나 평균 2억 2천만 개로 사람의 500만 개로 약 44배가 많은 것으로 알려진다.

개의 콧구멍은 움직일 수 있어 냄새의 방향을 확인하는 데 매우 중요한 역할을 한다. 개는 깊게 숨을 들이마시지 않은 상태에서 코로 냄새를 맡을 수 있다.

개의 코는 촉촉한 상태를 유지한다. 이는 공중에 떠다니는 냄새를 코점막에 접촉시키게 함으로써 매우 미세한 냄새도 구별할 수 있다. 특히 사냥개로 알려진 블러드하운드(Bloodhound), 비글(Beagle) 등은 매우 탁월한 후각 능력을 갖추고 있는 것으로 알려져 있다.

개와 고양이 등의 동물들은 페로몬(pheromone)이라는 매우 특별한 냄새를 분비한다. 페로몬이 어원은 그리스어로 '운반하다(pherein)'와 '흥분시키다(hormon)'에서 파생되었다. 페로몬은 동종개체의 특정한 반응을 일으키는 화학 물질로 정의하고 있다.

페로몬은 개체의 성별과 연령을 포함하여, 암컷의 경우에는 발정 상태, 임신 상태, 출산 경험 여부 등 생식에 관한 정확한 정보를 포함하고 있다. 또한 공격행동의 발현과 제어 작용에도 영향을 주는 것으로 알려져 있다.

6. 카밍시그널(Calming Signals)

초기의 늑대 연구가들은 주로 그들의 실험대상에 대한 공격적인 성향에 초점을 맞췄다. 개의 행동에 대해 말할 때 늑대 무리에서의 "알파"와 "지배와 복종"과 같은 용어들을 사용해 왔다. 연구진은 또한 늑대의 신체 언어인 공격 신호를 차단하는 신호(cut-off signals)에 대해 개에게 적용하였다.

야생늑대를 연구하는 연구가들은 늑대 무리는 혈연관계를 기반으로 하는 소규모 무리로서 오히려 서로 간의 협력과 유대를 위한 커뮤니케이션이 발달하였다고 주장하고 있다.

늑대와 늑대, 개와 개, 즉 동종 간 "알파", "지배와 복종"의 개념이 있다고 전문가들은 설명한다. 그러나 개와 인간과의 "알파", "지배와 복종"의 개념에 대해서는 반려견행동 전문가들 사이에 논쟁이 지속되고 있다. 다른 논쟁의 중심에는 비록 늑대가 개의 선조라고는 하나 진화의 과정에서 분화되어 늑대와 개를 같은 선상에 놓고 비교하는 것 자체가 의미가 없다는 것이다. 예를 들어, 늑대의 새끼는 아무리 어린 시기에 데려와 훈련을 시키려 해도 훈련이 되지 않는다는 것이다.

노르웨이의 개 훈사인 투리드 루가스(Turid Rugaas)는 개가 서로 의사소통을 하기 위해 사용하는 30여 가지의 다른 신호를 확인하였으며, 카밍시그널(Calming Signals)이라고 이름을 명명했다.

루가스는 카밍시그널은 공격 차단, 충돌 방지 신호 이상의 역할을 한다고 말한다. 카밍시그널은 협력을 촉진하는 데 도움이 되는 적극적인 의사소통이다.

루가스에 따르면, 개에게 가장 무서운 것은 혼자 있는 것이다. 사람은 개들에게 고독을 받아들이도록 가르칠 수 있지만, 개와 생활하는 보호자는 개들 역시 천성적으로 안전하다고 느끼기 위해 무리가 필요하며, 인간은 개들의 무리가 될 수 있다고 주장한다.

카밍시그널은 강아지 신체의 크기나 신체별, 부위별 크기에 따라 미세하게 표현할 수 있다. 개가 상황별로 어떤 카밍시그널을 사용하는지, 그리고 한 가지만 사용하는 것이 아니라 여러 가지를 동시에 사용하므로 주의 깊게 관찰해야 한다. 먼저 부위별로 관찰하면서 전체로 넓혀 가면서 보는 것이 개의 카밍시그널을 쉽게 파악할 수 있다.

1) 카밍시그널의 기능

개의 품종별, 개체별로 사용하는 카밍시그널의 수는 다를 수 있다. 그러나 루가스에 의하면 전 세계 모든 개는 같은 카밍시그널을 사용한다.

표 1-4 카밍시그널의 기능

기능	내용
긴장 완화의 기능	• 자신의 긴장을 완화할 때 사용 • 불안, 불편함을 느끼고 자신의 심리 상태를 전달할 때
싸움 회피의 기능	• 적의 없음을 전할 때 • 다른 개체들과 친해지고 싶을 때
진정 신호의 기능	• 상대의 흥분을 가라앉히고 진정시킬 때

2) 카밍시그널의 종류

(1) 불안을 전할 때 – "나 불편하거든!"

① 냄새 맡기(Sniffing ground)

② 다른 곳 쳐다보기(Looking away & Head turning)

③ 등 돌리기(Turn away)

④ 코 핥기(Licking nose)

⑤ 발로 몸 긁기(Scratching body)

⑥ 눈 깜빡이기(Blinking eyes)

⑦ 발로 입 건들기(Smacking lips)

⑧ 앞발 한쪽 들기(Lifting paws)

⑨ 오줌 지리기(Peeing)

⑩ 얼음처럼 움직이지 않기(Freezing)

⑪ 앉기(Sitting)

⑫ 짖기(Barking)

(2) 적의 없음을 전할 때 – "너를 해치지 않는 강아지야 또는 너와 친해지고 싶어!"

① 천천히 움직이거나 걷기(Moving slowly, Walking slowly)

② 앞발 한쪽 들기(Lifting paws)

③ 놀자 표시하기(Play bowing)

④ 눈을 부드럽게 뜨기(Softening the eyes)

⑤ 서로 멀리 떨어져 돌아가기(Curving)

⑥ 얼음처럼 움직이지 않기(Freezing)

⑦ 꼬리 흔들기(Wagging tail)

⑧ 오줌 지리기(Peeing)

⑨ 냄새 맡기(Sniffing ground)

⑩ 하품하기(Yawning)

⑪ 엎드리기(Laying down)

⑫ 앉기(Sitting)

(3) 상대를 진정시킬 때 또는 흥분을 가라앉힐 때 – "너희들 너무 흥분했어! 이제 그만하자!"

① 하품하기(Yawning)

② 중간에 끼어들기(Splitting up)

③ 등 돌리기(Turning away)

④ 엎드리기(Laying down)

⑤ 앉기(Sitting)

◉ 카밍시그널과 복종훈련에서 '앉기'와 '엎드리기'

개는 자신의 감정이 불안할 때, 적의 없음을 전할 때, 상대가 흥분했을 때의 시각신호로 '앉아'와 '엎드려'를 한다. 따라서 복종훈련에서 '앉기'와 '엎드리기'를 기본적으로 개들이 할 수 있도록 완벽한 동작을 훈련하는 것이 중요하다.

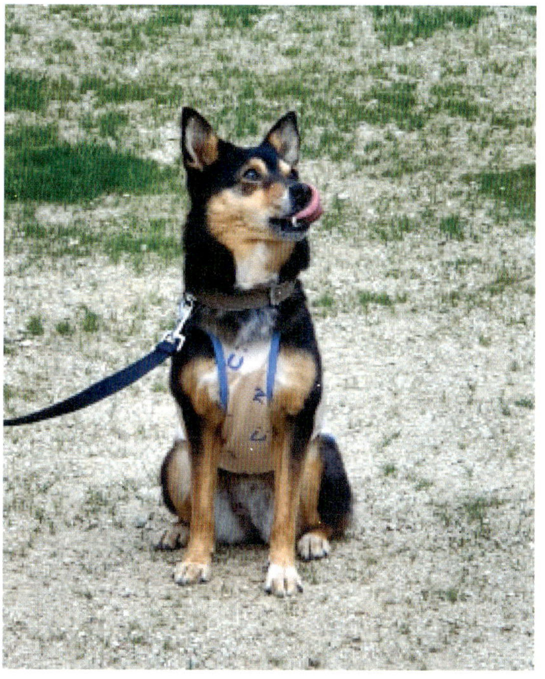

그림 1-17 '앉아' 동작의 일반화
혀로 코를 핥으면서 자신의 감정을 표현하고 있음

Chapter 02

개 훈련

학습목표

1. 훈련의 정의와 역사를 이해한다.
2. 개의 학습원리를 이해한다.
3. 개의 훈련방법을 이해한다.

1. 훈련의 정의

훈련(訓鍊/訓練, training)의 사전적 의미는 다음과 같다. 첫 번째, 기본자세나 동작 따위를 되풀이하여 익히는 것이다. 두 번째, 가르쳐서 익히게 하는 것이다. 세 번째, 일정한 목표나 기준에 도달할 수 있도록 만드는 실제적 교육 활동으로 정신적인 것과 기술적인 것이 있다.

개 훈련(Dog training)은 개가 가지고 있는 능력을 활용하면서 선행 사건(행동에 대한 촉발)과 결과를 이용하여 개가 특수한 임무 수행(시각장애인 안내견, 경찰견, 마약 탐지견 등)과 행복한 반려생활을 영위하도록 개의 행동을 의도적으로 조절하고, 특수한 기술(사람이 원하는 행동, 자세, 동작)을 하도록 알려주고, 원하는 목표나 기준에 효과적으로 도달하도록 하는 행위를 의미한다고 할 수 있다.

개 훈련은 개에 대한 통제력을 확립하기 위해 개에게 특정한 명령과 신호에 반응하는 것뿐만 아니라 개의 자연적인 정상행동을 의도적으로 바꿈으로써 독립적으로 행동하는 것을 가르치는 것을 포함한다. 즉, 기본적인 복종훈련을 포함하여 특수한 목적을 위한 훈련으로 분류할 수 있다.

개를 훈련시킨다는 의미는 개의 잠재된 능력 중 인간에게 필요한 개의 능력을 개발하고 불필요한 능력은 제거하여 인간과 생활하는 데 불편함이 없도록 개의 능력을 이끌어 내는 과정이라고 할 수 있다.

개 훈련 시에 주의해야 할 점은 인간과 개의 상호작용을 통해 서로에게 도움이 되도록 발전시켜야 한다. 이는 최근에 대두되고 있는 동물의 복지와 깊은 연관이 있다.

그림 1-18 '찾아-회수' 훈련

2. 훈련의 역사

개의 훈련은 선사시대로 올라간다. 원시인들을 따라다니며 사냥에 도움을 주던 모습에서 인간이 정착생활을 시작하게 됨에 따라 개는 인간의 삶에 깊이 관여하게 되었다. 이 시기에 개의 훈련의 목적과 방법이 단순하고 제한적이었을 것이라고 추정된다.

그림 1-19 이집트 벽화(개와 함께 사냥하는 모습)

1) 해외

훈련에 대한 지식이 축적되면서 훈련기술이 급격하게 발전된 계기는 전쟁에서 개의 활용이다. 독일, 영국, 프랑스, 러시아, 미국 등 여러 나라들이 세계 제1 · 2차 대전에서 경계견, 전령견, 위생견, 정찰견 등으로 다양하게 활동하기 시작했다(김병부, 2022).

동시에 과학의 발전은 개 훈련을 합리적이고 체계적으로 변화시키는 계기가 되었다. 과학 지식에 기반을 둔 행동주의 이론은 현재까지 개 훈련에 이론적 토대를 만들어 주었다.

세계대전 이후에는 개 훈련과 관련하여 더욱더 주목을 받기 시작했다. 1965년, 존 폴 스콧(John Paul Scott)과 존 풀러(John Fuller)는 강아지들의 학습과 사회적 발달의 중요한 시기를 밝혀냈고, 개의 행동에 대한 획기적인 연구인 유전학과 개의 사회적 행동을 출판했다. 그들의 연구자료는 지금까지 개를 이해하는 기본서로 인정받고 있다.

1980년 텔레비전 시리즈인 <Training Dogs the Way>는 바바라 우드하우스(Barbara

Woodhouse)를 영국에서 유명하게 만들었고, 최초의 국제적인 유명인 개 조련사로 만들었다. "나쁜 개는 없다"는 철학으로 유명한 우드하우스는 "나쁜 주인들", 특히 그녀가 "지나치게 감상적"이라고 본 사람들에 대해 매우 비판적이었다.

저먼 셰퍼드의 사육사이자 조련사였던 뉴스킷(New Skete)의 수도사들은 1978년에 『당신의 개의 가장 친한 친구가 되는 법(How to be the best friends to the dogs): 개 주인을 위한 훈련 매뉴얼』을 출판했고, 현재까지 스테디셀러로 판매되고 있다. 개와의 올바른 소통을 하기 위해서는 개의 생리 및 특성을 이해해야 하고 무엇보다 개에 대한 연민이 필요하다는 주장에도 불구하고, 우위성 이론에 근거한 신체처벌을 지지했다. 그러나 최근 자신들의 훈련법이 일부 잘못되었음을 인정하기도 했다.

이안 던바(Ian Dunbar)는 수의사이자 동물행동학자로서 개들에게 사회화교육과 6개월 미만의 개들에게 물림 억제, 사회성, 그리고 다른 기본적인 가정 예절을 가르치는 것의 중요성을 강조하는 Puppy Training을 위한 최초의 오프리쉬(OFF-LEASH) 훈련 프로그램인 Sirius Dog Training을 설립하여 국내에도 소개하였다.

스키너의 조작 원리를 이용하여 해양 포유류를 훈련시키고 있던 카렌 프라이어(Karen Pryor)는 개 훈련에 있어서 좋은 행동의 긍정적인 강화에 기초한 훈련을 제공하는 데 사용될 수 있는지 조작적 조건화를 보여주었다. 프라이어는 1992년과 1993년에 개 훈련사들에게 클리커 훈련(Clicker training)을 소개했다.

영국 환경식품농촌부(DEFRA), 해외수의사단체, 훈련단체, 동물보호단체 등에서 제시하는 훈련 및 행동교정 방법에 대해 법으로 규정하거나 권고하는 내용이 있다. 개 훈련과 문제행동 교정방법으로 강압, 고통, 정서적 또는 육체적 불편함을 일으키는 혐오기반훈련법(Aversive-based training)의 제한과 보상기반훈련법(Reward-based training) 사용을 권고하고 있다.

다음은 개 훈련에 관한 입장 또는 표준을 제시하고 있는 기관과 단체이다.

표 1-5 **개 훈련에 관한 표준 또는 입장을 표한 단체명**

약어	단체명
ACVB	American College of Veterinary Behaviorists
AVSAB	American Veterinary Society of Animal Behaviorist
APDT	The Association of Professional Dog Trainers
APDT UK	Association of Professional Dog Trainers UK
APDT Australia	Association of Professional Dog Trainers Australia
BVA	British Veterinary Association
CAPDT	Canadian Association of Professional Dog Trainers
CCPDT	Certification Council for Professional Dog Trainers
CHS	Calgary Humane Society
CVMA	Canadian Veterinary Medical Association
DEFRA UK	Department for Environment Food & Rural Affairs UK
EHS	Edmonton Humane Society
ESVCE	European Society of Veterinary Clinical Ethology
IAABC	International Association of Animal Behavior Consultants
PPG	Pet Professional Guild
RSPCA	Royal Society for the Prevention of Cruelty to Animals

출처: 반려견 문제행동, 훈련 및 행동교정방법에 관한 연구(김병석 외, 2021).

2) 우리나라

우리나라에서 처음으로 개에게 훈련이라는 개념이 사용된 시기는 일제강점기 때인 1930년대로 일본군은 군견 육성을 위해 조선총독부산하 제국군용견협회를 창설하였고 대부분의 군견은 저먼 셰퍼드(German Shepherd)였다.

근대화된 것은 미군이 6.25전쟁에 군견을 경계견, 정찰견, 추적견을 운용한 이후부터 우리나라 군대는 1960년대 중반에 미국 군견을 모델삼아 외형적인 모습을 갖추고 시작되었다.

1980년대 88서울올림픽 개최 결정과 함께 정부기관(관세청, 경찰청)을 중심으로 특수목적견에 대한 훈련이 발전하여 탐지견 훈련의 기반을 형성했다. 한국축견협회(1956년)로 출발하여 한국전견등록협회(1975년)로 명칭을 변경, 한국애완동물보호협의(1988년)로 개칭, 한국애견연맹(2001년)으로 개칭하였으며, 한국애견협회(1988년 4월)가 설립되어 애견문화를 이끌며 민간부문에서 반려동물산업이 성장할 수 있도록 역할을 담당하고 있다.

2000년대 들어서면서 국내 대학들이 반려동물 관련 학과를 개설하고 반려동물과 관련한 보건, 미용, 훈련 등 전문적인 영역으로 발전하는 계기를 만들었다. 또한 훈련방법에 대한 논의가 이루어지기 시작했다. 즉, 우위성 이론에 기반을 둔 강압적인 방법에서 보상을 기반으로 하는 방법으로 서서히 변화하게 된다.

2010년대부터 빅데이터 분석에 의하면 애견이라는 단어대신 반려견이라는 단어의 빈도수가 늘어나면서부터 반려견 문제행동교정이라는 분야와 함께 공중파 방송에서도 인기프로그램으로 자리 잡기 시작하여 인기직업군으로 자리잡아가고 있다. 비영리단체로서 동물복지단체, 동물권단체들이 설립되고, 동물복지에 대한 관심이 늘어남으로써 강압적이고 비인간적인 개 훈련에 대한 감시활동 또한 증가하고 있다.

2022년 2월 제1회 동물보건사라는 국가자격증 시험이 시행되었으며, 2024년 반려동물행동지도사 국가자격증 시험이 시행될 예정이다.

표 1-6 우리나라 정부기관의 공익견 현황

주관부서	경찰청	관세청	수의과학검역원	소방방재청	철도경찰대
설립년도	1983년	1986년	2002년	2006년	2021년
주요임무	폭발물 탐지	마약 탐지	식육류 탐지	실종자 수색	폭발물 탐지

출처: 반려견 훈련학(김병부, 2021).

◉ 동물보호법 시행령 제3조에서 규정하는 봉사동물

제3조(봉사동물의 범위) 법 제2조제6호에서 "대통령령으로 정하는 동물"이란 다음 각 호의 어느 하나에 해당하는 동물을 말한다.

1. 「장애인복지법」 제40조에 따른 장애인 보조견
2. 국방부(그 소속 기관을 포함한다)에서 수색 · 경계 · 추적 · 탐지 등을 위해 이용하는 동물
3. 농림축산식품부(그 소속 기관을 포함한다) 및 관세청(그 소속 기관을 포함한다) 등에서 각종 물질의 탐지 등을 위해 이용하는 동물
4. 다음 각 목의 기관(그 소속 기관을 포함한다)에서 수색 · 탐지 등을 위해 이용하는 동물
   가. 국토교통부
   나. 경찰청
   다. 해양경찰청
5. 소방청(그 소속 기관을 포함한다)에서 효율적인 구조활동을 위해 이용하는 119구조견

3. 개의 학습원리

1) 개의 행동에 영향을 주는 요인

개의 행동은 다양한 요인들에 의해 나타난다. 선천적인 원인에 의해 선천적 행동(생득적 행동, Innate behaviors)을 하는 경우도 있으며, 학습, 경험, 인지 등에 의해 하는 후천적 행동(습득적 행동, Acquired behaviors)도 있다.

견종과 개체에 따라 행동능력에는 차이가 있을 수 있다. 개가 스스로 익히고 행동하는 경우도 있으며, 개는 훈련에 의해 원하는 행동을 익히고 표현할 수 있다. 개는 평생을 살아가면서 의식적이던 무의식적이던 학습을 하면 살아간다. 개는 다양한 형태의 학습 방법을 통해 행동을 익히고 표현한다.

(1) 유전

부모가 가지고 있는 고유한 성격, 체질, 형상 따위의 형질이 자손에게 전달되는 것을 유전이라고 한다. 유전적인 요인에 의해 동물의 외형과 행동에 많은 영향을 준다.

개의 경우 선택적 교배에 의해 만들어진 견종들이 많다. 예를 들어, 목양견의 경우 움직이는 물체를 잘 쫓고, 달리면서 짖는 능력이 있고, 활동량이 많고, 운동과 놀이를 좋아하는 특징을 가지고 있는 견종들의 선택 교배의 결과물이다.

(2) 경험

대부분 개는 자신이 실제로 해보거나 겪어본 경험을 통해서 많은 것을 보고 배우며 이는 행동에 큰 영향을 미친다. 경험을 바탕으로 장소, 시기, 사회적 서열관계 등에 따라 매우 다양한 행동들을 보인다. 개의 경우 신생아기에 경험이 일생을 살아가는 데 많은 영향을 주는 것으로 알려졌다. 부모견과 생활을 하며 동배 형제들과 놀이 활동을 하며 자란 강아지의 경우 정상적인 행동을 하며 성견으로 성장할 가능성이 크다. 반대로 너무 이른 시기에 이미 개와 떨어져 다른 개체들과 상호작용 없이 성장한 강아지의 경우 사회성이 떨어져 문제행동이 발현될 가능성이 높을 수 있다.

(3) 학습

학습단계는 습득(Acquisition), 숙달(Proficiency), 유지(Maintenance), 일반화(Generalization), 적용(Adaption)으로 구분하여 나눌 수 있다.

개는 다양한 환경을 접하게 되면서 자연스럽게 새로운 것을 배우면서 익힌다. 개는 자신의 환경에 적응하기 위해 살아가는 데 필요한 방법을 배운다. 배워서 익힌 것을 바탕으로 행동은 변화하게 되고, 이와 같은 변화는 비교적 오랫동안 유지된다. 견종별, 같은 종의 개라도 개체별로 살아가는 환경의 특성에 따라 다양한 행동을 보일 수도 있다. 동물의 학습은 익숙, 연상학습, 시행착오, 모방, 훈련 등 다양한 유형으로 구분할 수 있다.

표 1-7 **학습단계**

단계 (Stages)	도입 (학습 시작)	습득		숙달 (Proficiency)	일반화 (Generalization)	유지 (Maintenance)	적용 (Adaption)
		초기	후기				
학습 진행의 정도 (낮은 수준에서 높은 수준으로)	없거나 낮은 빈도	0~25%	65~80%	높은 성공률과 정확도	새로운 환경이나 반응으로 전이	높은 성공률과 정확도	새로운 영역으로 적용
목표 (Aim)		정확도 (90~100%)		유창 (Fluency), 원하는 성공률	확대 (Expansion)	유지 (Retention)	확장 (Extension)

출처: D. D. Smith(1981). Teaching the Learning Disabled. Upper Saddle River, NJ: Prentice Hall, Copyright 1981 by Prentice Hall Publishing Company.

(4) 가축화

가축화(Domestication)란 포획된 야생동물에게 먹이를 주고 길들이고 또한 번식도 인간이 관리하고 특정 목적을 위해 육종개량을 해소하는 장기간에 걸친 프로세스이다. 가축화의 과정에서 동물의 행동 패턴에 다양한 변화들이 일어난다.

러시아의 과학자인 벨라예프(Dmitry Belyaev)의 은여우 실험에 의하면 가축화로 20여 년이 지난 후 은여우의 털의 색깔, 꼬리의 모양, 귀의 모양 등 외형적인 변화가 발견되었으며, 여우에서 보이지 않는 짖음을 하는 경우도 발견되었다. 개는 가축화된 최초의 동물로 알려져 있다.

개의 경우 인간의 가축화로 인해 다양한 변화가 일어나 지금의 개 특성과 생리가 발현되고 있다고 볼 수 있다.

그림 1-20 벨라예프의 은여우 실험

(5) 고차뇌 기능의 발달

최근 뇌과학이 발전하면서 사람의 뇌와 다른 포유류의 뇌의 구조와 기능은 거의 동일한 것으로 발표되고 있다. 그러나 뇌의 대뇌 신피질의 발달 정도에 따라 동물 간 행동의 다양성과 유연성에 차이가 있는 것으로 알려졌다.

특히 대뇌 신피질의 발달은 고차원적인 뇌 기능과 관련되어 있으며, 특히 과거의 기억, 단기기억과 장기기억을 근거로 하여 상황에 대응하는 행동을 선택하고, 과거의 감정과 관련지어 학습하거나, 미래의 결과를 예측하여 행동하는 패턴을 포함하고 있다.

미국의 뇌과학자인 그레고리 번즈(Gregory Berns) 박사는 MRI를 이용해 개의 뇌 촬영에 성공하였다. 개의 뇌의 활성화는 사람의 뇌와 유사하게 활성화된다고 연구 결과를 발표하였다.

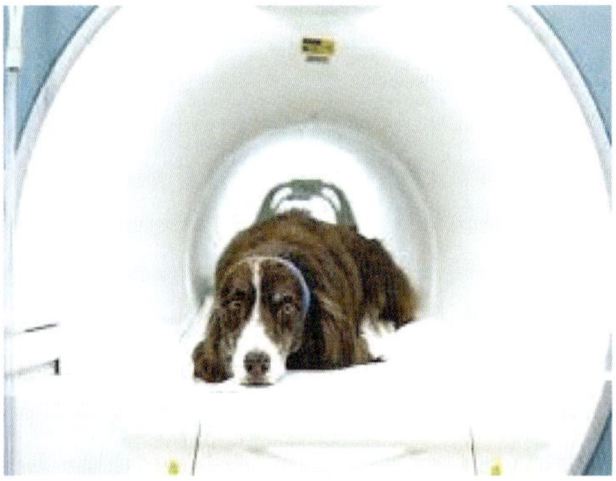

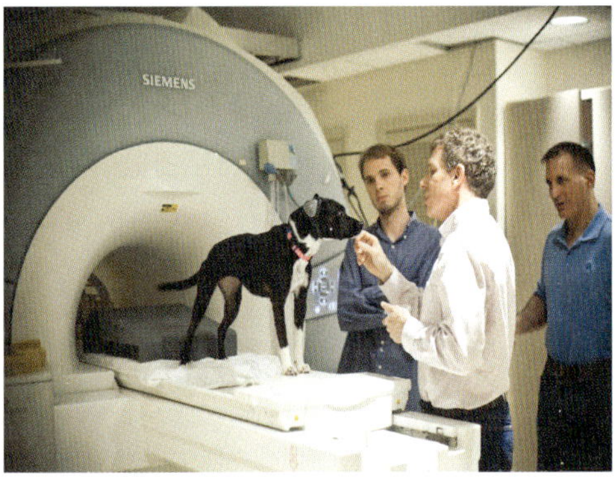

그림 1-21 개의 MRI 촬영

출처: 반려견은 인간을 정말 사랑할까?(그레고리 번즈, 2016).

2) 개의 학습방법

자극이란?

- 어떠한 작용을 주어 감각이나 마음에 반응이 일어나게 함. 또는 그런 작용을 하는 사물
- 생체에 작용하여 반응을 일으키게 하는 일. 또는 그런 작용의 요인
- 유기체에 작용하여 반응을 일으킬 수 있거나 일으킬 가능성이 있는 사상(事象) 좁은 뜻으로는 유기체의 수용기(受容器)에 작용하는 물리적 에너지를 이른다.

지속적인 외부로부터의 자극과 경험 때문에 행동이 변화하고 변화된 행동이 지속되는 것을 학습(learning)이라고 한다.

개의 학습원리의 경우 기본적으로 모든 종에 일반화시킬 수 있으나, 종별 또는 개체별로 반응은 다르게 발현되기도 한다.

◉ 개의 학습방법

- 습관화(Habituation): 홍수법, 계통적 탈감각화
- 연상학습(Association)과 고전적 조건화
- 시행착오(Trial and Error)와 조작적 조건화
- 모방(Imitation)
- 관찰(Observation)
- 인지(Cognition)
- 훈련(Training)

(1) 습관화(Habituation, 순화, 길들임)

개는 특정 자극에 노출되면 그와 동반하여 반응한다. 반면 비슷한 자극이 지속적으로 반복되면 그에 대한 반응이 점차 줄어들게 되거나 반응을 하지 않는다. 이를 순화, 익숙, 습관화라고 한다.

자극의 강도가 강할수록 순화의 속도는 느리고 반대로 자극의 강도가 약할수록 순화의 속도는 빠르다. 개에게 소음, 진동, 새로운 사물, 움직이는 물체 등과 같은 자극을 지속적으로 주었을 때 처음에는 놀람, 회피 또는 도주의 반응을 보이나 이러한 자극이 계속되면 나중에 반응이 점차 감소한다.

낯선 사람이 개에게 위협이나 해를 가하지 않고, 지속해서 개가 좋아하는 간식이나 먹이를 급여하면 결국 낯선 사람에 대한 경계나 두려움이 감소한다. 더 나아가 사람이 주는 먹이를 잘 받아먹는 일반화 현상을 보인다. 이러한 현상을 습관에 의한 학습이라고 한다.

개의 행동발달 과정에서 사회화 시기, 약령기의 강아지가 습관(순화)에 의한 학습이 더 쉽게 이루어지는 경향이 있다. 습관의 빈도에 의해 학습되는 경우가 많아 같은 종 간에도 개체별 차이가 크게 나타난다.

습관화(순화)에는 홍수법(Flooding)과 계통적 탈감각화(체계적 탈감각화, Systematic desensitization)가 있다.

◉ **감작(感作, 감각화, Sensitization)**

강한 자극을 받은 후, 순화되지 않고 역효과로서 반응이 더욱 강해지는 것을 의미한다. 개의 경우 보호자나 훈련사로부터 문제행동에 대해 신체적 처벌 등을 주었을 때 개의 문제행동을 더욱 악화시킬 수 있다. 또한 처벌에 반응하여 부수적인 역효과가 나올 수 있다. 예를 들어, 짖음에 대한 처벌로 개의 콧잔등을 때렸을 때 짖음은 유지하고 오히려 보호자에게 공격행동을 보일 수 있다.

(2) 고전적 조건화와 연상학습(Learning by association)

어떤 특정한 사실이나 현상에 대한 이해를 바탕으로 그 뒤에 일어날 미래를 예측하여 준비할 수 있게 되는 학습을 연상학습(Associative learning)이라고 한다.

동물은 다양한 외부로부터의 자극을 경험하고 그에 대해 반응을 하며 살아간다. 그 결과를 근거로 하여 미래에 일어날 일을 예측하고 행동을 하는 경우도 있다.

1900년대 초반, 이반 파블로프(Ivan Pavlov)는 개의 소화에 관한 연구를 하기 위해 개에게 먹이를 주면서 개가 흘리는 타액의 양을 측정하는 실험을 하였다. 파블로프가 개에게 먹이를 주기 위해 개에게 다가갈 때, 개는 파블로프의 발소리만으로도 침을 흘린다는 사실을 알게 되었다. 이를 근거로 파블로프가 종소리를 들려주며 먹이를 주었다. 그 과정을 반복하자 개는 종소리만으로도 침을 흘리기 시작했다. 종소리와 먹이를 함께 했기 때문에 두 자극이 '연상'된 것이었다.

표 1-8 **고전적 조건화**

고전적 조건화 (Classical Conditioning)	무조건자극 (Unconditioned Stimulus)	중립자극 (Neutral Stimulus)	무조건반응 (Unconditioned Response)
	먹이	종	침
		조건자극 (Conditioned Stimulus)	조건반응 (Conditioned Response)

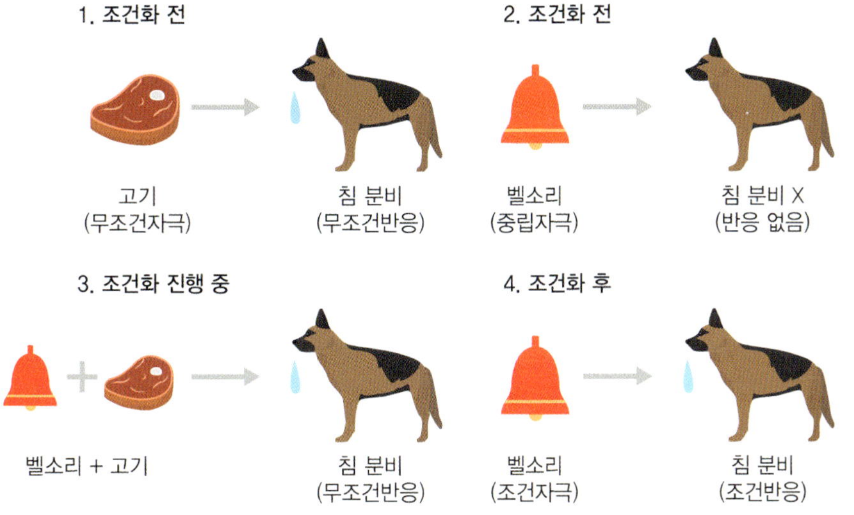

조건자극이 무조건자극과 함께 주어지지 않으면 결과적으로 조건반응은 소멸한다. 이 과정을 소거라고 한다.

고전적 조건화(Classical conditioning)에서는 자발적으로 생긴 행동이 아니라 무조건자극과 무조건 반응이 관여하고 보상이 필요하지 않다는 점에서 조작적 조건화와는 다르다.

개의 연상학습과 관련하여 예를 들면, 강아지가 예방접종을 위해 강아지 크레이트(crate)에 넣어 병원에 내원하여 주사를 맞히기 위해 차를 이용해 이동했다고 가정해 보자.

강아지는 처음 경험하는 자동차 타기, 크레이트에 들어가기, 병원에서 주사 맞기의 새로운 경험을 하게 된다. 신료실에서 검사한 후 주사를 맞고 집으로 돌아왔다. 2주 후, 2차 예방접종을 하기 위해 크레이트를 보이는 순간 강아지는 도망가 숨을 것이다. 이때 생리적인 반응으로 맥박이 빨라지고 숨을 헐떡거리는 현상이 나타날 수 있다. 강아지는 불쾌한 경험과 자동차, 크레이트, 동물병원과 '연상'시킨 것이다.

개가 어떤 물건이나 환경에 이미 부정적이거나 불쾌하게 연상을 한 경우에 교정해야 한다. 방법으로 다른 '연상'으로 다시 고전적 조건형성을 해야 한다. 이를 역조건형성(Counter-conditioning)이라고 하는데, 이미 고전적 조건형성이 된 영상을 반대로 만드는 것이라는 뜻에서 붙은 이름이다.

그림 1-22 파블로프의 조건반사(고전적 조건화)

◉ 상반행동(Incompatible behavior)

어떠한 행동과 절대로 동시에 일어날 수 없는 대립되는 행동이다. 한 상황에서 바람직하지 않은 행동과 바람직한 행동은 동시에 일어날 수 없다. 예를 들어, 개가 창밖으로 사람을 보고 짖는다면 개에게 얌전히 엎드려 먹을 수 있는 간식을 준다면 개는 짖음과 동시에 간식을 입에 넣어 먹을 수 없다.

① 고전적 조건화의 영향 요인

조건화 과정에서 여러 요인들에 의해 영향을 미치기 때문에 조건자극의 습득 결과에 차이가 나타날 수 있다.

영향 요인	내용
수반성	• 수반성이란 어떤 것에 뒤따르는 현상이다. • 조건자극이 주어지면 뒤이어 무조건자극이 따라오는 경우로, 무조건자극은 조건자극에 수반된 것이다. 고전적 조건화는 조건자극에 무조건자극이 수반되지 않으면 효과를 발휘하기 어렵다.
근접성	• 조건자극과 무조건자극의 제공시간이 가깝거나 먼 정도이다. • 일반적으로 조건자극과 무조건자극 사이의 제공시간이 짧을수록 조건화가 쉽고 빠르게 나타난다. 제시 간격이 멀면 수반성을 상실하여 조건화가 이루어지지 않는다.
자극의 특성	• 자극의 강도가 높으면 약한 것보다 조건화가 더 잘 이루어진다. 조건자극이 지나치게 강하면 자극이 되지 못하고, 무조건자극으로 작용할 수 있다. 예를 들어 너무 큰 소리는 조건자극이 되지 못하고, 두려움을 유발하는 무조건자극이 되는 것이다. • 자극의 특성에 따라 차폐현상, 뒤덮기, 잠재적 억제 등이 나타난다.
연습의 효과	• 자극의 결합횟수에 비례하여 증감된다. 연습기회가 많을수록 조건화 수준이 높아진다. 연습의 법칙에 따라 시행 초기에 효율이 높고 후반으로 갈수록 낮아진다.
개체별 특성	• 나이, 성격, 경험요소, 민감도, 준비성 등은 조건화에 영향을 준다.
환경적 요인	• 훈련이 이루어지는 환경은 조건화에 영향을 주며 집중할 수 있는 환경이 조건화에 유리하다.

표 1-9 **조건자극 특성에 따른 현상(파생효과)**

구분	특성
차폐(현상)	• 복합자극의 구성요소 간 특성의 영향으로 조건화를 방해하는 것이다.
뒤덮기(현상)	• 복합자극으로 이루어진 조건자극의 강도와 특성이 유사할 때 발생한다. • 조건화된 요소 자극이 다른 자극을 덮는 상황에서 요소 자극을 단독으로 제시했을 때 반응을 방해한다.
잠재적 억제	• 조건자극의 사전경험에서 무조건자극의 비수반으로 조건화를 방해한다. • 보상을 받지 못한 상태에서 조건자극을 사전에 경험한 결과이다.
사전 조건화	• 조건화에 사용될 조건자극을 사전에 경험할 때 발생한다. • 중립자극이 사전에 무조건자극에 수반되어 조건화된 것이다.

(3) 조작적 조건화와 시행착오

개는 다양한 경험을 하면서 시행착오를 통해서도 학습한다. 개는 다양한 시도를 하고 효과가 있는, 자신이 원하는 결과, 즉 좋아하는 결과, 이익이 되는 결과를 가져오는 행동은 계속한다. 반대로 효과가 없거나 자신이 싫어하는 결과가 따라오는 행동은 피하려고 한다.

미국의 심리학자 손다이크(Edward Thorndike)의 고양이 실험에서 고양이를 작은 퍼즐 상자에 넣어 두고, 발판을 누르면 끈으로 연결된 문이 열도록 하는 장치를 고안하였다. 우연히 발판을 눌러 문이 열리게 되어 상자에서 나왔다. 결과적으로 상자에서 나온 것이 강화물이 되어 고양이는 문을 여는 것을 학습하게 되었다. 이것을 도구적 조건화(Instrumental conditioning)이라고 한다. 도구적 조건화에서의 중요한 개념은 강화되기 위해서는 동물이 자발적으로 반응해야 하고, 결과적으로 시행착오를 통해 원하는 결과가 보상이 되어 학습한다는 개념이다.

손다이크의 실험은 이후 행동주의 심리학의 지대한 영향을 미쳤다. 반려견 훈련에서 긍정강화훈련(PRT: Positive Reinforcement Training)의 이론적인 토대를 제공했다고 할 수 있다.

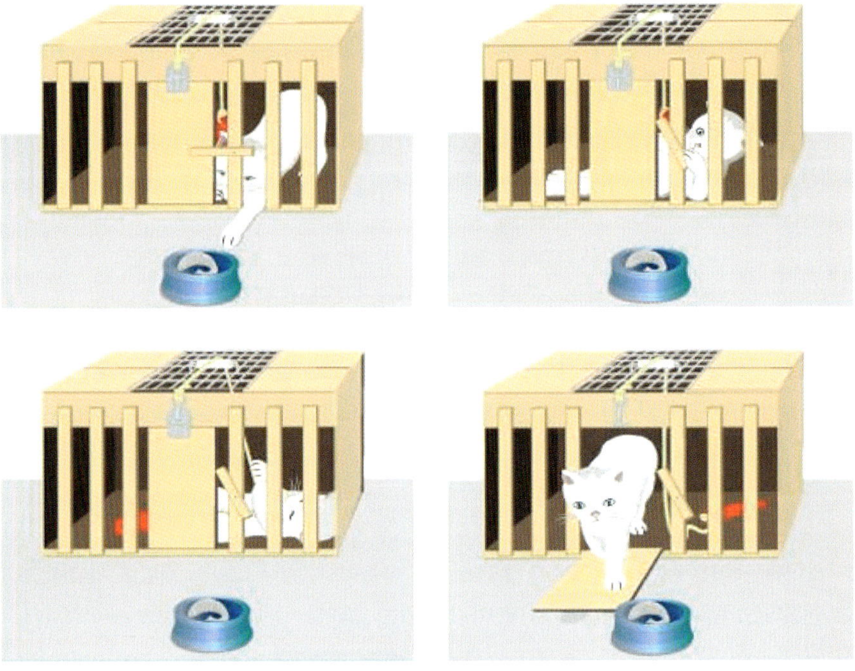

그림 1-23 손다이크의 도구적 조건화(고양이 실험)

출처: https://www.structural-learning.com/post/thorndikes-theory

조작적 조건화(Operant conditioning)는 시행착오라는 개념을 이용하여 동물이 자발적으로 한 행동에 대해서 행동이 다시 발생할 가능성을 높이기 위하여 보상을 주고, 자발적으로 바람직하지 못한 행동을 할 때는 불쾌감을 경험하게 하여 바람직하지 못한 행동을 줄이기 위해 처벌을 주어 행동을 조절할 수 있다는 개념이다.

조작적 조건화는 동물이 긍정적인 결과를 가져오는 행동은 반복적으로 행동하고, 부정적 결과를 가져온 행동은 피하도록 학습하게 될 때 발생한다. 이 이론은 심리학자인 스키너(Burrhus F. Skinner)에 의해 널리 알려졌다.

스키너는 원했던 행동, 즉 학습시키고자 했던 동작을 했을 때 그 대가로 체계적인 보상을 줌으로써 동물들에게 춤이나 재주, 탁구를 가르쳐서 조작적 조건화의 효과를 입증했다.

그림 1-24 스키너의 상자 실험

조작적 조건화(Operant conditioning)는 말 그대로 조건(condition)을 조작(operate)하는 것이다. 조건화한다는 것은 강화시킨다는 것을 의미한다. 조작(operant)이란 일련의 행동을 말하는데, 즉 "앉기", "세탁물 훔치기" 혹은 "사람 물기" 등도 행동의 카테고리에 포함된다. 운동을 통해서 근육이 단련되는 것처럼 조작, 즉 행동도 강화된다. 개가 어떤 상황에서 앉는 행동을 하면 이것은 반응(response), 즉 개별적으로 조작된 "앉아"의 예이다.

조작적 조건화에서도 반응의 빈도를 높이기 위해 개가 싫어하는 것, 즉 혐오 자극(Aversive stimuli)을 사용하는 경우가 있다. 혐오 자극이란 동물들에게 죽음이나 부상의 위험을 느끼게 하는 신호를 줘서 행동을 유도하는 동기다.

표 1-10 **조작적 조건화**

구분	강화(Reinforcement) 원하는 행동을 더 잘하게 한다.	처벌(Punishment) 원치 않는 행동을 못하게 한다.
긍정(Positive) –을 더하거나 –을 제공하여	긍정강화(Positive Punishment) 동물이 좋아하는 것을 더해서 원하는 행동이 다시 발생할 가능성을 높인다.	긍정처벌(Positive Punishment) 동물이 싫어하는 것을 더해서 원치 않는 행동이 다시 발생할 가능성을 낮춘다.
부정(Negative) –을 빼거나 –을 제거하여	부정강화(Negative Reinforcement) 동물이 싫어하는 것을 제거하여 원하는 행동이 발생할 가능성을 높인다.	부정처벌(Negative Punishment) 동물이 좋아하는 것을 제거하여 원치 않는 행동이 다시 발생할 가능성을 낮춘다.

* 긍정강화를 정적강화 또는 양성강화, 부정강화를 정적강화 또는 음성강화, 긍정처벌을 정적약화 또는 양성처벌, 부정처벌을 부적약화 또는 음성처벌 등으로 달리 해석하는 서적이나 논문도 있습니다.

조작적 조건화의 예는 다음과 같다.

예 1 긍정강화(Positive Punishment)

개가 얌전히 앉는 동작을 훈련사는 반복적으로 행동하도록 훈련시킨다. 이를 위해 훈련사는 개가 앉는 동작을 할 때마다 개가 좋아하는 간식이나 장난감으로 보상을 하여 앉는 동작을 강화시킨다.

예 2 긍정처벌(Positive Punishment)

개가 훈련사와 편안하게 산책하거나 이동하도록 '따라' 훈련을 시킨다. 이를 위해 개가 훈련사보다 흥분하여 치고 나갈 때마다 개가 싫어하는 목줄을 세게 잡아 당겨 앞으로 치고 나가지 못하도록 한다.

예 3 부정강화(Negative Reinforcement)

개가 얌전히 '엎드려' 동작을 훈련사는 반복적으로 행동하도록 시킨다. 이를 위해 훈련사는 개가 '엎드려' 동작을 하도록 하기 위해 목줄을 아래로 힘으로 강압적으로 잡아 당겨 '엎드려' 동작을 유지하도록 한다. 이때 개가 '엎드려' 동작을 개가 잘 유지하면 강압적으로 잡아당겼던 목줄을 느슨하게 풀어준다.

예 4 부정처벌(Negative Punishment)

개가 훈련사가 들어올 때마다 점프한다. 이러한 점프하는 동작을 없애기 위해 개가 점프할 때 훈련사는 개가 좋아하는 터칭(touching)이나 눈 맞춤을 하지 않기 위해 등을 돌려 무시한다.

◉ 소거 폭발(Extinction burst)

조건형성이 이루어진 후, 더 보상을 주지 않아 줄어들던 행동이 갑자기 나타나거나 더 강하게 나타나는 현상을 말한다. 행동은 더 강화되지 않으면 점차 사라지는 소거(extinction)의 과정을 거친다.

예) 가족들이 식사할 때마다 반려견에게 사람이 먹는 음식을 주었다고 가정해 보자. 개는 식탁 근처에 앉아 보호자를 쳐다보며 달라는 시각신호(애절한 눈빛)를 처음에 보낼 것이다. 그래도 안 되면 청각신호(짖음)로 달라는 신호를 보낼 것이다.

개는 자신이 시각신호와 청각신호를 보내면 보호자가 음식을 준다는 사실을 알고 매번 요구하고 자연스럽게 받아들여지게 된다. 그런데 강아지가 비만해지고 건강에 문제가 생길 것을 우려해 보호자는 사람 먹는 음식을 더 이상 주지 않기로 했다. 이때 강아지 반응은 처음 며칠 동안은 지금까지의 시각신호와 청각신호의 강도와 빈도가 더 높게 나타난다. 이러한 현상을 소거 폭발이라 한다.

◉ 자발적 회복(Spontaneous)

자발적 회복이란 동물이 오랫동안 강화 받았던 과거의 행동을 기억하는 학습 체계로, 과거 오랫동안 강화된 적이 없었음에도 갑자기 그 행동이 재발(resurgence)하는 것을 의미한다.

예) 떠돌이 개에게 A 장소에 먹이를 주던 동네 사람이 이사를 간 후 그곳에 더 이상 먹이가 없어지면, 동네 다른 사람이 주는 B, C 장소에 더 자주 가서 먹이를 먹는다. 개는 A 장소를 기억하고 있다. B, C 장소에 먹이가 적어지면 다시 정기적으로 A 장소를 찾아갈 것이다.

◉ 암시

핸들러가 원하는 행동을 개에게 간접적으로 알려줌으로써 개가 행동하도록 하는 방법이다.

특히 어질리티(agility)에서 암시를 사용한다. 핸들러의 손이 가리키는 장애물을 넘거나 통과하도록 제시한다.

◉ 용암(Fading) – 원하는 행동을 발달시키는 방법

반복적인 시도를 통해, 반응을 통제하는 자극의 강도를 점진적으로 변화시켜 원하는 행동을 발달시키는 방법이다. 즉, 자극의 강도를 점진적으로 줄여 원하는 목표에 이르는 방법이다.

어질리티에서 개가 두려움을 느껴 터널을 통과하지 않고 옆으로 지나가는 경우가 있다. 이런 경우 터널 옆으로 빠져나가지 못하도록 장애물을 두어 개가 터널을 통과할 수밖에 없도록 한다. 개가 터널에 대한 두려움이 없어지고, 능숙하게 통과하면 터널 옆의 장애물을 제거한다. 개가 '따라'를 할 때, 핸들러와 개와의 거리가 떨어져서 걷는 경우, 벽을 이용해 개가 핸들러에 밀착하여 걷도록 한다. 개가 밀착하여 잘 걷게 되면, 벽이 아닌 열린 공간에서 '따라' 연습을 한다.

◉ 조형(Shaping) – 원하는 새로운 행동을 만드는 방법

핸들러가 원하는 새로운 행동을 만들고 발달시키는 점진적 접근 방법이다.

- 캡쳐링(capturing): 개가 원하는 동작을 하는 순간을 포착하여 보상함으로써 그 동작을 반복적으로 하도록 하는 방법
- 스테이징(staging): 원하는 동작을 세분하여 각 단계별로 보상함으로써 목표한 동작을 완성해 가는 방법이다. 즉, 핸들러가 원하는 행동과 유사한 행동을 해도 보상을 하여 점진적으로 원하는 동작에 가까워지도록 하는 방법
- 루어링(luring): 원하는 동작을 하도록 강화물로 유도하는 방법
- 몰딩(molding): 원하는 동작을 물리적으로 하도록 하는 방법
  (예: '엎드려'를 훈련시킬 때 '앉아' 자세에서 목줄을 강제로 아래로 당겨 엎드려 자세를 만든다)

① 조건화의 영향을 주는 요인

㉮ 강화물(강화인자, Reinforcer)

조작적 조건화의 개념에서 강화라는 개념은 행동의 증가를 일으키는 절차를 의미한다. 강화의 종류는 긍정강화와 부정강화가 있다.

개가 욕구, 추동과 동기부여를 가지고 있을 때 행동을 반복적으로 하도록 강화물을 이용한다. 훈련 시 개에게 사용하는 각각의 강화물은 환경이나 개체별 특성에 따라 다르다. 강화력은 개의 욕구, 추동과 동기부여를 이끌어 내고 유지하는 힘으로 표현할 수 있다.

조작적 조건화에서 강화(Reinforcement)는 보상(Reward)에 의해 이루어진다. 긍정강화(Positive reinforcement)에서는 개가 좋아하는 것을 제공하는 것을 의미하며, 부정강화(Negative reinforcement)에서는 개가 혐오하는 것을 제거함으로써 원하는 행동을 증가시킨다.

강화물의 효과를 극대화하기 위해서는 개체별 선호도를 이해하고 강화물로 사용하는 것이 필요하다. 개체별로 강화의 효과 또한 차이가 존재한다. 즉, 개마다 강화물에 대한 강화력은 개체마다의 결핍상태에 따라 다르게 반응할 수 있다. 예를 들어, 배가 고픈 개에게 간식은 훈련 시 적절한 강화물이 될 수 있다. 반대로 배가 부른 개에게 간식은 강화력이 떨어진다. 즉, 훈련의 성과에 큰 영향을 미치게 된다. 일반적으로 결핍수준이 높은 강화물을 사용하는 것이 훈련 결과에 큰 영향을 미치게 된다.

개에게 매일 먹는 사료를 강화물로 사용하는 것보다는 훈련 시에는 닭고기를 이용하는 것이 효과적일 수 있다. 그러나 너무 매력적인 보상을 이용하면 개가 흥분하여 학습

에 역효과를 낼 수 있다. 예를 들어, 장난감을 매우 좋아하는 개에게 훈련 시 장난감을 강화물로 이용했을 때 장난감에 집중에 오히려 훈련 효과가 낮아지기도 한다.

2차 강화물은 본래의 1차 강화물이 아니라, 1차 강화물과 함께 주어짐으로써 강화물로서의 기능을 하는 2차적 보상을 말한다. 예를 들면, 간식을 이용하면서 개를 훈련할 때 중간에 클리커를 이용하면 클리커의 소리가 2차 강화물이 된다. 2차 강화물로는 칭찬, 터칭 등이 있다.

강화(Reinforcement)의 반대되는 개념으로 처벌(Punishment)이 있다. 처벌은 개가 원하지 않는 행동을 감소시키거나 제거하기 위해 인위적으로 실시하는 절차를 의미한다. 특히 문제행동을 교정할 때 사용하는 경우가 많다.

유형 강화물	• 음식이나 장난감처럼 형태를 가짐 • 동기를 직접적으로 자극하므로 효과 높음 • 적시에 보상이 곤란한 경우가 있음
무형 강화물	• 형태를 갖추지 않은 칭찬, 신체적 접촉, 사회적 관계 등 • 사용이 편리하여 적시에 보상할 수 있는 장점 • 훈련 초기에는 효과가 낮음

1차 강화물	• 다른 자극과 조건화되지 않은 자연적이고 선천적인 것 • 음식, 공, 장난감 등
2차 강화물	• 조건화를 통해 강화력을 가지게 되는 강화물 • 칭찬, 미소, 호의 등 우호적인 것과 소리치기, 굉음 등 혐오적인 것

㉯ 강화물의 빈도

훈련 시 강화력을 유지하기 위해 어떤 종류의 강화물을 사용하는지가 매우 중요하다. 또한 강화물의 빈도를 어떻게 조절하는가에 강화되는 수준, 즉 훈련성과는 큰 차이를 보인다.

연속적 강화는 강화물을 훈련 시 원하는 행동을 했을 때마다 연속적으로 강화물을 제공하는 것을 의미한다. 간헐적 강화는 훈련 시 강화물을 원하는 행동을 했을 때마다 주는 것이 아니라 횟수를 적게 제공하는 것을 의미한다.

강화물의 빈도는 작은 강화물을 자주 주는 것이 큰 강화물을 한번 주는 것보다 효과적이다. 복종훈련을 할 때 원하는 동작을 했을 때마다 작은 간식을 주는 효과가 큰 뼈간식을 한번 주는 것보다 효과적이다.

연속적으로 강화물을 사용하는 경우 빨리 강화되고 반대로 강화물의 횟수를 적게 제공하게 되면 늦게 강화된다. 훈련 시 개가 강화물을 받는 다는 것은 훈련 과제에 점진적으로 도달하고 있다는 의미이며 개가 자신감과 즐거움을 높여 만족한 훈련 성과를 내도록 한다.

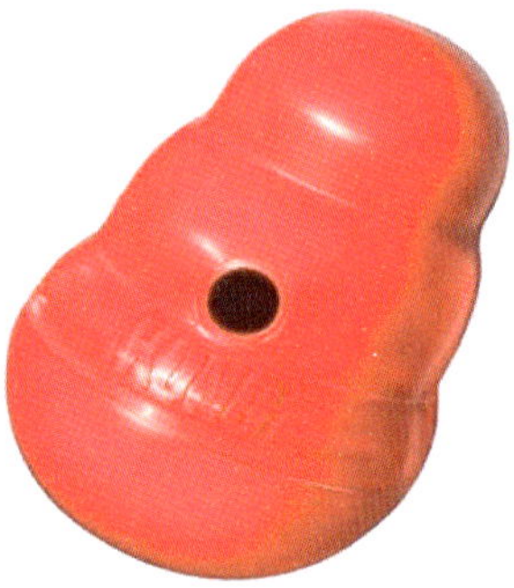

그림 1-25 강화물의 종류

㉰ 강화계획(Reinforcement Schedule)

개를 훈련시키거나 행동 수정할 때는 개가 원하는 행동이나 원치 않는 행동에 강화나 벌을 줌으로써 개는 학습하게 된다. 이때 조건형성(조건화)이 이루어진 후에는 강화의 빈도를 조절하여 간헐적(부정기적) 강화로 변경해야 한다. 강화 계획의 방법에 따라 강화물의 효과, 즉 강화력이 유지될 수 있다.

개 훈련 시 원하는 결과나 효과를 얻기 위해서는 개의 반응과 동시에 강화가 이루어져야 한다. 즉시성이 중요하다고 할 수 있다. 훈련 시 강화물을 제공하는 타이밍과 행동교정 시 처벌을 사용하는 타이밍은 매우 중요하다. 타이밍이 전부라고 해도 과언이 아니다.

개가 원하는 행동을 한 후에 즉시 강화물을 제공해야 한다. 처벌도 마찬가지이다. 잘못한 행동을 교정할 때 그 즉시 처벌을 주어야 한다. 즉, 즉시성은 훈련의 성과, 행동교정의 성과를 내는 핵심요소라고 할 수 있다. 훈련 과제를 위해 훈련을 실시할 때 강화횟수와 함께 강화계획을 사전에 정해 준비하여야 한다.

훈련에서 강화물의 제공시기, 즉 보상의 시기를 정확하게 맞추기 위해서는 많은 연습이 필요하다. 이를 위해 클리커 훈련을 이용하는 것도 효과적인 방법이다.

훈련 시 연속적 강화계획을 사용하다 중단하면 소거 현상이 나타날 수 있으므로 간헐적 강화계획을 이용하는 것이 효과적일 수 있다. 또한 고정간격 강화계획을 사용하면 개는 훈련 시 강화물의 제공 시점을 알게 되어 집중력이 떨어져 훈련효과가 낮아질 수 있으므로 언제 강화물이 제공될지 모르는 변동강화계획을 사용하는 것이 집중력을 높여 훈련효과를 극대화할 수 있다.

표 1-11 **강화 스케줄**

구분	내용
연속적 강화 (정기적 또는 계속적 강화)	학습 초기 단계에서는 계속 강화물을 제공하여야 한다. 연속적 강화는 원하는 행동을 했을 때마다 강화물을 제공하는 방법이다.
간헐적 강화 (부정기적 강화)	원하는 행동을 할 때 강화물을 매번 주는 것이 아니라 간헐적으로 제공하는 방법이다. 학습된 행동을 유지하는 데 효과적인 방법이다.
① 고정간격스케줄 (fixed interval schedule)	일정한 시간 간격을 두고 강화물을 제공하는 방법으로 시간마다 규칙적으로 강화물을 제공한다. 예를 들어, 주급, 월급, 중간고사, 기말고사 등이 있다.
② 변동간격스케줄 (variable interval schedule)	다양한 시간 간격을 두고 강화물을 제공하는 방법으로 불규칙적으로 강화물을 제공한다. 예를 들어, 쪽지 시험, 낚시를 해서 물고기를 잡는 것 등이 있다.
③ 고정비율스케줄 (fixed ratio schedule)	정해진 횟수만큼 행동할 때 강화물을 제공하는 방법으로 일정한 횟수마다 규칙적으로 강화물을 제공한다. 예를 들어, 카페에 오는 손님을 늘리기 위해 쿠폰을 이용해 10번을 찾아오는 손님에게 무료로 커피를 제공하거나 회사에서 직원에게 성과급으로 상여를 주는 제도가 예이다.
④ 변동비율스케줄 (variable ratio schedule)	비율이 일정하지 않게 강화물을 제공하는 방법으로 불규칙적으로 강화물을 제공한다. 예를 들어, 카지노에서 도박하는 이유는 언제 얼마의 큰돈을 벌지 모르기 때문에 많은 사람이 도박을 한다.

㉣ 강화의 실패 사례

개 훈련 또는 행동교정에서 과제를 제대로 수행하지 못한 경우, 전체적으로 훈련 또는 행동교정 계획단계에서부터 재검토해야 한다. 특히 강화물 선택, 강화 빈도, 강화 계획을 다시 재검토하여 다시 수립해야 한다.

조작적 조건형성에서 수반성에 필요한 세 가지 중요한 구성요소는 자극 또는 반응, 행동, 행동에 뒤따르는 결과가 있다. 강화물의 수반성이란 행동과 결과 간의 발생할 수 있는 관계로서, 즉 '앉아'라는 행동이 일어나면 이어서 보상으로 간식이 제공된다는 규칙이다.

개가 '앉아' 행동을 하면, 행동에 대한 보상으로 강화물인 간식을 제공하면 '앉아' 행동이 증가되고, 이와 반대로 강화물인 간식이 제공되지 않으면 '앉아' 행동은 일어나지 않는다.

예를 들어, 개를 '따라 - 앉아' 훈련 시 개가 좋아하는 간식을 강화물로 제공하였음에도 불구하고 '따라 - 앉아'의 포지션이 원하는 '앉아' 자세가 되지 않는 경우가 있을 수 있다. 이를 수반성의 함정이라 한다.

수반성의 함정이 일어나는 이유로 강화물의 타이밍이 늦어 '앉아' 행동과 '앉아'의 보상인 강화물이 적절하게 제공되지 않은 경우가 많다.

◉ **조작적 조건화의 파생효과**

수반성의 함정	• 행동에 대한 강화물의 수반성은 개가 수행한 행동은 그 결과로 제공되면 행동이 증가되어야 하고, 반대로 강화물이 제공되지 않으면 행동의 변화가 있어야 한다. • 수반성의 함정이란 행동에 대한 결과로 강화물이 제공되었음에도 불구하고 행동이 강화되지 않는 경우를 의미한다. • 개가 행동을 수행한 후 강화물이 실제로 제공되는 시간이 너무 늦은 경우 주로 발생된다. 결과와 강화물이 결합되지 못한 경우다.
비율긴장	• 강화 비율이 갑자기 높아지면 오히려 행동이 감소되거나 중단되는 경우가 발생한다. 이를 '비율긴장'이라 한다. • 강화물을 제공하는 시간 간격이 짧은 상태에서 늦게 주거나, 매번 주어지다가 횟수가 줄어들면 결핍도가 높아진다. 그러면 개의 집중력이 좋아지고 행동이 증가되는 것이 일반적이다. 따라서 개의 훈련수준이 높아지면 강화물을 저 비율에서 고 비율로 제공한다. 이를 '비율 늘리기'라 한다.
간헐 강화 효과	• 강화물 제공횟수가 많은 강화계획으로 강화된 행동은 소거가 쉽게 이루어지지만 반대의 경우에는 소거가 어렵다. • 간헐 강화계획으로 훈련된 개가 강화물 제공 시기를 예상할 수 없어 행동을 소거하려 할 때 소거 저항이 강하게 발생한다. 이를 '간헐강화효과' 또는 '부분강화효과'라 한다.
선택과 대응	• 여러 행동을 강화할 때 강화계획의 종류에 따라 특정행동을 선택하는 현상이다. • 두 행동이 모두 강화를 받은 경우 강화비율이 높은 쪽을 선택한다.

㉤ 처벌

처벌(Punishment)은 원치 않은 행동을 할 때 개가 싫어하는 것(혐오자극)을 주거나 좋아하는 것(보상)을 제거하는 것이다. 처벌에는 긍정처벌(Positive punishment, 양성처벌 또는 정적처벌)과 부정처벌(Negative punishment, 음성처벌 또는 부적처벌)이 있다.

처벌은 적절한 타이밍, 적절한 강도와 일관성이 중요하다. 개에게 적절한 타이밍, 적절한 강도와 일관성을 유지하는 것은 매우 어렵다. 동물행동전문가들 또한 동물의 상태를 적절하게 파악하지 않은 상태에서 처벌을 주었을 경우 동물의 공격성 발현 등의 부작용이 나타날 수 있기 때문이다.

처벌은 초기에 강한 수준으로 주어야 효과적이다. 개가 원치 않은 행동을 하고 있다는 의미는 장기간 지속적으로 습관화되어 있다는 것을 의미한다. 따라서 처벌의 정도와 문제행동을 발생시키는 강화물이 서로 충돌하고 있는 상태에서 문제행동은 지속하게 되는 경우가 많다. 따라서 처벌은 초기에 강력해야 그 효과를 발휘할 수 있다.

처벌의 목적은 원치 않는 행동을 감소시키거나 제거하는 것이다. 따라서 훈련사 또는 행동지도사는 처벌을 훈련과정과 동일한 절차와 계획을 세워 시행해야 한다.

반려동물행동지도사, 훈련사, 보호자 등이 부적절한 방법으로 처벌을 주었을 경우 개가 공포를 느끼고 자신을 보호하기 위해 공격성을 보이거나, 처벌을 준 사람에게 회피 또는 기피 반응을 보일 수 있으므로 보호자는 직접적인 신체처벌이나 음성처벌을 피하는 것이 바람직하다.

보호자가 외출했을 때 강아지가 배변 실수를 해서 보호자가 돌아와서 강아지의 배변 실수에 대해 처벌을 한다면 강아지는 왜 벌을 받는지 알지 못하고 흥분한 보호자를 이상하게 생각하고 경우에 따라서는 보호자를 무섭게 생각하고 피할 수 있다.

예를 들어, 보호자가 개가 식탁에서 음식을 훔쳐 먹는 것을 보고, 이름을 부른 후 소리를 지르거나 야단을 치면, 다음에 개는 식탁에서 음식을 훔쳐 먹는 행동은 줄어들 것이다. 소리를 치거나 야단을 쳐서 훔쳐 먹는 행동을 벌한 것이다. 그런데 보호자가 다른 친구와 전화통화를 하고 있을 때 개가 식탁에서 음식을 훔쳐 먹는 것을 보고, 전화를 계속해서 이어간다면 그 전에 훔쳐 먹었을 때의 처벌로 인한 학습효과는 낮아질 수 있다. 따라서 처벌의 일관성이 매우 중요하다.

만약 강아지가 리드줄을 과도하게 끌어 초크체인(초크칼라, choke collar)을 잡아당겼음에도 리드줄을 과도하게 끈다면 리드줄을 끌지 않을 때까지 잡아당기는 강도를 높여야 한다.

처벌은 다음과 같이 분류할 수 있다.

- 직접처벌(신체처벌, 음성처벌, 시각처벌)
- 원격처벌
- 사회처벌

㉠ 직접처벌: 직접처벌에는 신체처벌, 음성처벌과 시각처벌로 나눌 수 있다. 신체처벌

은 동물에게 직접적으로 신체에 처벌하는 것이다. 예를 들어, 신문지 말아 때리기, 코 때리기, 강제로 배 보이게 뒤집기, 발로 차기, 턱이나 목덜미 잡기, 무릎으로 가슴 차기, 초크체인으로 획 채기, 강제로 엎드리게 하기 등이 해당한다.

음성처벌은 동물에게 소리를 이용하여 처벌을 하는 것이다. 말로 혼내기, 페트병에 동전 넣어 흔들기, 소리치기 등이 해당한다. 시각처벌은 응시하기를 예로 들 수 있다.

직접처벌의 경우, 공격성이 있는 동물에게 적용 시에는 악화시킬 가능성이 있으므로 매우 주의해야 한다. 직접처벌의 경우 처벌을 주는 사람과의 신뢰 관계가 손상될 수 있다. 따라서 반려동물에게 직접처벌의 사용은 매우 조심해서 사용할 필요가 있다.

㉡ 원격처벌: 처벌을 주는 주체가 인간이라는 것을 동물이 인식하지 못하도록 원격으로 조작하여 주는 처벌이다. 전기충격 짖음 방지 목걸이, 전기사이렌, 전기매트 등이 있다. 원격처벌의 직접처벌과 달리 사람과 동물과의 신뢰 관계가 손상되지 않는다는 장점이 있으나 동물복지라는 관점에서 논란이 되는 것도 사실이다. 해당 동물이 문제행동을 교정하기 위해 문제행동 상황을 인위적으로 만들어 처벌을 주면서 문제행동을 치료하는 경우도 있다.

㉢ 사회처벌: 무리동물의 경우, 무리 내에서 상호작용이 필수적으로 발생한다. 따라서 개의 경우 보호자와의 상호작용이 매우 중요하다. 무시와 타임아웃 등과 같이 상호작용을 줄이거나 단절하는 처벌이 사회처벌이다.

◉ 타임아웃(Time-out)

문제행동을 없애기 위해 일정 기간 긍정강화 물을 차단하거나 제거하는 것을 말한다. 예를 들어, 점프하는 강아지에게 얌전히 쉬게 하기 위해 보호자와의 상호작용이라는 긍정강화물을 제거한다. 강아지에게 시선 주지 않기, 무시하기.

◉ 변별(자극 변별화)

- 습득한 자극과 일치하는 것에만 반응하도록 함
- 특정 자극에 대한 결과가 다른 자극보다 좋으면 변별력 발생
- 변별자극에 보상을 주고, 대조자극에는 보상을 주지 않음
- 변별은 특정한 자극에 대한 반응을 강화하는 훈련

– 변별력이 높아지면 일반화 능력이 낮아질 수 있음

동시변별	• 변별자극과 대조자극을 동시에 제시한 상태에서 이를 식별
표본변별	• 표본자극을 제시하고 이와 동일한 것을 분별하도록 하는 방법
무오류변별	• 실패를 최소화하고 성공률을 높이는 방법 • 먼저 고수준의 변별자극과 저수준의 대조자극을 배열하여 자극의 차이를 조성
연속변별	• 변별자극과 대조자극을 임의의 순서로 연속적으로 제시하여 구별

(4) 모방(Imitation)

모방은 다른 개를 흉내 내는 행동이다.

개는 다른 개의 행동을 관찰한 후 동일하게 따라 하거나 비슷한 행동을 한다. 개는 어릴 때 어미의 행동을 보고 흉내 내는 것으로부터 발달하고 정교해지는 경우가 많은 것으로 알려지고 있다. 다른 개체의 행동을 따라 하면서 자신에게 적합한 발전적인 형태의 행동으로 더욱 발전시킨다.

침팬지의 경우, 어미가 하는 모습을 관찰한 후 도구를 이용해 개미를 잡아먹거나 돌을 이용해 견과를 깨서 먹는 행동을 학습한다. 사냥에 대한 방법과 기술을 학습하는 경우를 많이 포유류에서 많이 관찰된다.

모방은 동물의 학습 형태 중에서 가장 보편적으로 많이 일어나는 것으로 알려졌다. 인간의 행동 발달 및 학습 과정에서도 가장 기본적인 유형은 상대방을 따라 하는 모방에서부터 시작된다.

(5) 관찰(Observation)

관찰학습은 다른 개체의 행동을 관찰함으로써 일어나는 학습이다. 관찰학습에는 강화가 필요하지 않고 대신 모델이 되는 개체가 필요하다. 모델이 되는 개체가 의도적으로 특정한 행동을 주입하려 하지 않을 수 있지만, 관찰된 많은 행동은 기억되고 모방될 수 있다.

관찰학습에 필요한 4가지 조건은 주의력, 유지력, 동기부여 및 생산이다. 즉, 개는 모델링된 행동을 하는 개나 사람에게 주의를 기울여야 하고, 관찰하는 동안 수집된 행동에 대한 정보를 유지해야 하며, 원래 행동에서 벗어난 시간과 장소에서 행동을 재연하도록 동기를 부여해야 하며, 마지막으로 행동이나 그에 대한 합리적인 모방을 생성해야 한다.

(6) 인지학습(Cognitive learning)

개는 인지학습을 할 수 있다. 인지학습은 개가 자극에 대한 조건부 반응을 발달시키는 것이 아니라 정보를 획득하고 처리하는 과정이다. 주로 포유류에 관계되는데, 특히 영장류, 고래류, 코끼리류, 개, 고양이, 너구리, 설치류 등이다.

개는 인지학습을 할 수 있는데, 이것은 조작적 또는 고전적 조건형성과 같은 조건화 방법과는 다르다. 개는 자극을 받아들이고, 기억하고, 인출하는 일련의 정신 과정을 가지고 판단한 후 행동한다.

개의 인지학습의 한 예는 통제된 연구 환경에서 보더 콜리 체이서(Chaser)는 1,022개의 명사를 알고 있으며 장난감을 식별할 수 있고 이름 및 카테고리별로 찾을 수 있는 동물로 세계에서 가장 영리한 개로 알려져 있다. 체이서는 사물의 이름을 추론하고 무한히 기억하는 능력을 보여주었다.

그림 1-26 영리한 보더 콜리 체이서

(7) 훈련(Training)

훈련이란 정해진 규칙 속에서, 그 규칙을 이행할 수 있도록 개에게 통제와 규제를 가하여 사회화시켜 나가는 과정으로 인간과 개의 의사소통을 통해 함께 이행하는 것이다.

개는 사람과 같이 생활하거나 특수한 목적으로 활동하기 위해서는 사람의 의도를 이해하고 명령에 따를 수 있도록 해야 한다. 특히 개의 경우, 사람과의 일상생활, 사회 환경, 주어진 특수 목적에 알맞은 행동이 요구된다. 이러한 요구를 맞추기 위해 개에게 인위적으로 학습시키는 것을 훈련이라고 한다. 훈련을 통해 개는 기억하고 자신에게 주어진 상황에 알맞은 행동과 임무를 수행할 수 있는 능력을 갖추게 된다.

훈련의 효과는 연습의 횟수와 시간과 비례한다. 훈련 목적과 목표에 따라 필요한 횟수와 시간을 적절히 조절하여 프로그램을 구성하여 계획하여야 한다. 필요한 연습량은 개의 상태, 훈련의 난이도, 훈련사의 능력과 경험에 따라 다르게 결정한다.

연습방법에는 훈련 과제를 연속적으로 실시하는가에 따라 전습법(Whole-task practice, Whole learning method)과 분습법(Part-task practice, Part learning method)으로 분류할 수 있다. 전습법은 훈련 과제를 하나로 묶어 연습하는 방법으로 단순한 동작으로 구성되었을 경우 효과적이나 개의 훈련수준이 낮거나 복잡한 동작은 효과적이지 않은 방법이다.

분습법은 훈련 과제를 몇 개의 작은 부분으로 나누어 훈련하는 방법으로 순수 분습법(Pure part method), 점진적 분습법(Progressive part method), 반복적 분습법(Repetitive part method) 등으로 분류할 수 있다. 분습법은 훈련 과제의 난이도가 높고, 양이 많을 때면 효과적이다.

순수 분습법이란 예를 들어, '따라'를 훈련하여 완성, '앉아'를 훈련하여 완성, '기다려'훈련하여 완성, '이리 와' 훈련하여 완성하여 '따라 + 앉아 + 기다려 + 이리 와'를 완성하는 것처럼 단계별로 연습하여 하나하나 완성한 후 종합적으로 훈련시킨다.

점진적 분습법이란 예를 들어, '따라'와 '앉아'를 따로 훈련하여 완성한 후, 다음에는 '따라 + 앉아'를 연결하여 훈련하고, 다음에 '기다려'를 훈련하여 완성한 후, '따라 + 앉아 + 기다려'를 묶어서 훈련하고, '이리 와'를 훈련하여 완성한 후, '따라 + 앉아 + 기다려 + 이리 와'를 종합하여 전체를 완성하는 학습방법이다.

반복적 분습법이란 '따라'를 완성하고 '따라 + 앉아'를 합쳐 완성하고, '따라 + 앉아 + 기다려'를 완성하고, '따라 + 앉아 + 기다려 + 이리 와'를 완성하여 전체를 완성하는 학습하는 것이다.

표 1-12 **연습방법**

구분		방법
전습법		따라 + 앉아 + 기다려 + 이리 와
분습법	순수 분습법	따라(완성), 앉아(완성), 기다려(완성), 이리 와(완성) ▷ 따라 + 앉아 + 기다려 + 이리 와
	점진적 분습법	따라(완성) 앉아(완성) ▷ (따라 + 앉아, 완성) 기다려(완성) ▷ (따라 + 앉아 + 기다려, 완성) 이리 와(완성) ▷ (따라 + 앉아 + 기다려 + 이리 와, 완성)
	반복적 분습법	따라(완성) 따라 + 앉아(완성) 따라 + 앉아 + 기다려(완성) 따라 + 앉아 + 기다려 + 이리 와(완성)

출처: Wightman과 Lintern(1985)의 분습법.

◉ 연습의 법칙

- 연습은 새로운 행동을 습득하여 기억하고 유지할 수 있도록 도와준다.
- 행동을 균일하고 지속적으로 나타내려면 연습이 필요하다.
- 연습은 목표와 과정을 관찰하고 그 결과를 평가해야 효과적이다.
- 연습은 행동의 빈도, 정확도 증가, 오류 감소, 속도의 증가로 평가한다.

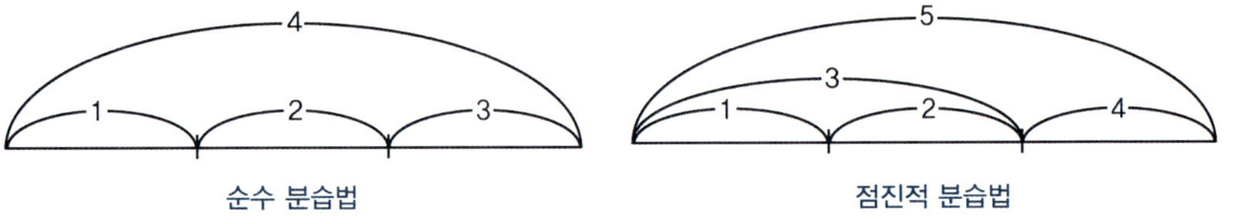

그림 1-27 분습법

① 사회화(Socialization) 교육

사회화는 그 사회의 구성원으로서 생활할 수 있도록 기존의 구성원과 동질감을 가지고 동화되는 것을 의미한다. 개의 경우, 무리생활하는 동물로 어린 강아지 시기에 사회화 교육이 매우 필요하다. 특히 다양한 종류의 사람과 다른 동물, 사물 등과 같은 새로운 것에 친숙해져야 한다.

사회화 교육은 개가 행복한 반려 생활을 하기 위하여 필요한 교육이라고 할 수 있다.

강아지에게 최적의 사회화 교육의 시기는 생후 8주에서 16주까지이다. 그리고 생후 4달 반이 되기 이전에 부드럽게 입으로 무는 억제 기술도 알려주어야 한다.

그림 1-28 개의 사회화 교육

② 복종훈련

개에게 있어서 가장 기본적인 훈련은 복종훈련이다. 복종(obedience)의 어원은 'obey'는 'ob(to)'와 'ey(aud = hear)'가 결합하여 '다른 사람의 말을 듣다'라는 것에서 유래했다. 즉, 개는 훈련사에게 복종하기 위해 주의를 기울여 들어야 한다.

기본 복종훈련으로는 '앉아', '서', '엎드려', '기다려', '이리 와' 등이 있다.

명령은 음성신호와 시각신호(수신호)를 이용하여 할 수 있다. 명령어를 듣고 반려견이 원하는 행동을 했으면 보상을 해줌으로써 지속적으로 명령을 따르고 싶은 동기를 주어야 한다.

문제행동이나 명령어를 따르지 않는 경우 반려견에게 처벌을 주거나 신체적인 학대를 가해서는 부작용을 초래할 수 있으므로 해서는 절대 안 된다. 대신 지속적인 반복 및 연습을 해야 한다.

훈련의 효과와 지속성을 증대시키기 위해서는 훈련시간을 구성도 매우 중요하다. 예를 들어, 개는 5~10분 이상을 할 경우 집중력이 떨어지고 산만해지므로, 50분의 시간이 주어졌을 때 50분을 계속해서 훈련하는 것보다 10분씩 나누어 5회, 5분씩 분산하여 반복하는 효과적이라고 할 수 있다. 연속 강화와 간헐적 강화에서 처음에는 연속 강화를 한 후 원하는 훈련의 동작이 완벽하게 이루어졌을 때 간헐적 강화로 바꾸어 주는 것이 필요하다. 간헐적 강화에서는 고정비율 간격보다는 변동비율 간격을 이용하는 것이 바람직하다.

③ 특수목적견 훈련

시각장애인 안내견, 마약 탐지견, 폭발물 탐지견, 군견, 구조견 등의 다양하게 특수한 환경에서 활동할 수 있도록 개를 훈련시키는 경우가 증가하고 있다.

시각장애인 안내견 또는 청각 장애인 안내견의 경우 장애물이나 위험 등을 피하는 훈련과 대중교통 이용, 교통 신호, 엘리베이터 탑승 등 다양한 환경에서 주인에게 도움을 줄 수 있도록 훈련이 필수적이다. 많은 시간과 비용이 필요하다. 개의 탁월한 후각 능력을 이용해 찾고자 하는 대상 물질을 찾아낼 수 있도록 훈련을 시켜 탐지견으로 활용한다.

4. 개의 훈련방법

개 훈련(Dog training)은 개에게 특정한 기술이나 행동을 가르치는 행위이다. 개 훈련은 개에게 특정한 명령과 신호에 반응하는 것뿐만 아니라 의도적으로 개의 자연스러운 행동을 변화시킴으로써 스스로 행동하도록 가르치는 것을 의미한다.

5천 년 전 고대 이집트의 벽화에서 여러 마리의 개를 목줄을 채워 걸어가는 모습이 그려져 있던 것으로 보아 아주 오래전부터 가축화된 개를 훈련했던 것으로 추측할 수 있다.

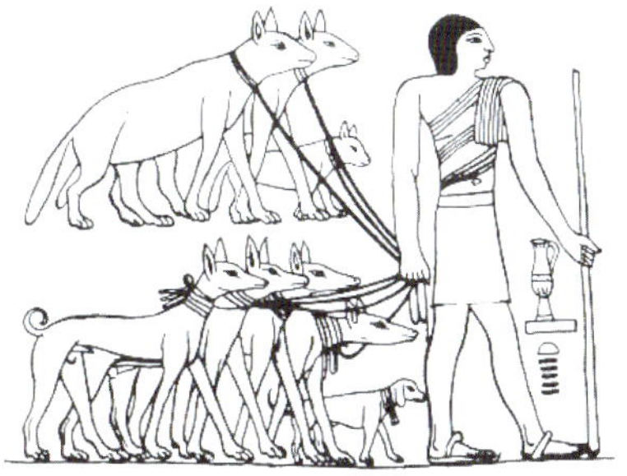

그림 1-29 고대 이집트 벽화

출처: https://www.wikiwand.com/ko/%EA%B0%9C

개 훈련은 보통 동물에 대한 통제력을 확보할 할 수 있는 기본 복종훈련을 포함하며, 그 후 더 발전된 전문가 훈련으로 진행될 수 있다.

개를 포함한 동물 훈련에는 다양한 훈련방법들이 있다. 클리커 훈련(Clicker training), 동기부여 훈련(Motivational training), 모델경쟁 훈련(Model-rival training), 우위성기반 훈련(Dominance-based training), 관계기반 훈련(Relationship-based training), Control Unleashed Training 등의 방법이 있다.

위에 언급한 각각의 훈련방법은 장단점이 있다. 한 방법만을 사용하는 경우는 드물다. 다양한 훈련방법을 개의 견종별·개체별 특성에 알맞은 방법들을 조합하여 응용하는 경우가 많다. 따라서 각 방법의 장단점을 이해하고 사용하는 것이 필요하다.

다양한 훈련법 중 성공적인 방법으로 알려진 훈련법들의 공통점은 개의 견종별·개체별 특성, 성격의 이해, 강화와 처벌의 정확한 타이밍, 꾸준한 의사소통이다.

1) 클리커 훈련(Clicker training)

조작적 조건화에 긍정강화 훈련을 근간으로 하여 클리커 소리를 마커 또는 브리지로 사용한다. 동물이 원하는 행동을 올바르게 하는 순간을 포착해 표시하고 보상을 주는 것이 원리이다. 행동을 표시하기 위해서 짧고 독특한 "클릭" 소리를 내는 클리커라는 도구를 사용하는데, 이 소리는 동물에게 그들이 그 순간 바람직한 행동을 하고 있음을 정확히 알려 주는 역할을 한다.

스키너(B. F. Skinner)가 제안하고 카렌 프라이어(Karen Pryor)가 개발해 널리 알려진 클리커 훈련은 행동주의 심리학에서 시작된 과학적 학습 이론에 바탕을 둔 것으로, 개뿐만 아니라

고양이, 새 같은 동물은 물론이고 동물원의 동물들에게도 적용할 수 있는 훈련방법이다.

긍정강화와 함께 사용되는 이 명확한 의사소통의 형태는 안전하며 인도적인 방법으로 모든 종의 동물에게 원하는 행동을 효율적으로 가르칠 수 있다.

그림 1-30 클리커 훈련

2) 동기부여 훈련(Motivational training)

동기(motivation)는 행동을 발생시키는 내 · 외부적 힘으로 욕구(needs)와 추동(drive)을 거쳐 발생된다. 동물의 동기부여는 개체유지행동과 사회적 행동을 발생시키는 데 훈련은 긍정강화 방법을 이용하여 바람직한 행동을 강화하기 위해 보상을 사용하고 모든 나쁜 행동을 무시한다.

동기부여 훈련은 손다이크(Thorndike)의 효과의 법칙에 기초하고 있는데, 이는 보상을 창출하는 행동은 빈도가 증가하는 경향이 있고 보상을 창출하지 않는 행동은 빈도가 감소한다는 것이다. 즉, 개의 행동과 보상 사이의 연관을 맺도록 하는 것으로서, 개들이 어떤 행동을 반복해서 하는 이유는 자신에게 긍정적인 느낌과 만족을 주기 때문이다.

동기부여는 좋은 것일 수도 있고 나쁜 것일 수도 있다. 하지만 우리는 개와 강한 유대감을 원하고 개가 부정적인 연관성을 가질 가능성을 줄이기 위해 긍정강화를 이용해 개들이 좋아하는 동기부여 장치(간식, 장난감, 공, 터그 등)를 사용할 수 있다. 동기부여 훈련에서는 개 훈련의 실패 원인을 개에게 동기를 부여하고 집중을 얻는 데 실패로 간주한다.

개가 원하는 행동을 할 때 훈련사는 보상을 줌으로써 점진적으로 강화한다. 이때 개가 훈련에 능동적으로 즐겁게 참여할 수 있도록 놀이나 게임형식으로 훈련을 진행할 수 있다. 예를 들어, 보상으로 간식을 줄 때 간식을 개의 입으로 던져 줄 수도 있고, 훈련사의 손바닥에 간식을 넣은 상태로 개가 훈련사의 손을 쫓게 할 수도 있고, 보상 전달을 잭팟으로 할 수도 있다.

즉, 훈련사는 개들이 흥미를 느끼고 자발적으로 참여하고 유지할 수 있도록 한다. 훈련에서 보상계획은 개가 언제, 어떻게, 무슨 일이 일어날지 모르고, 얼마나 많은 보상을 받을지 모르는 상황에서 진행된다. 동기부여 훈련에서는 개의 훈련(게임, 놀이)이 언제 끝날지 모르기 때문에 끊임없이 개가 집중하고 훈련사에게 주의를 기울인다.

훈련이 진행됨에 따라 개가 보상을 받기 전에 훈련 계획에 따라 훈련 수준을 점진적으로 높인다. 동기부여 훈련의 문제점은 훈련을 진행하는 사람이 훈련 기대치를 실제보다 훨씬 더 빨리 일이 일어나기를 기대하는 경우, 훈련 단계를 건너뛰거나 훈련 단계에 충분한 시간을 보내지 못할 때는 훈련 결과에 문제가 생길 수 있다.

개의 훈련법으로 동기부여 훈련이 가능하지만, 개가 행동에 대해 받는 보상을 통제하기 위해서는 시간과 인내심이 필요하다. 뛰어오르거나 다람쥐를 쫓는 것과 같은 활동들은 기본적으로 개에게 그 자체가 보상이 되기도 한다. 무의식적으로 나쁜 행동을 강화시킬 수 있는 단점이 있다.

3) 모델경쟁 훈련(Model-rival training)

모델경쟁 훈련은 훈련사, 개, 모델 라이벌 역할을 하는 사람, 즉 바람직한 행동을 위한 모델이자 트레이너의 관심을 끄는 경쟁자 간의 상호작용을 사용한다.

개의 훈련을 위해 모델경쟁 훈련은 원하는 행동을 보여주기 위해 모델 또는 관심을 끌기 위한 경쟁자를 사용한다. 개를 보면, 훈련사와 모델 경쟁자 사이에 특정 장난감에 관한 대화가 시작되었다. 훈련사는 모델 경쟁자가 장난감의 이름을 제대로 지었느냐에 따라 모델 경쟁자를 칭찬하거나 꾸짖었다.

그림 1-31 모델경쟁 훈련

◉ 거울훈련방법(Mirror method)

모델경쟁 훈련의 변형으로 거울훈련방법은 개는 자신의 사회적 영역에서 자신, 다른 개나 사람의 예를 따라 본능적으로 학습한다는 것이다.

개들은 자연스럽게 훈련사나 보호자를 기쁘게 하고 싶어 하므로, 그들이 보호자의 감정과 행동을 모방하기를 원하는 것은 정상적인 행동이다.

거울훈련방법의 핵심은 보호자 삶의 모든 측면에 개를 포함하고 모방 행위를 적극적으로 격려하는 긍정강화가 필수적이다. 거울훈련방법은 개의 본능과 성향을 자연스럽게 이용하는 데 있다. 개는 무리동물로서 다른 개들로부터 배울 수 있으므로 다른 개들과의 교제 또한 훈련의 중요한 요소이다.

개들은 신체적 · 감정적으로 서로의 행동을 모방한다. 이를 신체적 · 감정적 동화(synchronization)라 한다. 또한 개들은 사람과도 동화할 수 있다. 훈련사와 보호자의 행동, 표정, 목소리에 따라 개들은 자신의 행동을 따라 하는 경향이 있다. 예를 들어, 보호자가 차분한 행동과 표정을 지으면, 개 또한 차분해지는 경우가 많다. 거울훈련방법은 개와 훈련자 사이의 정서적 유대감을 증가시키는 역할도 한다.

클리커를 이용해 거울훈련방법을 사용하면 더욱 효과적일 수 있다. 예를 들어, 다견일 경우, 한 마리의 개가 명령어를 듣지 않는다면 포기하고, 다른 한 마리의 개에게 클리커를 이용해 훈련하면 다른 개도 따라서 원하는 행동을 하는 확률을 높일 수 있다.

예를 들어, 강아지의 주인이 땅 위에 앉으면 강아지도 보통 앉는다. 강아지가 보호자의 행동을 따라 하는 것은 습관화가 될 수 있다. 만약 그 개의 보호자가 스트레스를 받고, 이에 대한 반응으로 평상시와 다른 행동을 한다면, 개 또한 평상시 행동과 다른 행동을 할 수 있다. 간단히 말해서, 개들은 그들의 주인과 똑같이 행동하기를 원한다.

◉ **거울훈련방법의 세 가지 주의할 점**

- 반려견과의 신뢰 관계를 구축, 일상생활에서 사람은 Leader, 개는 Follower
- 강압이나 처벌이 전혀 개입되지 않은 상태에서 오직 긍정강화 사용
- 개에게 본능적인 활동(수영, 달리기, 추적 등)에 에너지를 사용할 수 있도록 자유와 상호활동(놀이 등) 제공

그림 1-32 거울훈련방법(Mirror training method)

출처: The Mirror Method | The Bark(https://thebark.com/content/mirror-method)

4) 우위성기반 훈련(Dominance-based training)

개의 우위성 모델은 개들은 늑대로부터 진화했으며 위계적 무리 속에서 살고 있으며 인간을 개의 무리 중 일부로 보고, 공격성과 같은 대부분의 원치 않는 행동은 개가 '지배적'이 되려고 하거나 무리의 우두머리가 되기를 원하기 때문이라고 가정을 기반으로 한다.

과학자 대부분은 개들이 늑대로부터 진화했거나 공통의 조상을 가졌다는 것을 인정하지만, 개는 늑대가 아니며 해부학적, 생리학적, 사회적으로 늑대와 다르다. 늑대와 개의 가장 큰 차이점은 늑대는 대체로 인간을 피하지만 개는 인간 가까이에 살도록 진화해 왔다는 것이다.

우위(dominance)는 음식, 선호하는 휴식 장소, 그리고 짝과 같은 여러 자원에 대한 우선적인 접근을 결정하는 힘, 공격과 복종으로 확립된 개별 동물들 사이의 관계로서 정의된다. 우위는 두 개체 간 사이의 반복적이고 고통스러운 상호작용 패턴의 속성으로, 상대의 기본 양보 반응으로 특징지어질 수 있으며, 한결같은 승자의 지위와 패자의 지위가 지배적이라고 할 수 있다.

개 훈련에 관한 "무리"와 "지배"의 개념은 1940년대에 시작되었고 1970년대에 뉴스킷(New Skete) 수도사들에 의해 대중화되었다. 이 모델은 "개는 늑대"라는 이론에 바탕을 두고 있으며, 늑대는 알파 수컷이 다른 모두를 지배하는 계층적 무리를 이루어 살기 때문에, 인간은 그들의 행동을 수정하기 위해 개를 지배해야 한다고 주장하고 있다.

최근 연구에 따르면 야생늑대들은 실제로 핵가족에 살고 있으며, 어미와 아빠 모두 집단 리더로 간주하며, 그들의 자손의 지위는 높은 순위를 얻기 위해 싸우지 않으며 출생 순서에 따라 우위를 나눈다고 발표하였다. 우위성기반 훈련법에 논쟁은 지속되고 있다.

그림 1-33 알파 롤

자발적으로 배를 보이며 자신의 의사를 표현한다. 개들 간의 표현은 자발적이라는 것이 중요하다.

◉ 학습된 무기력감(Learned helplessness)

학습된 무력감은 부정적인 사건을 피할 수 있는 선택권이 없는 상황에서 개가 행동을 포기하고 행동을 멈출 때 발생한다. 학습된 무력감이 일어나기 위해서는, 그 사건은 충격적이면서도 개가 상황을 통제할 수 없는 상황이어야 한다. 예측할 수 없거나 통제되지 않는 처벌에 노출된 가정견은 학습된 무력감 장애와 관련된 장애를 일으킬 위험이 있다.

5) 관계기반 훈련(Relationship-based training)

상호작용 이론에서 파생된 관계기반 훈련은 개와 훈련사 사이의 의사소통, 이해, 상호 적응의 패턴을 이용한다. 관계기반 훈련은 개와 사람과의 긍정적인 관계를 바탕으로 개와 트레이너 모두에게 상호 이익이 되는 결과를 달성하는 동시에 그들의 관계를 발전시키고 강화하는 것을 목표로 한다.

관계기반 훈련은 인간과 개의 욕구를 충족시키기 위해 노력한다. 그것은 개의 관점을 고려하는 공감적인 접근이다. 훈련을 시작하기 전 개의 기본 욕구가 충족되었는지 확인, 무엇이 개를 자극하는지 알아내고 행동을 끌어내기 위해 그것을 사용하는 것, 개와 훈련사 사이에 의사소통을 향상하기 위해 개의 보디랭귀지를 해석하는 것, 바람직한 행동을 장려하기 위해 긍정강화 사용, 원치 않는 행동을 대체하고 개의 환경을 통제하여 원치 않는 행동의 가능성을 제한하는 것을 기본 원칙으로 한다.

개들에게는 독특한 종간 사회적 지능이 있으며, 개와 인간의 관계는 한 방향만이 아니며, 높은 수준의 사회적, 감성적 지능을 갖고 개들은 인간의 감정에 화답하는 능력이 있으며, 개는 고양이, 가축, 거의 모든 동물과 유대감을 쉽게 형성할 수 있다.

개 훈련에 대한 관계기반 훈련법은 반드시 특정 훈련 보조 도구나 간식을 사용하는 것에 의존하지는 않지만, 개와 훈련사 사이를 연결하여 훈련 목표를 달성하기에 충분한 효과가 있다고 가정하고 있다.

개와 훈련자와의 모든 상호작용은 학습 경험이라고 할 수 있다. 따라서 훈련자와 개가 상호작용할 때마다 의도적 또는 의도적이지 않든 개를 훈련시키고 있다. 관계기반 훈련에서는 구조화된 훈련 세션에서 개의 행동을 수정하는 것보다는 일상생활에서 훈련자가 원하는 행동을 강화할 기회와 타이밍을 인지하는 것이 중요하다고 할 수 있다.

훈련자는 각각의 훈련이 시작되기 전에 개의 보디랭귀지를 읽는 방법, 개에게 동기를 부여하는 방법, 개의 기본적인 욕구를 충족시키는 방법을 알아야 한다. 훈련 시에는 가능한 한 원치 않는 행동을 제한하고 통제된 환경에서 진행한다.

예를 들어, 개는 다람쥐, 아이들, 그리고 다른 방해물들과 함께 공원에서 명령을 수행하기 전에 조용한 방에 “앉는” 법을 배운 후 난이도가 높은, 즉 방해물이 있는 곳에서 훈련을 진행한다.

관계기반 훈련은 여러 가지 다른 훈련방법을 결합하여 사용할 수 있다. 무엇보다도 개와 사람 모두를 위한 보다 개별화된 접근 방식에 초점을 맞추고, 모든 것을 움직이는 것은 개와 인간의 관계이다.

그림 1-34 관계기반 훈련

6) 보상기반 훈련(Reward-based training)과 혐오기반 훈련(Aversive-based training)

보상기반 훈련은 훈련받는 개가 신체적·감정적으로 편안하도록 하는 방법을 의미하며, 보호자 또는 훈련자가 원하는 행동을 했을 때 보상으로 간식, 칭찬, 놀이, 장난감 등을 훈련 도구로 이용한다.

혐오기반 훈련은 훈련받는 개가 신체적·감정적으로 불편하게 느끼도록 하는 방법의 사용을 의미하며, 직접 접촉에 의한 처벌, 간접 접촉에 의한 처벌로 나눌 수 있다. 보상기반 훈련과 혐오기반 훈련을 같이 사용하는 경우가 많다.

그림 1-35 보상기반 훈련

7) Control Unleashed 훈련 프로그램

컨트롤 언리쉬드 프로그램은 미국의 훈련사 레슬리 맥데빗(Leslie Mcdevitt)이 창안하여 사용하는 훈련 및 행동교정 방법이다. 어린 강아지, 성견, 문제행동을 보이는 개들이 다양한 자극, 즉 장애물들이 있는 환경에서 안정적으로 집중하도록 하는 훈련 및 행동교정법이라고 할 수 있다. 집중력과 주의력을 높임으로써 개가 가지고 충동을 조절하고 감정을 안정시킬 수 있는 데 탁월한 효과가 있는 훈련 프로그램이다.

고전적 조건화, 역조건화(counter-conditioning), 순화 등의 이론 등을 종합적으로 이용한다. 특히 두려움을 가지고 있거나, 쉽게 흥분하는 개들에게 탁월한 효과가 있어, 어린 강아지의 훈련과 행동교정에 널리 사용되고 있다.

그림 1-36 패턴 트레이닝(Pattern training)

8) 행동조정 훈련(Behavior adjustment training)

개가 스스로 선택할 수 있도록 하는 훈련방법이라고 할 수 있다. 행동조정 훈련에서 개가 스스로 선택한다는 것은 개가 자극에 대해 탐색을 하거나 피할 수 있는 선택권을 주어 스스로 긴장을 완화할 수 있도록 한다는 것이다.

행동조정 훈련은 'natural choice'를 스스로 선택이라는 개념과 'natural consequences'를 스스로 선택한 결과라는 개념을 이용한다. 2009년에 미국의 훈련사인 그리샤 스튜어트(Grisha Stewart)에 의해 고안된 훈련방법으로 다른 개나 사람에게 두려움, 공격성, 예민하게 반응하는 개를 행동교정하는 데 효과가 있다.

개가 다른 개나 사람에게 공격적인 반응을 보인다면, 개가 자극에 대해 가벼운 반응을 보이는 떨어진 곳에서 일반적인 두려움 또는 공격적인 반응 이외의 다른 행동을 하기를 기다린다.

① 개가 주위를 두리번거리거나, 땅 냄새를 맡는 등 그 순간 새로운 행동을 하게 되면 "표시(mark, 클리커, 기능적 보상)"를 한다.
② 개에게 간식을 주어 2차 보상을 한다.
③ 개가 스스로 선택하여 그 장소를 떠난다.
④ 이러한 상황을 반복하여 연습하여 개가 기존에 보였던 행동을 수정하도록 하는 방법이다.

기능적 보상(Functional reward)은 특정 상황, 시나리오 또는 환경과 직접적으로 관련되어 개에게 주는 보상의 유형이다. 예를 들면, 개가 사람들에게 공격적인 행동을 보이면 사람들은 자리를 피하는 행동을 한다. 피하는 행동이 개에게는 기능적 보상이 될 수 있다.

다른 예로 개가 리쉬(leash)를 자신이 가고자 하는 방향으로 강하게 끌고, 보호자가 개가 가고자 하는 방향으로 움직인 경우, 움직임 자체가 보상이 될 수 있다. 개가 관심을 구하는 행동(낑낑거림, 짖음, 핥음 등)을 지속적으로 보호자에게 '요구'하는 것을 들어주었기 때문에 발생한다. 이 경우 '요구의 수용'이 결국 기능적 보상이다. 기능적 보상을 통해 개가 환경을 통제할 수 있다는 것을 학습하게 된다. 따라서 개에게 기능적 보상이 되는 것에 대한 파악이 매우 중요하다.

행동조정 훈련에서 사용하는 개념으로 Leash skills(국내에서는 리드줄이라고 사용하나 견줄(leash)), Survival skills(mark and move), Set-Ups(환경설정)라는 세 가지 중요개념을 이해하고 시행하는 것이 중요하다.

예를 들어, '공격적인 개가 다른 개(트리거, trigger)에게 두려움을 느껴 공격행동을 보여 제거하려고 한다'라고 가정했을 경우 다음 표로 정리할 수 있다.

개가 다른 개를 보고 공격적인 반응을 보인다면, 개가 반응하지 않는 거리에서 리드줄(leash, 견줄)을 최대한 느슨하게 하여 개가 탐색활동을 자연스럽게 선택하여 하도록 해주어야 한다(leash skills).

다른 개와 보호자를 행동조정 훈련 set-up을 할 때, 5m 정도의 목줄을 채우고 다른 개와의 거리를 30m 거리에서 다른 행동을 하도록 시나리오를 구성한다.

도우미견(다른 개)과 보호자와 의사소통을 할 수 있도록 하며, 개가 공격성을 보여 물 수 있는 것을 대비해 개에게 입마개를 착용하는 훈련을 시켜야 한다(set-ups).

그리고 개가 다른 행동, 즉 냄새를 맡거나 다른 방향을 쳐다보고 현장을 떠나려고 한다면 표시를 하고 자리를 이동한 후 간식으로 보상한다(mark and move).

표 1-13 **행동조정훈련**

구분	일반적인 상황	새로운 시나리오
환경 큐(cue)	다른 개	개가 반응하지 않는 거리의 다른 개
행동	공격적인 반응	개가 다른 개를 본 후, 옆을 보거나, 냄새를 맡는 등의 다른 행동을 할 때까지 기다림
기능적 보상	다른 개와 보호자가 떠남으로써 공격적인 반응을 보인 개의 상황이 종료한다.	다른 행동을 하고 자리를 돌아서서 현장을 떠나는 것을 표시(mark)를 하고(기능적 보상), 개에게 추가로 간식을 보상을 한다(두 번째 보상).

9) 전기훈련(Electric training)

개의 문제행동을 교정하기 위해 전기충격 기기를 사용하는 경우도 있다. 원격으로 조절할 수 있는 원격전기충격칼라, 가구 위에 놓을 수 있는 매트 등이다. 액체 분사, 사이렌, 진동, 전기충격 등 강도가 다른 것이 있다. 개를 훈련하거나 행동교정을 위해 전기충격 기기의 사용은 상당한 논란의 대상이다. 전기기기를 이용을 지지하는 입장에서는 전기 장치를 사용하면 멀리서도 훈련을 받을 수 있고, 자기 보상 행동을 없앨 수 있다고 주장하며, 적절하게 사용하면 초크칼라(choke collar)나 프론칼라(prong collar)와 같은 기기에 비교해 스트레스와 부상의 위험이 적다고 주장한다. 반대론자들은 부정확하거나 학대적인 사용과 관련하여 신체적, 심리적 트라우마의 위험이 있으며, 예측하지 못한 공격행동을 유발할 수 있다고 주장한다.

그림 1-37 전기충격칼라

5. 훈련 시 고려해야 할 요건과 도구

1) 훈련 시 고려해야 할 요건

(1) 개의 발달행동적 특성

개는 만성성 동물로 신체의 기관들이 완전하지 못한 상태에서 태어난다. 개는 시간이 지나 성장하면서 기관이 완전한 기능을 발휘하게 된다. 따라서 개는 발달행동학적 특징에 따라 대이니서 성견이 될 때까지 행동특성이 다르게 나타난다.

개의 발달행동학적 특징에 따라 신생기, 이행기, 사회화기, 약령기, 성견기의 5단계로 나눌 수 있으며 학자들의 기준에 의해 일부 시기는 다르게 분류할 수 있지만, 특정시기의 행동들은 동일한 부분들이 많다.

개는 견종별, 개체별로도 발달행동학적 특징이 다를 수 있다. 따라서 개의 발달행동학적 특성을 이해하고 훈련을 실시해야 한다. 사회적 관계는 생후 3개월 이전에, 후각사용능력은 약령기에 발달된다. 개에게 높은 수준의 절제력과 행동력은 성견기에 가능하다.

따라서 기본예절은 훈련은 3개월, 후각을 활용하는 공익견은 5개월령, 경기용 복종훈련은 성견기에 실시한다(김병부, 2022).

표 1-14 **개의 발달행동학적 특징에 따른 분류**

구분	시기	행동 특징
신생아기	~2주	• 모견으로부터 포유 및 수면
이행기	2~3주	• 눈을 뜨고, 귀가 열리고, 미세한 후각능력과 촉각능력 발달
사회화기	3~12주	• 형제간 사회적 행동, 활동능력 급격히 증가, 보호자 인식 • 호기심이 늘고, 사물/사람에 대한 사회화
약령기	12~52주	• 신체 능력 발달 • 성적인 행동과 수렵본능 발현 • 성격 발현, 서열 형성
성견기	52주~	• 신체 능력과 지적 능력 완성

사회화기인 3~12주의 시기를 4~7주와 8~12주로 나누는 경우도 있다. 4~7주는 예민한 시기로 사람, 환경, 사물에 대한 긍정적/부정적 감정으로 기억하는 시기이다.

이 단계는 개의 감각기능이 급격하게 발달하는 단계로서 개 삶의 질을 결정짓는 중요한 시기이다. 8~12주는 사회적 행동이 증가하고 발달하는 시기로서 사람, 다른 개, 사물, 환경에 적응하는 방법을 배운다. 이 단계 또한 개의 삶에 중요한 영향을 미치게 된다. 결국 개가 사회화기를 어떻게 보내는가에 따라 삶의 질이 결정된다고 해도 과언이 아니다.

스콧(Scott)과 풀러(Fuller)가 1965년 발표한 『개의 유전학과 사회적 행동(Genetics and the Social Behavior of the Dogs)』에서 "critical period"라는 개념으로 개의 성장에 미치는 영향에 대해 개를 양육하고 평가하는 방법을 획기적으로 개선시켰다. 스콧 박사는 사회화기에 대해 다음과 같이 주장했다.

"각기 다른 견종들은 각기 다른 특성을 가지고 있다. 모든 개들은 생후 3주에서 16주까지 적절한 사회화가 주어지면, 모두가 만족스러운 수준의 행동에 도달할 수 있다. 개들의 사회적 관계는 학습과정을 통해 형성된다. 이전 학습이 후속 학습에 의해 변경될 수 있지만 이전의 학습은 결코 지워지지 않는다는 것을 기억하는 것이 중요하다."

파펜베르거(Pfaffenberger)는 시각장애인 안내견 연구 프로그램에서 개를 평가하는 데 있어서 유전적 요인과 조기 사회화 교육과 함께 12주령이 어린 강아지를 테스트해서 안내견을 양성에 성공률을 높이는 데 기여하였다. 이는 생후 8~12주가 된 강아지의 반응을 통해서 성견이 되었을 때의 역량을 예측할 수 있게 된 것이다.

표 1-15 AKC와 KC의 강아지 사회화 프로그램의 주요 내용

구분	AKC	KC
기본 훈련	• 앉아, 엎드려, 이리 와, 기다려	• 앉아, 엎드려, 이리 와, 기다려, 서, 이름에 대한 반응
사회화 교육	• 다른 사람이 쓰다듬어 주기 • 강아지 껴안기 • 다른 강아지와 놀기 • 새로운 자극에 노출시키기	• 낯선 장소에서 낯선 사람 만나기 • 다른 강아지와 놀기 • 보호자와 놀기
산책 교육	• 리드줄 차고 보호자와 걷기 • 다른 사람 옆을 지나가기	• 리드줄 차고 얌전히 걷기
그루밍 교육	• 핸들링과 몸을 살필 수 있도록 허용하게 만들기	• 핸들링과 검사받을 수 있는 상태 만들기
통제 교육	• 음식과 장난감에 대한 '놔둬' 교육	• 음식과 사물에 대한 '놔둬' 교육 • 간식에 대한 참을성 교육
프로그램 기간	• 6주 프로그램(매주 참석)	• 6주 프로그램(최소 4주 참석)

출처: 반려견에 대한 보상기반 훈련프로그램이 복종훈련 단계, 민감도, 문제행동에 미치는 효과(김병석, 2022).

영국 Kennel Club에서 주관하여 1982년부터 반려견에게 실시하고 있는 Good Citizen Dog Scheme은 예의 바르게 반려 생활을 하는 반려견에게 부여하는 자격증으로서 반려견과 보호자가 함께 프로그램을 이수하여야 한다. 자격증은 3단계(Gold, Silver, Bronze) 레벨로 분류하여 10개의 항목으로 복종훈련 수준, 보호자의 반려견 관리상태와 반려견 민감도 테스트(test)를 실시하고 있으며, 미국의 경우 AKC에서 주관하여 반려견에게 Canine Good Citizen 자격증 test를 실시하고 있다.

Good Citizen Dog Scheme은 3단계로서 Bronze 레벨의 자격증을 부여받은 반려견은 보호자와 동반하여 편안하게 걷기와 절제된 행동을 테스트하여 통과된 반려견에게 부여한다. Silver 레벨은 Bronze 레벨에서 배운 기술을 바탕으로 난이도를 높여 일상생활에서 필요한 다른 반려견과 인사하기, 도로 걷기, 운동 등 반려견 실습 능력을 테스트하여 자격증을 부여한다. Gold 레벨은 가장 높은 수준의 반려견에게 부여하며, Silver 레벨을 통해 배운 기술을 바탕으로 개와 핸들러의 고급 훈련 기술을 테스트하며 강아지 침대로 보내기, 편안한 격리, 비상정지, 얌전히 보호자와 걷기 등의 항목을 통과하여야 자격증을 부여한다. KC에서 실시하는 Level test 항목은 다음 <표 1-16>과 같다.

표 1-16 KC에서 실시하는 Good Citizen Dog Scheme

Level	Exercise	Description of Exercise
Bronze	1	위생 및 동물등록(Cleanliness & Identification)
	2	목줄 및 리드줄 여부(Collar and Lead)
	3	걷기(Walk on Lead)
	4	문에서의 통제(Control at Door/Gate)
	5	다른 사람과 개가 있는 상황에서 통제 여부 (Controlled Walk Amongst People and Dogs)
	6	기다려 1분(Stay on Lead for One Minute)
	7	터칭(Touching) 및 빗질(Grooming)
	8	개의 신체검사 시 반응여부(Examination of the Dog)
	9	이리 와 여부(Return to Handler)
	10	보호자의 책임과 돌봄 여부(Responsibility and Care)
Silver	1	다른 개와 놀기(Play with the Dog)
	2	길에서 얌전히 걷기(Road Walk)
	3	보호자 또는 핸들러와 재회 시 상태(Rejoin handler)
	4	한 장소에서 2분간 기다리기(Stay in One Place for Two Minutes)
	5	차안에서의 통제 여부(Vehicle Control)
	6	장애물 상황에서의 이리 와(Come away from Distractions)
	7	인사 시 통제여부(Controlled Greeting)
	8	음식 예절(Food Manners)
	9	개의 신체검사 시 반응여부(Examination of the Dog)
	10	보호자의 책임과 돌봄 여부(Responsibility and Care)
Gold	1	길에서 얌전히 걷기(Road Walk)
	2	따라(핸들러 옆에 오기)(Return to Handler's Side)
	3	리쉬(리드줄) 없이 핸들러 걷기(Walk Free Beside Handler)
	4	한 장소에서 엎드려 기다리기(Stay Down in one Place for Three Minutes)
	5	특정공간(켄넬, 매트 등)에 가게 하기(Send the Dog to Bed)
	6	동작 멈추기(Stop the Dog)
	7	편안한 상태에서 대기하기(Relaxed Settle)
	8	음식 예절(Food Manners)
	9	개의 신체검사 시 반응여부(Examination of the Dog)
	10	보호자의 책임과 돌봄 여부(Responsibility and Care)

출처: Kennel Club.

표 1-17 AKC에서 실시하는 Good Citizen Test

Level	Test	Description of Exercise
CGC	1	낯선 사람에게 친절하게 대하기(Accepting a friendly stranger)
	2	칭찬으로 터치할 때 얌전히 앉아 있기(Sitting politely for petting)
	3	위생관리 상태 및 그루밍 받아들이기(Appearance and grooming)
	4	외부에서의 얌전히 걷기(Out for a walk)
	5	많은 사람 속에서 얌전히 걷기(Walking through a crowd)
	6	명령어 '앉아'와 '엎드려'와 함께 기다리기(Sit and down on cue/Staying in place)
	7	이리 와(Coming when called)
	8	다른 개에 대한 반응(Reaction to another dog)
	9	장애물에 대한 반응(Reaction to distractions)
	10	핸들러 또는 보호자와 떨어지기(separation)

출처: American Kennel Club.

(2) 견종적 특성과 유전

견종에 따라 행동능력은 차이가 있다. 따라서 훈련사는 개의 행동능력을 고려하여 훈련에 임해야 한다. 개의 신체적 특성과 행동특성은 견종별·개체별로 차이를 보이므로 충분히 사전에 고려해야 한다. 신체적 조건에 따라 훈련의 한계가 다르게 나타나므로 훈련의 성과와 연결된다.

예를 들어, 어질리티 경기에서 개들은 모두 완주를 할 수 있으나 경기의 결과는 신체구조와 능력에 따라 두드러진 차이를 보인다.

보더 콜리의 경우 목양견으로 주력이 좋아 어질리티에 유리한 능력을 가지고 있다고 할 수 있다. 반면에 닥스훈트의 경우, 다리가 짧은 신체구조를 가지고 있어 주력이 떨어져 어질리티에는 불리하다고 할 수 있다. 분명한 것은 닥스훈트나 보더 콜리 모두 훈련에 의해 어질리티를 완주할 수 있다는 것이다.

그림 1-38 어질리티(Agility)

출처: Hookseurope.

미국 매사추세츠대 연구 결과에 따르면 개의 대부분의 행동 특성은 유전되지만, 개가 어떤 품종인지에 따라 행동양식이 달라지는 비율은 고작 9%에 그치는 것으로 나타났다. 유전 연구 결과, 강아지의 독특한 행동양식이 품종에 좌우되지 않는 것으로 나타났다고 말했다.

그 대신 모든 개는 인간과 함께 보낸 약 1만 4000년 전, 특히 최근 몇 천 년 동안 경비 · 양치기 등 특정 작업을 하는 동안 나름대로 발달시킨 폭넓은 행동을 공유하는 것 같다고 분석하고 있다.

(3) 성격(특성, Personality)

개의 성격은 개체를 특징짓는 지속적이며 일관된 행동양식으로 어떠한 주어진 상황에서 개체가 어떠한 행동을 할 것인가를 예상할 수 있다. 개의 성격은 개의 개체별 특성을 명확히 구분할 수 있도록 생득적(生得的) · 후천적인 것으로서 개가 안정된 정신적 · 신체적 기초구조를 형성하는 핵심요소라고 할 수 있다.

최근 경찰견, 군견, 탐지견, 서비스견 등의 훈련 프로그램과 IGP Test에 많은 단체들과 개인들이 개들의 성격을 평가하는 데 관심이 많다. 개의 성격을 신속하게 평가할 수 있는 신뢰할 수 있는 평가도구에도 관심이 늘어나고 있다.

개의 성격 형성에 영향을 주는 요인으로 개의 신체적 구조와 기능, 습관, 환경적 요인을 들 수 있다. 성격 형성에 영향을 주는 요인들이 복합적으로 작용하여 개의 성격이 형성된다고 할 수 있다. 개의 기질(trait)은 정서적 특징으로 차분함, 불안, 긴장 등으로 어린 강아지가 정서적으로 불안한 상태에서 자랐을 경우 성견이 된 후에도 불안함이 유지될 수 있다.

개의 신체적 구조와 기능은 유전적 영향을 받는다. 따라서 개의 성격 형성에 개의 신체적 구조와 기능은 많은 역할을 한다. 개는 대부분 신체적 활동을 통한 외부와의 접촉과 다른 개들과의 사회적 활동을 통해 행동이 발달된다.

습관(habit)은 성격 형성에 매우 중요하다. 개는 반복적으로 동일한 행동을 함으로써 개체별 소질과 능력이 발현된다. 소질과 능력이 반복적으로 발현되어 특정행동을 하도록 용이하게 할 수 있고, 반대로 특정행동을 어렵게 할 수 있다.

예를 들어, '앉아' 동작이 기계적으로 행동하고 습관이 되었다면 개는 집중력을 증대시킬 수 있으며, 결과로 훈련 또는 자극에 대한 행동을 유발하는 집중력을 발휘하여 산만해지지 않을 수 있다. 반대로 습관적으로 산만한 행동을 하는 개의 경우 집중력이 분산되어 자극에 대해 예상하지 못한 반응을 할 수 있다.

개는 개체별로 처한 환경에 따라 성격 형성이 다르게 발달된다. 개가 태어나고 이행기, 사회화 시기, 약령기에 처한 환경조건에 따라 원만한 성격이 형성되느냐 예민하고 신경질적인 성격이 형성되느냐가 결정될 수 있다. 야생에서 태어난 개는 인간의 그루밍(grooming)을 경험해 보지 못했으므로 사람에 대한 거부감이 클 수 있으나 전문 브리더(breeder) 또는 가정에서 태어난 개의 경우 인간과의 생활환경으로 인해 인간에 대한 거부감이 적을 수 있다.

개의 성격 테스트와 관련하여 시각장애인 안내견으로 활동하는 안내견 훈련을 위해 파펜베르거(Pfaffenberger)의 강아지 테스트는 강아지 양육에 혁신을 가져왔다. 생후 8~12주가 된 강아지의 반응을 통해 성견이 되었을 때의 역량을 예측하는 모델을 개발하였기 때문이다.

개의 성격 테스트 방법은 다양한 전문가들에 의해 연구되어 왔다. 파펜베르거 강아지 테스트는 강아지가 새로운 경험에 대한 반응, 낯선 사람에 대한 반응, 신체 민감도, 문제해결 능력의 네 가지 항목으로 구성되어 있다.

뉴스킷(New Skete)의 저먼셰퍼드 전문 브리더이자 전문가인 수도사들은 파펜베르거(Pfaffenberger) 테스트와 캠벨(Campbell) 테스트를 통합하여 새로운 강아지 테스트 방법을 시행하고 있다.

강아지의 개별적 특성인 지배성, 복종성, 독립성, 사회적 친화성과 복종 능력, 잠재적 역량에 대한 신뢰도 높은 결과를 얻도록 구성하였다.

개정된 모나시 개 성격 설문지(MCPQ-R: The Monash Canine Personality Questionnaire-Revised)는 26개 항목으로 구성되어, 외향성(Extraversion), 동기(Motivation), 훈련집중력(Training Focus), 친화성(Amicability)과 신경성(Neuroticism)의 5항목으로 나누어 개의 성격을 측정한다.

존스 박사(A. C. Jones)가 2008년에 개발한 개의 성격 테스트 설문지에서는 개의 두려움(fearfulness), 사람에 대한 공격성(aggression towards people), 활동성 및 흥분성(activity and excitability), 훈련에 대한 반응성(responsiveness to training), 다른 동물에 대한 공격성(aggression towards animals)으로 총 75문항으로 개의 성격을 측정한다.

(4) 동기부여

클라크 헐(Clark Hull, 1994)의 추동(drive) 이론에 따르면 생리적인 박탈과 결핍은 생물학적 욕구를 만들어 낸다. 즉, 개가 기본적인 욕구가 결핍된 상태에 있다면 개는 자연스럽게 부족한 상태를 벗어나기 위해 욕구가 생긴다. 이러한 욕구가 추동을 일으키고 이어서 동기를 발생시킨다.

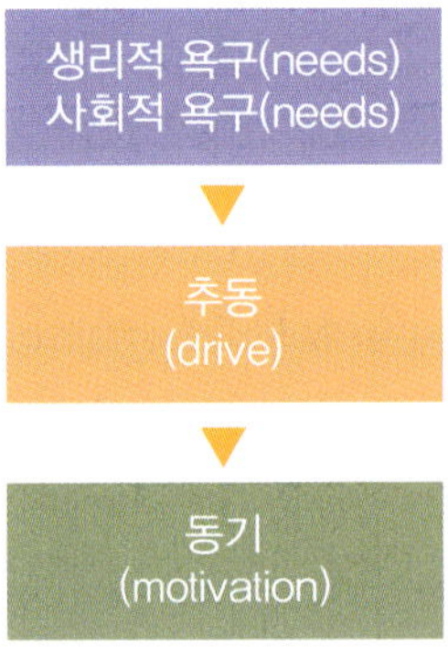

개의 훈련 시 동기부여는 개의 행동을 유발하는 내적 · 외적 힘으로 욕구와 추동을 거쳐 동기는 발생된다. 훈련 시 동기는 개의 개체별 차이가 존재한다. 개의 특성, 기질, 환경 등을 종합적으로 파악하여, 훈련 시 개의 욕구, 추동(개가 동기부여로 이행되는 과정에 개가 에너지를 상승, 극대화시키는 상태), 동기부여 결과에 대한 정확한 관찰과 판단이 중요하다고 할 수 있다.

동물의 행동을 개체유지행동과 사회적 행동으로 분류한다. 행동의 동기는 개체유지행동을 위한 생리적 욕구에서 발생하는 동기와 사회적 행동을 위한 사회적 욕구에서 발생하는 동기로 구분할 수 있다. 개 훈련 시 생리적 욕구와 사회적 욕구를 동시에 만족시킬 수 있다면 더욱 효과적이라고 할 수 있다. 예를 들어, 개에게 복종훈련을 시킬 때 간식으로 보상을 하고, 훈련 마무리 시간에 개가 좋아하는 공놀이를 훈련사와 한다면 훈련에 더욱 효과적일 수 있다.

개의 훈련에서 동기부여는 매우 중요한 요인이다. 개의 훈련 시 동기부여의 양과 관리가 중요하다. 예를 들어, 개에게 복종훈련 시 먹이의 결핍을 활용하는 경우이다. 먹이의 결핍이 과도하면 식탐이 강해져 문제행동을 하거나 무기력해져 동기부여가 안 될 수 있다. 먹이가 과도하게 급여 되었다면 훈련 자체에 대한 흥미를 잃게 된다. 결국 먹이의 양에 대한 관리가 중요하다.

(5) 환경

개 훈련 시 환경은 개에게 영향을 줄 수 있는 모든 환경들을 의미한다. 훈련환경은 개의 훈련 결과와 밀접한 관계가 있다. 따라서 개와 핸들러에게 알맞은 최적의 환경을 제공해야 한다. 훈련의 목적과 목표에 적합한 환경이 필수적으로 갖추어 있어야 한다.

훈련공간은 훈련에 직접적인 영향을 미치는 요인이므로 훈련장은 개체별 수준과 능력에 따라 다르게 제공되어야 한다.

예를 들어, 동일한 훈련장에서 반복적으로 훈련하는 것은 개에게 특정한 행동을 숙달시킬 수 있다는 장점이 있다. 그러나 개의 일반화에는 방해가 될 수 있다. 따라서 훈련장소는 훈련의 목적과 목표에 알맞은 장소가 적절하다고 할 수 있다.

훈련 시 외생적인 변수인 날씨는 야외에서의 조절이 불가능하므로 개의 활동성을 고려하여 실시해야 한다. 또한 개의 후각과 청각을 이용하는 훈련 시에는 훈련장소의 냄새와 주위 소음이 개의 훈련 성과에 많은 영향을 줄 수 있다.

훈련 시 사용하는 훈련 기구나 장비는 훈련과정에 따라 다르다. 훈련사가 원하는 훈련결과를 얻기 위해 개에게 적절하고, 안정성이 검증된 훈련용품을 사용하는 것도 효과적이다.

훈련 결과는 개와 훈련사와 상호작용에 의해 결정되어진다. 개가 능동적으로 훈련에 임하고 우수한 훈련 결과를 얻기 위해서는 훈련사와 개 상호 간의 신뢰관계를 가지고 있어야 한다.

(6) 건강상태

훈련 시 개의 개체별 건강상태 파악은 기본적으로 갖추어야 할 요건이다. 훈련을 시작하기 전에 개의 상태를 파악하고 훈련 중에도 관심을 가지고 있어야 한다. 개의 동작에 문제가 있다면 즉시 훈련을 중단하고 건강상태를 검사 후 문제가 있다면 완치된 후에 실시하여야 한다.

2) 훈련 도구

(1) 훈련용품

① 목줄(리드줄, Leash)

리쉬는 국내에서는 리드줄이라고 부르는 경우가 많다. 영어로는 leash로 표현한다. 훈련 시 이동, 정지, 아웃 등 다양한 핸들링을 위해 사용하는 줄이다. 국내 동물보호법에서는 2m로 이내로 제한하고 있다. 훈련 시 10~15m의 줄로 사용하는 경우도 있다.

구분	세부 내용
30cm	보통 줄을 잡고 훈련하는 과정에서 줄 없이 훈련하기 위한 전의 과정이다. 처음에는 긴 줄로 진행하다 점차 줄여간다.
150cm	일반적으로 가장 많이 이용하는 길이로 산책에 적당하다. 반려견이 차도에 뛰어들려고 하는 등의 위험한 상황에서 통제하기에 좋다.
2m	반려견을 보호자 곁으로 부르는 훈련에서 사용한다.
5m	부르기 훈련의 난이도를 높여 먼 곳에서 부를 때 사용하며, 도망가는 행동을 교정하기 위해 사용한다.
10m	원거리에서 기다리는 훈련을 할 때 사용한다.

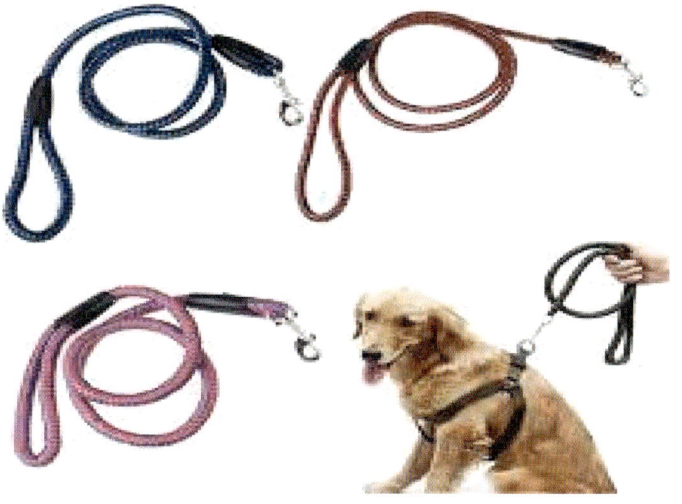

그림 1-39 리쉬

② 칼라(Collar)

특수목적견이나 반려견에게 사용하는 장비로 강아지나 두려움이 많은 개에게 사용하는 경우가 많다. 가죽, 나일론 등의 재질이 있다.

초크칼라(choke collar), 핀치칼라(pinch collar), 전기칼라(electric collar) 등이 있다.

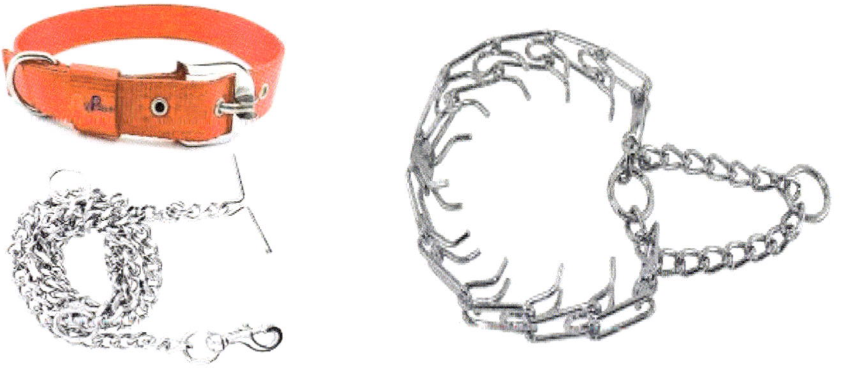

그림 1-40 칼라

③ 터그 장난감(Tug toy)

강아지나 성견에게 터그 장난감을 보상으로 제공하기도 하며 프레이 드라이브(Prey drive)를 위해 사용하기도 한다. 다양한 재질의 터그 장난감이 있다. 개의 개체별 사이즈나 기호에 알맞은 터그를 제공하면 훈련에 효과를 극대화할 수 있다. '아웃(out)', '가져와(fetch)' 등의 훈련 시 사용할 수 있다.

그림 1-41 터그 장난감

④ 휘슬(Whistle)

훈련 시 정지, 되돌아오기(recall) 등 다양하게 사용되고 있다. 플라스틱, 금속 재질의 다양한 휘슬이 이용되고 있다.

그림 1-42 휘슬

⑤ 입마개(Muzzles)

개 이동 시, 공격훈련 시, 문제행동 교정 시 사용하는 경우가 많다.

그림 1-43 입마개

⑥ 공

가죽공	가죽으로 만들어져 무는 힘이 약한 반려견을 훈련시킬 때 사용이 용이
자석공	옷에 붙여 사용할 수 있고, 나란히 걷기를 할 때 반려견의 위치와 시선을 고정시키기 위해 사용
찰고무공	표면에 돌기가 있어 던졌을 때 어디로 튈지 몰라 기대감을 증가시키며 공에 줄이 달려 있어 공을 사용해 더미 놀이를 할 수 있고 컨트롤 쉬움
라텍스 공	라텍스로 만들어진 말랑한 재질이며 반려견이 물면 소리가 남
실공	실을 꼬아서 만든 공 장난감

⑦ 그 외 장비

㉮ 방어소매: 공격훈련 시 사용한다.

㉯ 특수방어복: 공격훈련 시 사용한다. 경비견 훈련 시 사용한다.

㉰ 스틱: 공격훈련 시 개에게 자극을 주는 역할을 한다.

㉱ 덤벨: IGP 훈련 시 사용한다.

3) 개 훈련의 타입

반려동물 문화가 변화되면서 개의 훈련 방법과 훈련 장소도 달라지고 있다. 전문가에 의해 위탁 훈련소에서 개의 훈련이 이루어지기도 하고, 전문가가 보호자의 집을 방문해 맞춤형 훈련을 하는 경우도 있다. 최근에는 지방자치단체 또는 커뮤니티를 구성한 반려견 보호자들에게 그룹으로 반려견 훈련 및 위생 관련 교육을 제공하는 경우도 늘어나고 있다.

개를 훈련하는 목적 및 장소에 따라 훈련하는 방식은 변화하고 있다. 특수목적견의 경우 특정 장소에서 훈련하는 경우가 많고, 주로 특정 장소나 훈련소에서 이루어진다. 반려견의 경우 훈련소나 가정에서 이루어진다. 최근에는 지역사회에서 공개적으로 훈련이나 행동교정이 이루어지는 반려견 문화교실, 펫티켓 교실과 같은 이름으로 이루어지는 경우도 있다.

(1) 위탁훈련소 훈련

개 훈련 목적에 따라 소유자나 보호자와 떨어져 특정 장소에서 일정기간 훈련이 이루어진다. IGP 훈련 또는 대회 참가 의향이 있는 경우 훈련소에 입소하여 일정기간 훈련을 받는 경우가 있다. 또한 반려견의 경우 보호자가 훈련을 요청하여 훈련소에 입소하여 일정기간 동안 복종훈련을 받는 경우도 있다. 대형견뿐만 아니라 소형견도 훈련을 요청할 경우 훈련소에서 훈련을 받는다.

그림 1-44 위탁소 훈련

(2) 맞춤형 방문훈련

개 훈련의 경우 환경에 많은 영향을 받는다. 사회화 교육 정도, 개체별 특성, 환경 등에 의해 훈련의 성과 및 진행정도와 다를 수 있다. 따라서 반려견의 경우 개가 생활하는 가정으로 훈련사가 방문하여 보호자와 개에게 필요한 훈련을 직접 실시하는 경우도 늘어나고 있다. 특히 행동교정과 관련하여 맞춤형 방문훈련이 늘어나고 있다.

맞춤형 방문훈련의 장점으로는 개에게 환경 변화가 없는 상태에서 보호자가 요구하는 훈련 내용을 집중적으로 훈련함으로써 훈련성과를 높일 수 있다는 있다. 따라서 시간을 절약할 수 있다는 장점이 있다. 또한 개에게 스트레스를 최소화할 수 있다.

반면에 전문훈련사가 가정으로 방문하는 경우, 추가 비용이 발생할 수 있다. 또한 일회성으로 그친다면 원하는 훈련성과를 만들 수 없다는 단점도 있다.

그림 1-45 맞춤형 방문훈련

(3) 그룹형 기본 훈련

미국, 캐나다, 호주, 유럽 등에서는 지역주민들이 소규모의 그룹을 만들고 전문훈련사를 초정하여 훈련을 진행하는 타입이 활성화되어 있다. 최근 국내의 경우 지방자치단체에서 반려동물문화교실, 펫티켓 교실 등을 운영하는 경우도 늘어나고 있다.

반려견과 생활하는 사람들 간에 훈련뿐만 아니라 건강, 미용, 식단 등과 같은 정보를 교환하면서 친목활동을 도모할 수 있고, 비용이 저렴하다는 장점이 있다. 반면에 다수의 사람과 반려견이 함께 훈련시간에 참여함으로써 집중력이 낮을 수 있다는 단점이 있다.

그림 1-46 그룹형 훈련

표 1-18 **훈련소, 방문훈련, 그룹형 훈련 장단점**

구분	장점	단점
위탁훈련소 훈련	• 특정 목적의 훈련에 적합하게 훈련이 계획과 절차에 이루어져 훈련의 성과가 높을 수 있다. • 특수목적견 훈련 시 목적에 맞게 훈련시킬 수 있다. 맞춤형으로 이루어질 수 있다.	• 보호자와 떨어져 있는 경우 보호자와 상호작용이 훈련기간 이루어지지 않는다. • 비용이 발생한다.
방문훈련	• 개에게 스트레스를 적게 준다. • 보호자와 상호작용을 유지할 수 있다.	• 비용이 발생한다. • 비교적 장시간 소요된다.
그룹형 훈련	• 다른 보호자와 친목을 도모할 수 있다. • 비용이 적게 발생한다.	• 훈련성과가 낮을 수 있다. • 시간이 소요된다.

03

Chapter

개 훈련의 절차

학습목표

1. 개 훈련 절차를 숙지하고 연습할 수 있도록 한다.

1. 훈련의 절차

개 훈련에 필요한 적절한 도구와 개체별 특성을 파악하고 훈련기법을 사전에 파악하여 훈련을 체계적으로 진행해야만 원하는 결과를 이끌어 낼 수 있다.

훈련 시 훈련의 목적이 명확해야 한다. 훈련의 목적이 반려견의 복종훈련인지 아니면 탐지견인지, 경비견인지에 따라 견종의 선택, 훈련의 시기, 기간, 강도 등을 정하게 된다.

훈련 목적 설정 ⇨ 훈련 계획 수립 ⇨ 훈련 진행 ⇨ 훈련 평가

개와의 상호작용이 이루어지지 않는다면 훈련의 목적에 맞는 결과를 얻기는 매우 어렵다. 훈련 목적이 명확하고, 목적에 맞는 훈련 기간, 훈련의 난이도, 훈련 환경 등을 반영한 훈련 계획을 수립해야 한다. 이러한 훈련 계획을 바탕으로 훈련을 진행한다. 훈련계획은 전문가의 조언을 받아 진행하는 경우 시행착오를 줄일 수 있는 장점이 있다.

훈련전문가가 친화성과 동기부여하고 보상으로 개가 자발적으로 훈련에 임하도록 해

야 한다. 자발적으로 훈련에 참여하고 반복적으로 연습함으로써 개는 훈련의 목적에 도달하게 된다.

표 1-19 **훈련의 절차**

훈련 목적 설정	훈련 계획 수립	훈련 진행	훈련 평가
훈련 목적 설정 도달 목표 설정	훈련 내용 및 단계 분석 훈련 과제 훈련 방법 시간 및 횟수 훈련 환경 및 도구 훈련 평가 방법 선정	준비 단계 시작 단계 훈련 단계 마무리 정리 단계	훈련 전 개의 성격 테스트 훈련 단계별 평가 훈련 목적에 맞는 종합 평가

훈련 목적과 목표가 설정되었다면 훈련 계획을 철저히 수립하여야 한다. 훈련의 목적과 목표에 적절한 훈련 내용으로 이루어져야 하며, 단계별로 나누어 진행하여야 원하는 훈련 결과를 이끌어 낼 수 있다.

훈련 계획은 구체화, 세분화가 필수적이다. 훈련 계획이 적절하게 짜여 있지 않은 경우, 시간적, 경제적 손실은 물론 훈련의 효과와 결과가 원치 않게 나오는 경우도 있다.

훈련 진행은 준비 단계, 시작 단계, 훈련 시행 단계, 마무리 정리 단계로 나누어 진행된다. 훈련 절차의 마지막 단계인 평가 단계는 훈련 전 개의 성격 테스트를 포함하여 훈련 과제별 평가, 훈련을 최종적으로 마무리한 후 훈련의 목적에 맞게 훈련이 되었는지 종합평가를 실시한다.

훈련 평가 방법, 시기 등은 훈련 계획 시 수립되고 정해져 있어야 한다. 또한 최종평가보고서를 포함하여 일별, 주별, 월별 등의 보고서를 정리하여 다음 훈련을 위한 자료로 보관한다.

표 1-20 **훈련 진행 단계**

준비 단계	시작 단계	훈련 시행 단계	마무리 정리 단계
목표/과제/방법 확인 훈련 환경/용품 확인	개의 건강상태 확인 개의 동기수준 확인 이전 훈련 복습	훈련 실행 (과제 및 방법에 적절한 훈련 시행)	개의 상태 확인 마무리 전 놀이 보고서 작성(일/주/월 등)

훈련 준비 단계에서 훈련 시행 시 목표와 방법을 반드시 확인해야 한다. 유능한 전문가라면 시작 단계에서 개의 건강 상태, 감정 상태 등을 파악하고 이전 훈련 내용을 복습한다.

훈련 마무리 정리 단계에서는 개가 훈련에 대해 긍정적인 감정을 가진 상태에서 마무리할 수 있도록 놀이로 마무리한다. 그리고 훈련 보고서를 작성하고, 훈련 계획에 따라 진행한다.

표 1-21 강아지(puppy) 사회화 프로그램의 6주 훈련 계획표 예시

개체별 특성에 따라 조절해야 함. 아래는 예시임.

구분	AKC	1주	2주	3주	4주	5주	6주
기본 훈련	따라	5분 4회	5분 4회	3분 2회	3분 2회	3분 2회	3분 2회
	앉아	5분 4회	5분 4회	3분 2회	3분 2회		
	엎드려			5분 2회	5분 2회	3분 2회	
	기다려			5분 2회 (1m 거리)	5분 2회 (1m 거리)	3분 2회 (3m 거리)	3분 1회 (6m 거리)
	이리 와	3분 3회	3분 3회	2분 2회	2분 2회	2분 1회	1분 1회
사회화 교육	다른 사람이 쓰다듬어 주기			3분 3회	3분 3회	2분 2회	2분 1회
	강아지 껴안기	3분 3회	3분 3회	3분 2회	2분 2회	2분 1회	1분 1회
	다른 강아지와 놀기			5분 2회	5분 2회	5분 1회	5분 1회
	새로운 자극에 노출시키기				5분 1회 청각자극	5분 1회 시각자극	5분 1회 청시각자극
산책 교육	리쉬 차고 보호자와 걷기	10분 1회	10분 1회	20분 1회	20분 1회	20분 2회	20분 2회
	다른 사람 옆을 지나가기				5분 1회	3분 1회	3분 1회
그루밍 교육	핸들링과 몸을 살필 수 있도록 허용하게 만들기	2분 3회	2분 3회	2분 2회	2분 2회	2분 1회	2분 1회
통제 교육	음식과 장난감에 대한 '놔둬' 교육			3분 2회	3분 2회	2분 2회	2분 1회
총 시간		54분	54분	85분	79분	79분	64분
장소		장애물이 없는 공간		일반 생활공간			다중공간

* 훈련 계획은 강아지(puppy)의 경우 견종별/개체별로 차이가 있으므로 훈련 횟수와 시간은 조절해야 함

표 1-22 강아지(puppy) 사회화 프로그램의 6주 훈련 내용 예시

구분	훈련 과제	훈련 내용
기본 훈련	따라	강아지를 훈련사 왼쪽에 둔 상태에서 '따라' 연습한다.
	앉아	강아지를 훈련사 왼쪽에 둔 상태에서 5분 '앉아' 자세를 연습한다. 4주까지 매일 실시한다. 강아지가 '앉아' 명령어에 따르지 않으면 횟수를 늘린다.
	엎드려	'앉아'가 시행되면 '엎드려'로 넘어간다.
	기다려	'앉아', '엎드려'가 되면 '기다려'를 병행하여 실시한다. '앉아', '엎드려' 상태에서 3분을 기다리는 것을 목표로 한다.
	이리 와	'이리 와'는 즉각적으로 훈련사에게 올 수 있도록 매일 실시한다.
사회화 교육	다른 사람이 쓰다듬어 주기	사람에 대한 거부감을 가지지 않도록 강아지 머리나 등 부분을 3주차부터 매일 3분 3회 실시하다가 점진적으로 줄인다.
	강아지 껴안기	강아지가 신체를 만졌을 때 거부감을 가지지 않도록 힘을 주어 껴안는다.
	다른 강아지와 놀기	다른 강아지에게 두려움을 느끼지 않도록 같이 놀도록 한다.
	새로운 자극에 노출시키기	새로운 사물(자전거, 오토바이 등)이나 소리(사이렌, 벨 등)에 민감하지 않도록 노출시킨다.
산책 교육	리쉬 차고 보호자와 걷기	리쉬를 한 상태에서 보호자와 얌전히 걷도록 한다.
	다른 사람 옆을 지나가기	다른 사람 옆을 지나가도 흥분하여 뛰쳐나가지 않도록 한다.
그루밍 교육	핸들링과 몸을 살필 수 있도록 허용하게 만들기	병원 또는 미용숍에서 얌전히 진찰 받거나 미용을 할 수 있도록 한다.
통제 교육	음식과 장난감에 대한 '놔둬' 교육	음식이나 장난감의 소유욕을 조절할 수 있도록 연습한다.

표 1-23 **훈련보고서 예시**

훈련보고서

<table>
<tr><td>일자</td><td colspan="6">2023.1.15. (화)</td></tr>
<tr><td rowspan="5">목표</td><td>기본 훈련</td><td>앉아
10분 3회</td><td colspan="2">기다려 1m
1분 3회</td><td></td><td></td></tr>
<tr><td>그루밍</td><td></td><td colspan="2"></td><td></td><td></td></tr>
<tr><td>사회화교육</td><td></td><td colspan="2"></td><td></td><td></td></tr>
<tr><td>산책교육</td><td></td><td colspan="2"></td><td></td><td></td></tr>
<tr><td>통제교육</td><td></td><td colspan="2"></td><td></td><td></td></tr>
<tr><td rowspan="3">시간</td><td>09:30~10:00</td><td colspan="5"></td></tr>
<tr><td></td><td colspan="5"></td></tr>
<tr><td></td><td colspan="5"></td></tr>
<tr><td rowspan="2">장소</td><td colspan="6">실내 훈련장</td></tr>
<tr><td colspan="6">야외 훈련장(다중시설)</td></tr>
<tr><td rowspan="5">훈련 진행 사항</td><td>기본 훈련</td><td colspan="5">앉아, 기다려</td></tr>
<tr><td>그루밍</td><td colspan="5"></td></tr>
<tr><td>사회화교육</td><td colspan="5"></td></tr>
<tr><td>산책교육</td><td colspan="5">리쉬 차고 걷기</td></tr>
<tr><td>통제교육</td><td colspan="5">'놔둬'</td></tr>
<tr><td rowspan="6">성과</td><td>평가</td><td>매우 부족</td><td>부족</td><td>보통</td><td>탁월</td><td>매우 탁월</td></tr>
<tr><td>기본 훈련</td><td></td><td></td><td>●</td><td></td><td></td></tr>
<tr><td>그루밍</td><td></td><td>●</td><td></td><td></td><td></td></tr>
<tr><td>사회화교육</td><td></td><td></td><td>●</td><td></td><td></td></tr>
<tr><td>산책교육</td><td></td><td></td><td></td><td>●</td><td></td></tr>
<tr><td>통제교육</td><td>●</td><td></td><td></td><td></td><td></td></tr>
<tr><td>특이 사항</td><td colspan="6"></td></tr>
<tr><td>준비 사항</td><td colspan="6"></td></tr>
<tr><td>비고</td><td colspan="6"></td></tr>
</table>

* 훈련보고서는 개의 견종별/개체별로 차이가 있으므로 구체적으로 기술하여 일별/주별/월별 비교할 수 있도록 해야 함

PART 02

훈련이론의 적용

01
Chapter

복종훈련

학습목표

1. 복종훈련의 개념을 이해한다.
2. 복종훈련 동작 순서를 이해한다.

1. 복종훈련

복종훈련은 개와 핸들러 사이에 상호작용을 하며 훈련을 통해 개가 집중하도록 하는 기본적인 과정이다. 복종훈련이 높은 단계에 도달한 개의 경우 전문훈련(IGP, 탐지견, 안내견)을 쉽게 완수할 수 있게 된다. 복종훈련은 훈련 절차에 맞게 수행되어야 되어야 하며, 훈련 목표를 정해 각 단계별로 완성되도록 반복하여 훈련하여야 한다.

훈련시간은 회당 10~15분 하루 2~3회 실시한다. 개의 특성에 따라 조절하여야 하며 무엇보다 개가 지루함을 느끼지 않고 집중하도록 해야 한다. 편안하고 활기차게 진행해야 한다. 핸들러가 개에게 무리하지 않고 적절한 훈련시간의 부여와 즐거움을 주느냐가 관건이다.

표 2-1 **명령전달 방법**

명령전달 방법	내용	비고
성부	명령어를 통해 전달(청각신호)	'앉아', '기다려' 등
시부	지정된 신호전달(시각신호)	

◉ CD: Companion Dog(반려견), BH: Begleithund(사역견) Test

- CD는 개가 생활에 필요한 여러 동작과 재주들로 이루어져 있다.
- BH 테스트는 반려견이 갖추어야 할 기본적인 행동능력을 파악하는 시험이다.

그림 2-1 시각신호를 이용한 명령 전달 '앉아', '엎드려', '와'

훈련단계는 습득(Acquisition), 수달(Proficiency), 유지(Maintenance), 일반화(Generalization), 적용(Adaption)으로 구분하여 나누어 진행한다.

기본동작 및 응용동작 훈련에서 훈련단계를 맞추어 진행한다.

표 2-2 **훈련의 단계**

훈련의 단계	내용
① 습득	기본동작 및 응용동작 훈련에서 최초에 행동하도록 한다.
② 숙달	습득한 동작을 반복 숙달시키는 과정으로 반복하여 연습한다.
③ 일반화	다른 환경이나 상황에서 학습된 행동을 하도록 하는 과정이다.
④ 유지	습득과 숙달 과정을 통해 학습된 행동을 유지시키는 과정이다.
⑤ 적용	기본동작 및 응용동작을 실제상황에 적용하는 과정이다.

표 2-3 **기본 복종훈련 및 기본 응용동작 훈련**

훈련	내용
7개 동작 복종훈련	• 따라(heeling on leash, heeling off leash) • 앉아(sit, 이동 중 앉아(sit in motion)) • 엎드려(down, 이동 중 엎드려(down in motion)) • 서(stay, 이동 중 서(stay in motion)) • 기다려(wait, 앉아-기다려(sit & wait), 엎드려-기다려(down & wait), 서-기다려(stay & wait)) • 쉬어(long down under distraction) • 와(이리 와, come, 엎드려-기다려 후 와(down with recall))
기본 응용동작 훈련	• 덤벨, 하우스, 판벽훈련, 짖음 • 습득한 동작을 반복 숙달시키는 과정으로 반복하여 연습한다.

1) 기본 훈련 방법

(1) 리쉬 핸들링(Handling on leash)

훈련 시 리쉬를 오른손에 잡고, 왼손은 칭찬의 방법인 터칭, 간식 보상, 수신호 등 개를 유도하는 역할을 한다. 최초 오른손은 동작을 만들기(molding) 위해 필요한 힘을 리쉬에 전달하는 역할로 적절한 길이를 유지한다.

이때 핸들러는 리쉬를 잡고 적절한 힘을 주어 동작을 만드는 과정이므로 개에게 위압감보다는 즐거움을 가지고 받아들이도록 하는 것이 중요하다.

동작 완성(on leash) – 칭찬 – 보상

그림 2-2 따라 / 서

(2) 시선 맞추기(Watch me & Table training)

- '따라(heel)': 핸들러의 왼쪽애서 핸들러보다 앞서 나기지 않고, 뒤에 처져 있지 않은 상태에서 멈추었을 때 자동적으로 앉는 것
- '따라' 포지션(heel position): 핸들러의 왼쪽에 앉아 있는 자세. 개의 머리와 견갑골 중간이 핸들러의 왼쪽 엉덩이에 위치하는 자세
- 리쉬한 상태에서 '따라'(heel on leash): '따라' 포지션에서 속도의 변화를 주며 개와 핸들러가 왼쪽, 오른쪽, 반대방향으로 돌기와 핸들러가 멈출 때 개가 앉는 것을 연습하기

① 눈 맞추기

- 개가 흥미를 느낄 수 있는 간식으로 먼저 앉아 간식을 따라 다니도록 한다. 개가 간식을 잘 따라 다니면 칭찬과 간식을 준다.
- 개의 간식을 핸들러의 얼굴 부위(이마나 입)에 대고, 개의 시선이 간식을 볼 때 칭찬 후 간식을 준다. 시선 집중을 이끌어 내기 위해 입으로 간식을 주는 방법을 사용하는 경우도 있다.
- 리쉬 상태에서 첫 걸음에 집중하여 핸들러를 쳐다보고 따라오게 하고 시선을 핸들러에게 집중하면 칭찬을 하고 간식을 준다.

- 핸들러는 리쉬를 적절하게 잡은 상태에서 천천히 힐링을 하고 2주 정도 핸들러를 보고 걷도록 한다. 이때 핸들러와 시선을 맞추고 잘 걸었을 때 칭찬과 보상을 즉시 해주어야 한다.
- 훈련이 잘 되었을 때 개가 정말 좋아하는 보상을 해주는 것도 중요하다(공놀이나 터그 놀이 등).
- 훈련은 즐거운 상태에서 마친다.
- 반복하여 연습하여 숙달되고 유지될 수 있도록 하고, 장애물이 있는 곳(다른 개, 다른 사람 등)에서 연습하여 일반화시켜야 한다.
- 리쉬를 채우지 않은 상태에서 장난감(toy)이나 간식을 이용하여 힐링 훈련을 반복해야 한다.

그림 2-3 시선 맞추기

② 백스텝 훈련(Back step training)

1단계: 개를 핸들러 정면에 앉도록 하며 시선을 핸들러의 눈과 맞추기

최초 10초 정도 정지된 상태에서 개가 핸들러에게 아이콘택트를 했을 때 칭찬 후 간식으로 보상을 한다. (간식을 줄 때는 얼굴 부위에서 신속하게 간식을 준다. 입으로 간식을 주는 경우도 있다.)

2단계: 백스텝을 반복하여 연습하기

핸들러가 왼발을 뒤로 한 걸음 빼면서 개가 앞으로 정확하게 앉은 경우에 칭찬과 보상을 준다. 백스텝을 반복하면서 연습한다. 훈련을 할 때는 개가 항상 집중하도록 해야 하며, 개가 정확하게 원하는 동작을 하였을 때 칭찬과 보상을 주어야 한다.

3단계: 백스텝을 이용하여 핸들러 왼쪽 측면에 바르게 앉게 하기

왼발을 뒤로 한 걸음 빼면서 개가 앞으로 다가올 때 간식을 이용해 개를 핸들러의 왼쪽 측면에 오도록 한다. 이때는 개가 정확히 핸들러 왼쪽 허벅지에 얼굴을 붙이면서 핸들러와 아이콘택트를 하도록 한다. 그러고 나서 보상으로 칭찬과 간식을 준다. (왼손으로 개를 유도하고 오른 손은 핸들러의 얼굴에 두고 개가 아이콘택트를 했을 경우 간식을 신속하게 주는 경우도 있다.)

힐링의 기본동작으로 지금부터는 훈련이므로 집중해야 한다는 인식을 가지도록 하는 것이다.

◉ 집중하게 하기

복종훈련의 어원은 집중해서 듣고, 따르도록 하는 것에서 유래했다. 개가 핸들러에게 집중하도록 하는 집중(포커스, focus) 훈련을 통해 정확한 자세와 동작을 수행하도록 할 수 있다.
집중훈련은 핸들러의 신체부위와 사용하는 도구에 따라 5가지 방법으로 나눌 수 있다.

방법	신체부위	사용 도구	비고
① 핸드포커스 (hand focus)	손	간식, 장난감, 공, 터그 등	동작: '따라', 정면 중앙에 '앉아'
② 마우스 포커스 (mouth focus) 또는 포어헤드 포커스 (forehead focus)	입 또는 이마	간식	동작: 정면 중앙에 '앉아'
③ 넥 포커스 (neck focus)	목	장난감, 공, 터그 등	동작: '따라', 정면 중앙에 '앉아'
④ 암피트 포커스 (armfit focus)	겨드랑이	장난감, 공, 터그 등	동작: '따라'
⑤ 체스트 포커스 (chest focus)	어깨 위	장난감, 공, 터그 등	동작: '따라'

4단계: 핸들러 출발 시 개와의 아이콘택트 하기

힐링의 준비단계에서 30초 정도 핸들러에게 집중하여 아이콘택트가 이루어진 후 왼발부터 출발한다. (30초라는 시간은 개체별 특성에 따라 시간을 가감하여 조절할 수 있다.) 개가 핸들러에게 아이콘택트를 하며 걸을 수 있도록 한다. 걷는 시간은 개의 능력에 따라 조절하여야 한다.

5단계: 힐링하며 이동 중 앉기

힐링하면서 앉도록 명령한다. 개에게 간식으로 보상을 주면서 편안하게 따르도록 한다. 이때 힐링하면서 앉도록 하는 동작을 연속하여 시행하는 데 있어 개가 집중력을 유지할 수 있도록 횟수가 중요하다. 개가 집중력을 유지하지 못하면 교정하여 집중하도록 한다.

훈련의 종결은 항상 긍정적으로 훈련을 마무리하도록 보상으로 마무리한다. (공놀이, 터그놀이, 놀이 등을 하도록 자유를 준다.)

그림 2-4 백스텝과 간식으로 힐링 포지션 만들기

그림 2-5 개와 아이콘택트하며 걷기

③ 테이블 훈련(Table training) – 포지션 훈련

핸들러는 개의 시선을 이끌어 내며 포지션으로 '테이블(table)'로 이동하며 테이블에 도달하였을 때 '테이블'이라는 명령어를 따르도록 훈련시킨다. 포지션 훈련에서는 테이블이나 매트, 기타 장소를 지정할 수 있다. 켄넬 훈련 또한 같은 원리라고 할 수 있다.

- 간식을 가지고 테이블로 이동한다. 이때 개가 집중하여 핸들러에게 시선을 맞추면서 걷도록 리쉬를 한 상태로 걷는다.
- 개가 테이블이나 매트에 올라갈 수 있도록 반복하여 훈련한다.
- 명령어는 나중에 씌운다. 동시에 명령어를 하는 핸들러도 있을 수 있다.
- 테이블에 올라가는 것이 익숙해지면 테이블에 도착하면 '테이블'이라는 명령어를 하고 그 위에 올라가도록 한다. 올라가면 칭찬과 함께 간식으로 보상한다.
- 테이블 위에서 '앉아', '엎드려', '서', '기다려'를 응용하여 연습한다.
- 훈련 후에는 개가 다시 훈련에 참여할 수 있도록 보상을 충분히 한다.

※ 포지션 훈련을 할 때에는 개가 포지션을 긍정적으로 생각하도록 만드는 것이 중요하다. 따라서 개가 식사 전 간식을 이용해 개가 훈련에 참여할 수 있도록 동기부여를 한다.

1단계: 테이블 올라가기
2단계: 테이블 올라갔을 때 명령어 '올라가' 씌우기
3단계: 테이블 위에서 앉아, 엎드려, 서, 기다려
4단계: 훈련 마친 후 보상으로 놀아 주기

그림 2-6 테이블 올라가기 및 보상

그림 2-7 테이블에서 앉아(sit) / 엎드려(down) / 테이블 위에서 서(stand) / 기다려(wait)

2) 동작별 훈련 방법

(1) 동행(따라, heel)

목표: 핸들러와 개가 적절한 거리를 유지하면서 자연스럽게 개와 아이콘택트하며 걷기

개 훈련에서 개가 자발적으로 즐겁게 참여하는 것이 중요하다. 핸들러와 개가 같이 걸을 때 개가 자발적으로 참여하게 되면 개는 편안히 걷게 된다.

- 핸들러와 개가 걸을 때 핸들러는 목적지를 정하고 목적지를 도달하는 방향을 결정해야 한다.
- 개가 주의 환경의 장애물로 인해 집중력이 분산되지 않도록 한다. 처음에는 리쉬를 하고 자연스럽게 걷는다. 개가 핸들러 동작에 자연스럽게 집중하기 시작하면 리쉬를 푼다.
- 핸들러는 개가 집중력을 잃지 않도록 강화물을 연속적으로 급여한다. 이때 리쉬를 잡지 않은 손을 간식을 급여한다. 핸들러는 개가 잘하고 있다는 시그널을 주기 위해 목소리를 이용해 칭찬을 하면 더 좋은 효과를 가져올 수 있다.
- 핸들러가 목적지를 향해 방향을 바꾸어 가며 걸어간다. (핸들러의 동작은 크게 움직여 개가 핸들어의 몸동작을 보고 움직이도록 유도한다.)
- 핸들러의 걷는 속도에 변화를 주어 개가 집중력을 유지하도록 한다.

① 8자로 걷기

8자로 걷는 훈련의 목적은 다수의 사람이 있는 공간이나 장애물이 있는 환경에서 방향을 바꾸거나 걷는 속도의 변화를 주면서 자연스럽게 핸들러와 개가 걷는 것이다.

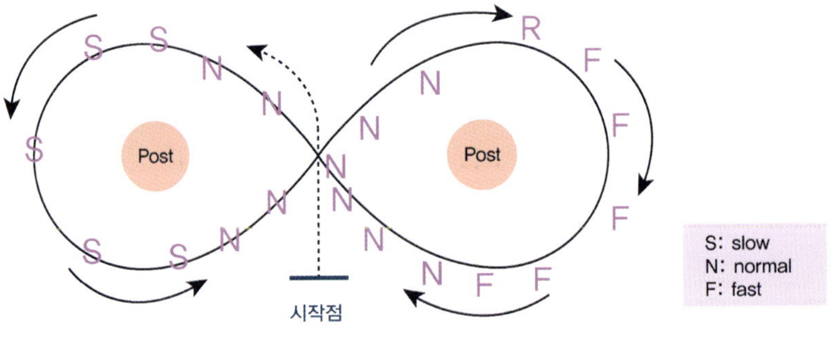

그림 2-8 8자로 걷기

② '따라' 포지션(Heel position)

핸들러의 왼쪽에 앉아 있는 자세이다. 개의 머리와 견갑골 중간이 핸들러의 왼쪽 엉덩이에 위치하는 자세이다.

그림 2-9 '따라' 포지션 만들기

(2) 앉아(Sit)

개 훈련에 있어 가장 중요한 자세이다. 투리드 루가스(Turid Rugaas)의 카밍시그널에 개들 간에 자신의 감정을 표현하는 시그널로 '앉아' 자세는 상대에게 적의 없음을 표현하거나, 현재 자신의 감정상태가 무렵거나 두려울 때 보이는 자세이다. 즉, 개가 자연스럽게 쉬거나 자신의 감정을 표현을 할 때 사용하는 자세이다.

'앉아' 자세는 개가 주위 환경에 영향을 받아 규정된 자세로 정확히 포지션을 취하는 것은 어렵다. 기본 훈련 및 IGP에서 매우 중요한 자세로, 그 자리에서 '앉아'와 이동 중 '앉아'를 할 수 있도록 가르쳐야 한다. 명령어에 의해 앉을 수 있도록 가르쳐야 하며, 다음 단계는 핸들러가 걸음을 멈추면 개가 스스로 앉는 단계까지 발전시켜야 한다.

이동 중 '앉아' 자세를 가르치는 방법으로 리쉬를 찬 채로 걷다가 핸들러가 서서 개를 불러 쳐다보며 집중하게 한 후 개의 등을 가볍게 누르면 이동 중 '앉아'를 시킬 수 있다.

처음부터 규정된 자세로 완벽하게 포지션을 만들 수도 있고 그렇지 않을 수도 있다. 반복적으로 연습을 통해 완벽한 자세에 접근할 수 있도록 보상을 주는 것이 중요하다. 점차 장소를 바꾸어 가며 일반화시켜야 한다.

'엎드려' 동작에서의 '앉아', '앉아' 자세에서의 '서' 동작으로 연결될 수 있도록 반복 연습하여야 한다.

그림 2-10 이동 중 '앉아' - 개는 앉고 핸들러는 앞으로 진행

(3) 엎드려(Down)

'엎드려' 자세는 개가 스스로 자세를 만들 수 있다. 스스로 엎드려 있을 때, 또는 스스로 엎드리는 순간을 포착해 보상하면 엎드려 동작을 수월하게 할 수 있다.

'엎드려' 자세는 개가 '앉아' 자세에서 가르칠 수 있다.

- '앉아' 자세에서 간식을 보여주고 개의 코앞에서 수직으로 내리면, 개가 간식을 따라 '앉아' 자세를 낮게 만들도록 '엎드려'를 유도한다('ㄴ'). 개가 자연스럽게 간식을 따라 '엎드려' 자세를 완벽하게 취하면 칭찬과 간식으로 보상한다. 이 과정을 역순으로 '앉아' 자세를 요구한다.
- 다른 방법으로 '앉아' 자세에서 양쪽 앞발을 살며시 들어 올린 다음 엎드리도록 만들 수 있다. 이때 '엎드려'라는 명령어를 씌우며 반복적으로 연습한다. 개가 엎드리는 자세를 취하면 칭찬과 보상을 준다. 이때 5초 정도 포지션을 유지하도록 칭찬해 준다. 개가 일어나려고 하면 등을 누르고 개가 잘 기다리면 칭찬해 준다. 이러한 동작을 반복하여 연습하고 점차 장소와 환경을 바꾸어 가며 훈련한다.

그림 2-11 개의 '앉아', '엎드려' 자세

(4) 서(Stand)

첫 번째 방법으로, 개를 '서' 자세로 있게 한 다음, 클리커를 누르고 조금 떨어진 곳에 간식을 던져준다. 개가 돌아와서 다시 서면 간식을 준다. 개가 앉거나 엎드릴 수 있지만, 다시 '서' 자세가 되도록 간식을 코에 대고 될 때까지 기다리다가 개가 '서' 자세를 취한 클리커를 누르고 간식을 준다.

두 번째 방법으로, 개의 서혜부 안쪽으로 줄을 넣어 '앉아' 자세에서 '서'라는 명령어

와 함께 줄을 위로 자연스럽게 들어 올려 포지션을 만들 수 있다.

반복적으로 명령어에 '서' 자세를 할 수 있도록 반복하여 연습한다. '앉아 - 서', '엎드려 - 서'를 할 수 있도록 자세를 바꾸어 가면 연습한다. 개가 '서' 자세를 안정적으로 유지하면 왼손 또는 줄을 뗀다. 개가 일관되게 '서' 자세를 익숙하게 되면 명령어를 추가하여 연습한다.

그림 2-12 '서' 자세 만들기

(5) 기다려(Wait)

'기다려' 자세는 기본 복종훈련에서 가장 중요하게 평가하는 자세이다.

목표: 개가 집중하여 핸들러를 쳐다보고 움직이지 않고 기다리기

- '기다려' 자세는 핸들러의 왼쪽에 '앉아' 자세를 한 상태에서 오른 손바닥을 펴서 개 앞에 보인 후 한 걸음 이동한다.
- 개가 움직이지 않도록 잠시 후 다시 제자리로 돌아와 칭찬과 보상을 한다.
- 개가 움직이지 않도록 점진적으로 거리를 늘려 반복적으로 연습한다.
- 명령어 '기다려'와 수신호(손바닥을 편 상태)를 동시에 한 후 개의 정면에서 뒤로 이동한다. 최초 짧은 거리에서 시작해 점차 거리를 늘린다.

개가 집중하여 핸들러를 보고 기다리도록 해야 한다. 중요한 것은 거리를 두고 핸들러가 서 있는 시간을 점진적으로 늘려야 한다. 시간, 거리, 방향을 바꾸어 가면서 연습한다.

그림 2-13 '앉아 - 기다려' 자세

그림 2-14 '엎드려 - 기다려' 자세

(6) 쉬어 또는 대기(Long down under distraction)

'쉬어' 자세는 개가 편한 상태에서 쉴 수 있도록 하는 자세이다. 핸들러의 명령어에 의해 개가 좌(우)측 대퇴부를 지면에 닿은 상태에서 핸들러를 집중하여 주시하는 동작이다.

'엎드려' 자세의 응용이라고 보면 된다. 다른 방해물에도 '쉬어' 자세가 유지되도록 반복해서 숙달시켜야 한다.

(7) 와(이리 와, Come, Come here)

'와' 명령어는 개가 어떤 상황에서도 '와'라는 명령어에 의해 핸들러 정면 앞에 와서 '앉아' 자세를 취하도록 하는 훈련이다. 처음 훈련을 실시할 때 개가 명령어에 응하지 않고 다른 곳에 집중하고 있을 때 훈련줄을 이용하여 개가 집중하여 훈련에 임하도록 할 수 있다.

'앉아 - 기다려' 자세에서 '와', '엎드려 - 기다려' 자세에서 '와'를 할 때 핸들러가 이름을 부르고 '와'라는 명령을 한 후 개가 첫 걸음을 핸들러 방향으로 뛸 때 큰 소리로 즐겁게 칭찬을 하고 정면에 '앉아' 자세를 취할 때 간식으로 보상한다.

두 사람이 간식을 들고 5m 거리에서 앉아 있는 상태에서 이름을 부르고 '와' 명령을 하고 개가 올 때 칭찬과 간식으로 보상한다. 주의할 점은 이름에 대한 부정적 감정을 들지 않도록 이름을 부르고 처벌을 하지 않아야 한다. 이름을 부르고 처벌을 할 경우 '와'에 대한 명령에 대해 거부감을 가질 수 있다.

처음에는 방해물이 없는 공간에서 진행하며 점진적으로 다른 환경에서 연습을 시행한다.

3) 기본 응용동작 훈련 방법

(1) 덤벨 훈련

'가져와'는 견종별/개체별 차이를 보일 수 있다. 덤벨 훈련은 덤벨을 운반하여 원하는 지점으로 핸들러에게 가져오는 것이다.

- 핸들러는 개의 정면에서 덤벨로 자극하고 멀지 않은 곳에 던진다. 개가 덤벨을 물면 이름을 부르고 반대방향을 빠르게 이동한다. 이는 개가 따라 오도록 유인하는 동작이다.
- 개가 덤벨을 물로 지도사에게 오면 간식과 덤벨을 교환한다.
- 반복적으로 연습하고, '물어 와'라는 명령어를 씌운다.
- 덤벨을 물고 '앉아' 자세를 유지한 상태에서, 핸들러가 양손으로 덤벨을 잡고 놓기를 기다린다. 덤벨을 놓으면 칭찬과 간식으로 보상한다.
- 덤벨을 가져와 3초를 기다린다. 핸들러는 개가 덤벨을 가져오면 즉시 받지 않고 '놔(out)'라는 명령어를 제시하고 손을 내밀어 덤벨을 받는다.

- 덤벨을 떨어뜨리거나 정확히 '앉아' 자세를 취하지 않으면 핸들러는 뒤로 한 걸음 물러난 후 바른 자세를 취하도록 한다.
- '앉아' 자세에서 핸들러는 덤벨을 던진 후 '기다려'를 명령한 후 '물어 와'라는 명령으로 덤벨을 회수하는 훈련을 한다.

그림 2-15 덤벨 회수

출처: https://depositphotos.com/ko/serie/533529400.html

(2) 하우스

하우스 훈련에서 중요한 것은 자발적이라는 점과 켄넬을 편안한 보금자리로 인식하도록 해야 한다는 점이다.

하우스 훈련은 문제행동(배변실수, 분리불안 등)을 예방하고, 치료하는 데 효과적이다. 클리커를 이용하여 점진적으로 개가 켄넬에 들어가도록 유도할 수 있다.

예를 들어, 켄넬 근처에 개가 있으면 클릭하고 보상하고, 다음은 켄넬 안에 발을 넣으면 클릭하고 보상한다. 켄넬 안에 머리가 들어가면 클릭하고 보상한다.

개가 자발적으로 켄넬에 들어가고, 개가 나오려고 하면 나오도록 한다. 개가 켄넬에서 쉬고 있을 때 칭찬하고 보상을 줄 수 있다. 개가 쉬고 있을 때 짧게 문을 닫고 열고를 반복하여 연습한다. 문을 닫고 있는 시간을 점진적으로 늘린다. 그리고 개가 켄넬에 들어가려는 순간 '하우스'라는 명령어를 씌워 연습한다.

그림 2-16 켄넬 교육, '하우스'

(3) 판벽 훈련

일자판벽(Retrieve over Hurdle), A판벽(Retrieve over Scaling Wall) 넘기 훈련이 있다. 호기심이 있고 건강한 개는 달리고 뛰어넘는 능력을 가지고 있다.

훈련 시에 자발적으로 참여하도록 유도하는 것이 중요하다. 개가 두려움을 가지거나 흥미를 가지지 않게 되면 훈련을 거부하거나 회피하는 경우가 발생되어 원하는 훈련성과를 이루어 낼 수 없다.

핸들러는 판벽 넘기를 할 때 개와 같이 움직이면서 넘도록 도와주어야 한다.

- 처음에는 판벽에 거부감이 없도록 판벽 주위에서 즐겁게 놀이를 한다거나 탐색하도록 한다. 판벽이던 높이뛰기이던 처음에는 낮은 단계에서 점진적으로 높은 단계를 하도록 하는 것도 좋은 방법이다. 또한 용암법(Fading out)을 이용하여 다른 곳으로 나가지 않도록 장소나 장비를 설치하는 것도 방법이다.
- 일자판벽 훈련의 경우 핸들러가 간식을 쥐고 손을 판벽 중앙에 위치하면서 간식으로 개를 유혹한다. 개가 흥미를 가지고 일자판벽을 뛰어넘으면 칭찬과 간식을 준다.
- A판벽 훈련의 경우 핸들러가 개를 자고 A판벽 앞에 선 후, 보조핸들러가 개의 리쉬를 잡은 상태에서 핸들러는 개가 좋아하는 간식을 보여준 후 A판벽 반대편에 서서 개의 이름을 부른다. 이때 보조핸들러가 리쉬를 풀어주면서 개가 A판벽을 넘을 수 있도록 연습한다.

장애물을 넘는 과정의 훈련과 덤벨을 회수하는 과정을 나누어 연습한 후 두 동작을 결합하는 방법을 선택하는 것이 효과적이다.

그림 2-17 A자 판벽

(4) '짖어'

짖음은 개가 가지고 있는 정상적인 행동양식이다. 청각신호로 개는 필요한 것을 요구하거나 자신의 감정을 표현할 때 짖는다. 짖는 행위 자체는 개가 자연스럽게 하는 할 수 있는 행동이다. 짖는 순간을 포착해 훈련시키는 방법과 개가 욕구가 충족되지 않도록, 즉 결핍시켜 훈련시킬 수 있다.

많이 사용하는 방법으로는 개에게 맛난 간식을 몇 번 준 후, 핸들러가 간식을 정면에서 들고 보여주기만 하면서 서 있는다. 개는 처음에는 앉거나, 엎드리거나, 기다리면서 원하는 게 무엇인지 파악하려고 한다. 그럼에도 핸들러가 간식을 주지 않으면 개는 간식을 달라는 의미로 짖게 된다. 이때 핸들러는 즉시 칭찬과 간식을 준다. 반복하여 연습한다.

개가 짖을 때 '짖어'라는 명령어를 씌우며 연습한다. 간식을 제거하고 명령어에 짖도록 연습한다.

(5) '전진 중 엎드려'

개가 달려가다 엎드리는 자세를 취하는 것이다. 개가 핸들러의 지시에 의해 앞으로 달려가는 '전진' 훈련을 반복적으로 실시한다. 훈련 초기단계에서는 개가 볼 수 있는 깃발이나 고깔 같은 도구 뒤에 간식을 핸들러가 직접 가져다 놓고 온다.

개가 앞으로 달려 나가고 '엎드려'를 시키기 위해서는 처음에는 거리를 짧게 하고 점진적으로 늘려야 한다. 또한 깃발이나 고깔의 크기도 점차 줄여야 한다. 결국 '엎드려' 자세가 이루어진 후, '전진' 동작을 완전히 숙달된 상태에서 반복하여 연습해야 효과적이다.

그림 2-18 전진 중 '엎드려'

02

Chapter

독 스포츠

학습목표

1. 독 스포츠의 종목별 규칙을 이해한다.
2. 독 스포츠의 종목별 훈련방법을 이해한다.

1. 어질리티(Agility)

1977년 영국 크루프트(crufts) 반려견 전람회 위원으로 있던 존 발리(John Varley)의 아이디어와 피터 민웰(Peter Meanwell)이 어질리티 경기를 고안하였다. 최근에는 전 세계 반려인들이 참여하는 독 스포츠로 자리 잡았다.

기본 복종훈련은 필수적이며 핸들러와 개와의 긴밀한 상호작용이 필수적이다. 어질리티는 핸들러와 개와의 정서적 상호작용뿐만 아니라 신체적으로도 유익한 스포츠이다.

핸들러의 지시에 따라 개가 다양한 장애물을 빠르고 정확하게 통과하여 도달하는 스포츠이다. 경기마다 장애물의 위치와 순서가 바뀔 수 있으므로 핸들러의 안내에 따라 개의 집중력이 요구되는 경기이다.

국제애견연맹(FCI, Federation Cynologique Internationale), 국제애견스포연맹(IFCS, International Federation of Cynological Sports)과 같은 국제 어질리티 단체들이 대회를 개최하고 있다. IFCS와 FCI에서 매년 1회 개최하는 World Agility Championship이 있다. 영국의 크러프트 어질리티(Crufts agility) 등이 매년 열리고 있다.

FCI에서는 어질리티 경기에서 개의 체고에 따라 4개의 범주로 나누어 운영하고 있다.

범주	체고
Small	35cm 미만
Medium	35cm 이상 ~ 43cm 미만
Intermediate	43cm 이상 ~ 48cm 미만 ※ 신규체고
Large	48cm 이상

출처: FCI 연맹의 사이트.

FCI 어질리티 코스에 대한 일반적인 규정은 다음과 같다.

- 어질리티 코스 링은 최소 20m×40m 이상이어야 하며, 링을 포함하는 면적은 최소 24m×40m이어야 한다. 두 개의 코스 링이 사용될 때, 링 사이에 닫힌 칸막이를 두거나 또는 10m 이상 떨어져 있어야 한다.
- 어질리티 코스의 실제 길이는 100m~220m 사이여야 한다. 등급(calss)에 따라 개는 최소 15개의 장애물을 통과해야 하지만 22개를 넘지 않아야 한다. 장애물 중 적어도 7개는 점프(jumps)가 포함되어야 하며, 표준 경기 세트에는 14개 이상의 허들(hurdles)이 포함되어야 한다.
- 연속 장애물 사이의 개 경로에서 최소 거리는 5m 이상이어야 한다. 연속 장애물 사이의 최대 직선 거리는 7m를 초과해서는 안 되고 연속 장애물 사이의 개 경로의 최대 거리는 9m를 초과해서는 안 된다.
- 핸들러는 양쪽의 각 장애물을 통과할 수 있어야 한다. 각 장애물 사이에는 최소 1m가 있어야 한다 (with the exception of a tunnel under the A-frame or the dog-walk).
- 위브 폴, 타이어, 벽은 코스에서 한 번만 수행한다.
- 이전 장애물에서 직선으로 접근할 수 있도록 항상 스프레드 허들, 타이어, 멀리뛰기를 배치해야 한다.
- 코스에는 최대 5개의 터널 퍼포먼스(performance)가 포함될 수 있다.
- FCI agility/jumping 1에서 스프레드 허들(spread hurdles)을 사용해서는 안 된다.
- 모든 코스에서 위브 폴(weave poles)을 사용해야 한다.

어질리티 코스에서는 경기 시작 전 출전하는 개들의 연습이 허용되지 않으며, 핸들러는 코스를 경기 시작 전 점검할 수 있다. 심사위원(judges)은 핸들러에게 경기 표준 코스 시간, 최대 코스 시간, 경기 진행 방식, 규칙 등을 설명한다.

① 표준 코스 시간(SCT, Standard Course Time(in seconds)

표준 코스 시간은 코스 길이(course length(in meters))를 선정 속도(chosen speeds(in m/s))로 나누어 결정한다. 선정속도는 경기의 기준, 코스의 난이도, 경기장의 표면에 따라 달라진다. 예를 들면, 코스 길이는 160m이고 선정속도는 4.0m/s이다. 따라서 표준 코스 시간(SCT)은 40초(160÷4.0)이다.

② 최대 코스 시간(MCT, Maximum Course Time)

최대 코스 시간은 코스 길이를 어질리티는 2.5m/s, 점핑은 3.0m/s로 나누어 결정한다.

③ 경기 절차(Trial procedure)

- 경기에 참가하는 핸들러는 심사위원이 준비되었다는 신호를 보내기 전에 개를 출발시킬 수 없다. 경기 중에는 개의 리드(dogs lead and collar)를 탈착하여야 한다.
- 경기 중 핸들러는 어떤 것도 손에 쥐는 것이 허용되지 않는다.
- 핸들러는 코스의 어느 곳에서나 자신의 위치를 지정할 수 있다.
- 개가 출발선을 넘으면 바로 시간이 시작된다.
- 경기 중에는 다양한 명령 및 신호가 허용된다.
- 핸들러는 개나 장애물을 건드리지 않고 개가 올바른 순서로 장애물을 통과하는지 확인한다.
- 핸들러가 직접 장애물을 밑 또는 위를 넘어서는 안 된다.
- 개가 마지막 장애물을 올바른 방향으로 넘어 결승선을 통과하면 주행이 완료되고 시간이 정지된다.
- 핸들러와 개는 링에 들어가는 순간부터 링을 떠날 때까지 심사위원의 감독을 받는다.

◉ 어질리티 장애물의 종류 및 규정

Jumps	Contacts	Others
Hurdles Wall Tyre Long Jump	Dog-walk See-saw A-frame	Tube-tunnel Weave-poles

① 점프(Jumps)

㉠ 허들(Hurdles)

• 싱글허들(Single hurdle)

- 높이: L (55~60cm), I (45~50cm), M (35~40cm), S (25~30cm)
- 폭: 최소 120cm, 최대 130cm
- 허들의 재질은 목재나 합성수지, 금속은 허용되지 않는다.
- 봉의 직경은 3~5cm이며, 대조되는 색상으로 최소 3개 세그먼트의 색상이어야 한다.
- 날개 폭: 최소 40cm~최대 60cm. 날개의 내부 기둥 높이는 1m 이상이어야 한다.
- 날개 바깥쪽으로 수직으로 세운 상태로 시작하는 높이는 최소 75cm가 되어야 한다. 허들 날개를 서로 연결하거나 고정해서는 안 된다. 직사각형 또는 삼각형 모양의 날개는 허용되지 않으며, 채워진 날개도 허용되지 않는다. 개들은 날개 아래나 날개의 어떤 부분도 통과할 수 없어야 한다. 분리 가능하거나 영구적인 부품(폴 홀더 또는 컵)은 날개의 내부 직립부에서 돌출되어서는 안 된다.

그림 2-19 허들

출처: https://www.wellowagility.co.uk/the-club

• 스프레드 허들(Spread hurdle)

- 높이: L (55~60cm), I (45~50cm), M (35~40cm), S (25~30cm)
  넓이는 L (50cm), I (45cm), M (40cm), S (30cm) 미만이다.
- 두 개의 싱글 허들을 함께 배치하여 스프레드 허들을 만든다.
- 봉의 높이는 15~25cm 차이로 설치하며, 봉의 길이는 앞쪽보다 뒤쪽이 10~20cm 더 길어야

한다.

ⓛ 월(Wall)

- 높이(height): L(55~60cm), I(45~50cm), M(35~40cm), S(25~30cm)
- 폭(width): 최소 120cm, 최대 130cm
- 깊이(depth): 하단에서 약 20cm, 상단에서 최소 10cm
- 벽은 별도의 닫힌 요소로 구성되어야 하며, 반대편이 보이는 벽은 허용되지 않는다.
- 상단에 3~5개의 대체 가능한 유닛으로 월의 바닥 또는 측면은 닫혀 있어야 한다.
- 월 기둥의 높이는 100~120cm여야 하며 월과 연결되지 않아야 한다.

ⓒ 타이어(Tyre)

- 타이어 직경: 50~60cm
- 지면에서 타이어 중심 높이: L(80cm), I(70cm), M & S(55cm)
- 타이어/후프 폭: 최소 8cm, 최대 12cm
- 타이어에 8kg의 무게에 해당하는 힘이 가해졌을 때 타이어가 2~4개의 부품으로 분리될 수 있어야 한다. 타이어는 충격 흡수 재료를 사용하여 일정한 형태로 제작되어야 한다.
- 타이어는 양쪽에서 두 개의 직립자에 의해 위치(높이)에 고정되어야 하며, 구조물은 장애물이 너무 쉽게 넘어지지 않도록 충분한 안정성을 제공해야 한다. 상단을 가로지르는 빔이 없어야 한다.

ⓓ 롱 점프(Long jump)

- 롱 점프는 멀리뛰기는 2~4개의 유닛으로 구성된다.
- 길이: L(120~150cm(4개)), I(90~110cm(3~4개)), M(70~90cm(3개)), S(40~50cm(2개))
- 점프 폭: 앞쪽이 120cm, 뒤쪽이 150cm이다.
- 단위는 오름차순으로 배치되며, 가장 낮은 유닛의 높이는 최소 15cm, 최대 28cm이다.
- 각 유닛의 깊이는 15cm이다.
- 장치의 기울기는 각 장치의 전면 가장자리가 다음보다 높지 않아야 한다.
- 재질은 목재 또는 안전한 합성재료이며 금속은 허용되지 않는다.
- 높이 120~130cm, 직경 3~5cm의 코너 폴은 4개 모두 고정되지 않아야 한다.
- 마커 폴(marker poles)은 장애물의 일부로 간주되지 않으며 판단 보조 도구이다.

그림 2-20 롱 점프

출처: https://www.wellowagility.co.uk/the-club

② 접촉장애물(Contacts)

㉠ 독워크(Dog-walk)

- 높이: 최소 120cm~최대 130cm
- 독워크 길이: 최소 360cm~최대 380cm, 폭은 30cm
- 경사로 하단의 접촉구역은 마지막 90cm의 길이는 서로 다른 색상으로 구분한다.
- 장애물의 표면은 미끄러지지 않아야 한다. 미끄럼 방지 장치가 있어야 한다.
  미끄러져 올라가지 않도록 일정한 간격(약 25cm마다)으로 슬랫(방지턱)을 깔아야 한다. 접촉구역의 시작 부분에서 10cm 이내에는 안 된다. 이 슬랫은 너비가 2cm이고 두께가 0.5~1cm여야 하며 가장자리가 날카롭지 않아야 한다.
- 접촉 영역의 하단은 채워져야 하며(틈이 없어야 함) 너무 평평하지 않아야 한다(날카로운 모서리가 없어야 함).
- 독워크의 다리가 장애물 상단 위로 돌출되지 않아야 한다. 다리와 다른 지지 구조물은 터널이 개 산책로 아래에 안전하게 놓이는 것을 막아서는 안 된다.

㉡ 시소(See-saw)

- 높이: 지면에서 중앙지점까지 60cm이며, 시소의 중앙지점 아래 10cm 이하여야 한다.
- 길이: 최소 360cm~최대 380cm, 폭 30cm이다.
- 접촉 구역: 독워크와 동일, 장애물은 안정적이어야 하고, 표면은 미끄러지지 않아야 한다. 그러나 미끄럼 방지턱(slats)은 허용되지 않는다.
- 점검: 시소의 접촉구역 중앙에 1kg 무게를 놓았을 때 2~3초 사이에 기울어져야 한다.

㉢ A판벽(A-frame)

- 높이: 두 개의 경사로의 꼭짓점은 170cm
- 길이: 최소 265cm~최대 275cm
- 폭: 최소 90cm, 하단 115cm까지 가능
- 접촉 구역: 경사로 하단의 106cm는 다른 색상을 가져야 한다(측면도 마찬가지).
- 장애물의 표면은 미끄러지지 않아야 한다. 각 경사로에는 미끄럼 방지턱(slats)이 일정한 간격(약 25cm마다)으로 설치되어 있어야 하며, 미끄러짐을 방지하고 등반을 쉽게 할 수 있지만, 접촉 구역 시작 지점에서 10cm 이내에는 설치되지 않는다. 방지턱은 너비가 2cm이고 두께가 0.5~1cm여야 하며 가장자리가 날카롭지 않아야 합니다. A판벽 상단은 개에게 어떠한 위험도 주지 않아야 하며, 필요한 경우 반드시 덮어야 한다. A판벽 아래에 터널이 안전하게 배치되는 것을 막아서는 안 된다.

③ 기타 장애물(Others)

㉠ 튜브터널(Tube-tunnel)

- 지름: 60cm, 길이: 300~600cm
- 터널은 유연해야 하며, 균일하게 표면화된 재료로 밝은 색상으로 제작하는 것을 권장한다.
- 튜브 터널은 항상 전체 길이로 당겨져야 하며, 터널을 고정할 때 터널의 윤곽을 따라야 하며 모양이 잘못되거나 직경이 줄어들지 않아야 한다.

㉡ 위브 폴(weave pole)

- 폴의 수: 12
- 폴은 단단하고 직경이 3~5cm이다. 폴의 높이는 100cm이다.

- 폴 간 간격은 60cm이다.
- 폴은 목재 또는 안전한 합성재료로 제작되어야 하며 금속은 사용할 수 없다.
- 개가 위브 폴을 진행할 때 프레임의 측면 지지대가 개에게 방해가 되지 않아야 한다.

2. 어질리티(Agility) 훈련

개는 배우는 것을 좋아하고, 평생 동안 학습하며 지낸다. 잘 훈련된 개와 함께 하는 활동은 핸들러와 개 모두에게 즐거운 일이다. 훈련은 핸들러와 개가 행복하고 건강한 생활을 할 수 있도록 신체적 · 정신적 자극을 부여함으로써 모두의 삶을 풍요롭게 만들어 준다.

개의 잠재력을 이끌어 내기 위해 공정하고 효율적으로 훈련에 임해야 한다. 훈련에 있어 핸들러는 효과적인 방법을 탐구해야 한다. 개 훈련에서 핸들러가 가져야 하는 가장 중요한 원칙은 인내심을 가지고 침착성, 창의성, 일관성을 가지고 개를 훈련에 참여하도록 해야 한다.

개는 핸들러에게 집중하며 자발적으로 협조하는 자세를 보이고, 더욱더 핸들러와 함께 하고 싶어 하게 만들게 됨으로써 훈련을 즐기고 핸들러의 청각신호(명령어)와 수신호(시각신호)에 귀 기울일 수 있다.

어질리티에서 개는 성취감을 느낄 수 있다. 개가 장애물을 뛰어넘거나, 통과할 때 보상을 통해 개에게 정신적, 신체적, 감성적 만족감과 성취감을 느끼게 해주어야 한다.

1) 기본 훈련

① 핸들러의 손에 집중하기

어질리티에서도 복종훈련은 필수적이다. 긍정강화훈련을 통해 반복적으로 연습하고 먼저 '기다려'를 시킨 후, 핸들러가 간식을 인손을 쥔 상태에서 왼손을 들고 개를 부른다. 개가 달려오면 왼손을 내려 간식을 준다. 거리와 속도를 늘려 가면 왼손에 집중하도록 한다.

국제 어질리티 대회에 참가하는 핸들러들의 경우 왼손을 쓰는 경우, 오른손을 쓰는 경우, 또는 양손을 다 사용하는 경우도 있다. 개가 손을 표적으로 삼아 따라오도록 하는 이유는 리쉬가 없는 상태에서 개를 원하는 방향으로 움직이도록 하는 훈련으로 어질리티 경기에서는 필수적이다.

- 개가 핸들러에게 집중하고 있는 상태에서 1~5cm 정도 손을 움직이다. 개가 코로 손을 따라 움직이기 시작하면 클리커를 누르고 간식을 준다. 간식은 직접 주어도 되고 바닥에 던져주어도 된다.
- 손을 움직이는 거리와 시간을 서서히 늘려가면서 개가 따라오게 한다. 양손을 모두 따라오게 알려준다.
- 개와 나란히 걸으면서 개가 다른 곳에 정신을 팔 때 손을 따라 움직이는 놀이로 개의 주의를 끌어 집중하도록 한다.

◉ 타깃봉 따라가기

손을 따라 집중하며 움직이기 훈련의 응용이라고 볼 수 있다. 소형견이거나 개와 거리 떨어진 곳에서 개를 움직이게 할 수 있다. 타깃봉을 사용하면 허리를 굽힐 필요가 없어 신체에 부담이 덜 가고 개도 타깃봉만을 바라보며 움직일 수 있어 개에 심리적 불편함을 덜 줄 수 있다.

– 타깃봉을 수직으로 세워 끝에 달린 공과 개의 눈높이를 맞추고, 개가 공을 바라보면 클리커를 누르고 간식을 급여한다.
– 개가 타깃봉을 향해 움직이면 클리커를 누리고 간식을 준다.
– 개가 타깃봉에 코를 대거나 입을 대려고 하면 클리커를 누르고 간식을 준다.
– 핸들러는 자리에 서서 타깃봉을 움직이고, 개가 타깃봉을 따라 움직이면 클리커를 누르고 간식을 준다.
– 타깃봉을 따라 움직이는 연습을 충분히 한 후, 응용동작으로 타깃봉을 따라 왼쪽이나 오른쪽으로 도는 기술을 가르칠 수 있다. 핸들러 다이 사이로 타깃봉을 넣어 연습하면 기술을 가르칠 수 있다.

그림 2-21 타깃봉

② 낮은 장대 넘기

어질리티는 개의 민첩성, 집중력과 신체조정력 등을 발달시키기 위해 싱글허들, 스트레드 허들, 롱점프, 타이어, 월과 같은 다양한 점프 장애물들이 있다.

이러한 장애물 뛰어넘기는 처음에 두려움이나 거부감을 가질 수 있다. 처음에는 바닥에 장대를 배치하여 장대 넘기 훈련이 뛰어넘기의 기초가 될 수 있다.

처음에는 리쉬를 걸고 시작하고, 개가 익숙해지면 리쉬 없이 반복하여 연습한다.

- 여러 개의 장대를 지면에 평평하게 일정 간격으로 줄지어 놓는다. 초기에는 1m 이상의 간격을 두고 간격을 점차 50cm 정도까지 줄인다.
- 개를 리쉬를 건 상태에서 장대 앞에 '앉아' 자세를 취하도록 한다.
- 개가 손을 따라 집중하기 훈련이 된 상태에서 간식을 쥐고 개를 장대를 넘도록 유도하고 걷게 한다.
- 개가 장대 넘는 것이 익숙하게 되면 장대 높이를 올린다. 훈련 초기에는 장대를 너누 높이지 말아야 한다.
- 리쉬를 채우고 연습하고, 익숙해지면 리쉬를 채우지 않은 상태에서 넘도록 한다.
- 익숙해지면 '넘어', '점프' 같은 명령어를 씌운다.

그림 2-22 낮은 장대 넘기

③ 작은 독워크나 상자 위를 걸으며 자신감 키우기

어질리티에서 독워크(Dog-walk), A판벽(A-frame), 시소(See-saw)와 같은 접촉장애물이 있다. 이러한 장애물을 능숙하게 통과하기 위해 초기 훈련으로 상자 위를 걸으며 자신감을 키우는 훈련이 필요하다.

개가 작은 독워크나 상자를 걸을 때 안전하다고 느낄 수 있는 폭 50cm, 길이 1~2m, 높이 60cm 이상의 나무 상자를 만든다.

- 개가 리쉬를 한 상태에서 상자 위에 자발적으로 올라오도록 간식을 손에 쥐고 유도한다. 개가 주저하는 경우에는 개를 상자 위에 올려놓고 시작할 수 있다.
- 개를 강제로 상자 위로 리쉬를 끌어당기면 안 된다. 개가 스스로 해낼 수 있게 격려한다.
- 개가 상자 위에서 '앉아', '엎드려', '서' 등을 지시한다.
- 리쉬를 푼 상태에서 상자 위를 걷도록 한다.

그림 2-23 낮은 독워크 넘기

④ 시소(See-saw) 타기

시소는 개가 자신감을 쌓을 수 있는 장애물이다. 개가 움직이는 물체 위를 걷도록 함으로써 균형감각과 신체 조정력, 자제력을 길러줄 수 있는 기구이다. 상자 위를 걷는 연습은 독워크를 하기 위한 연습이며, 자연스럽게 시소 위를 걷도록 하는 초기단계의 연습이다. 시소에서는 보조자가 있으면 효과적이다.

- 시소가 움직이지 않도록 한쪽 보조자가 시소가 움직이지 않도록 한다.
- 시소 중간 위치에 간식을 둔다.
- 개에게 리쉬를 채우고 시소 위에 첫 발을 올려놓도록 한다. 개가 첫 발을 올려놓으면 반대쪽에 보조자가 시소를 잡아 움직이지 않도록 하고 개를 앞으로 걸어가도록 한다. 핸들러는 개가 불안하지 않도록 칭찬과 격려를 한다. 겁을 먹은 개는 중간에 뛰어내리지 않도록 하고 안아서 시소에서 내린다.
- 개가 시소 위에서 자신 있게 움직이면 보조자는 잡고 있던 시소에서 손을 놓아 시소가 자유롭게 움직이도록 한다. 시소가 갑작스럽게 "꽝" 소리를 내며 떨어지지 않

도록 그전에 시소가 바닥에 닿기 전에 보조자가 시소를 잡도록 한다.

- 반복적으로 위의 단계를 연습한다. 익숙해지면 개의 리쉬를 풀고 옆에서 걸어가며 개 혼자 시소 위를 걷도록 유도한다. 시소 끝가지 걸어가면 칭찬과 격려를 하고 간식을 준다. 이 과정을 양쪽 방향으로 오갈 수 있게 가르친다. 초기에는 천천히 걷도록 한다.
- 개가 시소 위를 걷는 것이 이숙해지면 시소가 바닥에 닿기 전에 '기다려'라고 지시해 동작을 머물도록 가르친다.

그림 2-24 시소 넘기

2) 어질리티 훈련

① 점프(Jump)

장대를 바닥에 깔고 시작해서 익숙하게 걷는 연습을 하고 장대를 점차 높여 익숙하게 한다.

점프는 싱글허들을 기본으로 연습한다. 명령어는 '점프(jump)', '고(go)'를 주로 사용한다.

핸들러와 동행하며 하는 동행점프, 전진점프, 연속점프, 곡선점프를 만들어 연습한다. 경기에서는 연속된 직선덤프도 있지만 각도를 다르게 점프를 하도록 설계할 수 있다.

- 초기에는 핸들러는 개와 동행하여 싱글허들을 넘었을 때 간식으로 보상한다.
- 개의 위치를 바꿔가며 연습한다. 숙달되면 간식 없이 허들을 넘는 순간 칭찬과 간식으로 보상한다.

- 허들 앞에 간식을 놓고 개를 핸들러 옆에 놓고 명령어 '점프'를 하여 허들을 넘도록 한다. 이때 개가 자연스럽게 허들을 넘으면, 보상으로 간식을 가진다.
- 연습을 통해 숙달되면 허들 앞에 간식을 두지 않은 상태에서 핸들러가 직접 보상한다.

◉ **연속점프**

- 허들 3개를 2~3m 간격으로 설치한다. 개를 허들 앞에 기다리게 한 후 명령어 '점프'와 함께 넘게 한다. 보상지점은 마지막 허들을 넘고 난 후 간식을 준다. 그리고 방향을 바꿔가며 연습한다.
- 허들의 개수를 점차 늘려 연습한다.
- 다음은 허들 간 간격을 5~6m까지 늘려 연습한다.
- 허들의 위치 및 각도를 조정하여 설치하여 연습한다. 다양한 각도와 위치에서 익숙해지도록 연습한다.

② 타이어(Tyre)

타이어 장애물의 경우, 개가 시각적으로 부담을 가질 수 있다. 따라서 초기에는 훌라후프를 통과하는 연습을 걷거나 뛰어서 할 수 있다.

타이어 훈련을 하기 전에 훌라후프를 바닥에 세운 다음 개를 향해 위쪽을 기울이고 개가 통과하도록 유도한다. 이 과정을 반복하여 연습한다. 훌라후프를 조금씩 올리면서 개가 쉽게 점프하며 통과할 수 있도록 한다. 개가 훌라후프를 자연스럽게 통과하게 되면 점차 작은 훌라후프를 이용해 연습한다.

- 타이어 명령어는 '타이어', '점프'이다.
- 타이어의 높이는 초기에는 낮은 상태에서 시작한다.
- 타이어 앞에 '앉아 - 기다려' 자세이다. 이때 핸들러는 반대편에서 타이어를 통해 개가 보이도록 한 후 개를 부른다.
- 만약 개가 멈칫 거리면 핸들러는 손에 간식을 쥐고 타이어 안쪽 방향으로 개를 유도해 통과하도록 한다.

그림 2-25 타이어 통과하기

출처: https://www.wellowagility.co.uk/the-club

③ 터널(Tunnel)

터널 통과의 명령어는 '터널'이다. 튜브터널과 플랫터널이 있다.

- 개가 익숙한 장소에서 짧은 일직선 터널을 살펴볼 수 있도록 터널을 설치한다. 초기에는 터널의 길이를 짧게 하는 것이 좋다.
- 보조자가 터널 앞에 개를 잡고 기다린다.
- 핸들러는 터널 반대편에서 개를 부른다. 터널의 출구 쪽에서 보상으로 간식을 준비하고 기다리고 개가 터널을 지나가는 것에 익숙해지도록 연습한다.
- 개가 터널을 지나가는 것에 익숙해지면 터널 입구에 개와 함께 서서 '터널' 명령어를 씌운다. 개가 터널 입구 안으로 들어간 뒤에 명령어를 붙이는 방법을 사용하기도 한다.
- 개가 터널 안에서도 핸들러의 목소리를 들을 수 있도록 격려와 칭찬을 한다.
- 거리를 늘려가면 반복하여 연습한다.
- 직선터널을 곡선으로 만들어 연습한다.

플랫터널의 경우, 천의 길이를 초기에는 짧게 하여 보조자가 입구의 천을 들어준다. 점차 개가 익숙해지면 천의 길이를 늘려 연습한다.

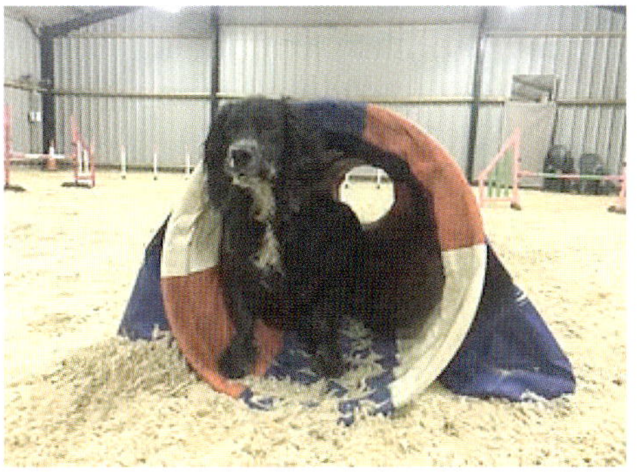

그림 2-26 터널 통과하기

출처: https://www.wellowagility.co.uk/the-club

④ 위브 폴(Weave poles)

어질리티는 개가 속도를 높여 모든 장애물을 빠르게 통과한 후, 시간과 감점으로 평가하여 순위를 결정하는 경기이다. 어질리티에서 개가 집중력을 유지하면서 유연하게 몸을 낮춘 상태에서 몸통과 허리를 자유롭게 움직이며 폴을 지나가는 장애물이다. 속도가 매우 중요하다. 위브 폴 훈련은 2 by 2, 채널위브, 루어링(ruring) 등의 방법이 있다.

어떻게 위브 폴의 위치(간격, 거리, 각도 등)를 조절하며 훈련을 할 것인가와 보상을 어디에서(where), 언제(when), 무엇(what)으로 줄 것인가를 적절하게 조절해야 한다.

위에서 언급한 손을 따라 움직이게 하는 연습이 충분히 이루어진 경우에 위브 폴 장애물을 진행한다. 타깃봉을 개가 위브 폴을 지나가게 연습할 수 있다. 클리커를 이용해 강화하여 이용할 수 있다.

그림 2-27 위브 폴 통과하기

출처: https://www.wellowagility.co.uk/the-club

◉ 채널 위브 방법(Channel method)

- 12개의 폴을 처음에는 6개씩 양쪽으로 세워 자연스럽게 통과하는 연습을 한다.
- 12개의 폴의 각도를 눕혀 개가 직진으로 자연스럽게 통과하도록 한다.
- 폴의 각도를 점진적으로 올리며 개가 자연스럽게 통과하도록 연습한다.

◉ 2 by 2 방법

- 2개의 폴 사이를 지나면 보상한다.
- 2개의 폴 사이를 지나는 연습이 되면, 2개의 폴을 추가로 설치하여 지나는 연습을 한다.
- 2개의 폴과 다른 2개의 폴의 사이를 점차 줄여 가면 지나가는 연습을 한다.

◉ 루어링 방법(Luring method)

- 먼저 폴을 한 줄로 세운다. 최초에는 4개로 시작해 점차 6개, 8개, 10개, 12개로 늘려 연습한다.
- 개에게 리쉬를 채우고 폴 사이를 통과하는 방법을 가르친다.
- 핸들러가 손에 간식을 쥐고, 개가 손을 따라 움직이도록 한다.
- 개가 훈련하는 동안 규칙적으로 간식을 준다. 훈련 시 양쪽 방향으로 모두 진행하여야 한다.
- 리쉬를 채우고 연습하는 것이 익숙해지면 리쉬를 채우지 않은 상태에서 반복적으로 연습한다.

＊ 개의 진행방향을 막지 않도록 조심해야 한다.

3. Disc

디스크 독(Disc dog)은 프리스비(Frisbee)라고도 불리는 독 스포츠(Dog sports)이다. 프리스비는 프라잉 디스크 대표 브랜드이기 때문에 프리스비라고 불린다. (프리스비 브랜드는 미국의 완구회사인 Wham-O Inc.가 보유하고 있다.)

디스크 독 경기는 사람이 던지는 플라잉 디스크를 개가 잡는 경기로, 멀리 던져 거리에 따라 점수를 획득하는 디스턴스 어큐리시(Distance/Accuracy, Sky Houndz사가 주최하는 Sky Houndz 대회에서 사용)와 여러 디스크를 가지고 음악에 맞추어 90초 동안 안무 동작을 보여주는 프리스타일(free style) 경기로 나누어진다. USDDN(US Disc Dog Nationals)에서는 디스턴스 어큐리시를 토스앤패치(Toss & Fetch)라는 용어를 사용한다.

디스크 독은 1974년 8월 5일 오하이오주 출신의 19세 대학생 알렉스 스타인(Alex Stein)

과 그의 개 애슐리 위펫(Ashley Whippet)이 로스앤젤레스 다저스(Los Angeles Dodgers)와 신시내티 레즈(Cincinnati Reds)의 전국적으로 방송된 야구 경기의 사전 행사에서 선보이며 큰 호응을 받기 시작하면서 알려지게 되었다.

표 2-4 Disc dog 경기종목

종목	내용
디스턴스 어큐리시 (Distance/accuracy) 또는 토스앤패치(Toss & Fetch)	디스크 하나를 사용하며, 표준거리를 정해 놓고 60초 동안 디스크를 던져 개가 잡은 거리에 따라 포인트를 획득하여 순위를 가리는 경기이다. 개가 점프한 후 공중에서 디스크를 잡은 경우 0.5점이 가산된다.
페어스 디스턴스 어큐리시 (Pairs Distance accuracy)	표준거리를 정해 놓고 2인 1팀으로 90초 동안 교대로 디스크를 던져 개가 잡은 거리에 따라 포인트를 획득하여 승부를 가리는 경기이다. 나머지 디스턴스 어큐리시와 동일하다.
파워 디스크 (Power Disc)	디스크를 멀리 던지고 개가 디스크를 잡고 착지한 거리를 측정해 순위를 가리는 경기이며, 2번을 던질 수 있다.
프리스타일 (Free style)	여러 장의 디스크를 가지고 90초 동안 음악에 맞추어 자유형식의 동작들을 보여주는 경기이다. USDDN의 경우 최대 120초까지 허용된다.

USDDN 슈퍼 오픈 프리스타일(Super Open Freestyle) 예선에 참가하려면, 개들은 최소 18개월이 되어야 한다. USDDN Super Pro Toss & Fetch 예선에 참가하기 위해서는 개의 생후 12개월 이상이어야 한다. 개의 생일이 정확히 알려지지 않은 경우에는 개의 수의사가 평가한 나이 추정치가 사용된다. 개의 최대 나이는 없다. 핸들러는 연령에 관계없이 참가할 수 있다. 참고로 주니어 핸들러 경기에서 12세 이하인 경우에 참가할 수 있다. 개들은 경기를 하거나 연습할 때를 제외하고는 항상 리쉬를 차고 있어야 한다.

경기장의 최소 크기는 가로 30야드, 세로 50야드이며, 최대 크기는 가로 30야드, 세로 60야드이다. 이 외에도 양쪽에 최소 5야드의 오버런이 있어야 한다.

경기장은 평평하고 장애물이 없어야 하고, 눈에 잘 띄게, 개의 안전 장벽이나 플라스틱 원뿔, 깃발, 펜스와 같은 장애물이 경기장을 둘러싸야 하며, 관중들이 의도적으로 또는 실수로 경기장을 침범하는 것을 방지해야 한다. 경기장은 천연잔디 또는 인조잔디이다. 개에게 의상을 입히는 것은 허용되지 않는다. 토스앤패치(toss & fetch)는 경기 시작 전에 라인 뒤에서 대기한다. 경기가 시작되면 라인 뒤에서 스로잉을 한다. 라인을 터치하면 무효가 된다. 경기종료 전에 핸들러가 디스크를 던져 개가 잡은 경우 점수로 인정된다.

득점은 개의 네 발이 모두 한 구역에 착지해야 하며, 두 구역에 착지한 경우 낮은 점수를 부여받는다. 개가 공중에서 디스크를 잡은 경우 0.5점이 추가로 부여된다. 동일한 점수의 팀이 있는 경우, 던진 횟수가 적은 팀, 높은 점수가 있는 팀 순으로 순위가 결정된다. 그래도 동일한 점수일 경우 승부를 가리기 위하여 1라운드 추가로 진행한다. 파워 디스크는 2번을 시도해 개가 디스크를 캐치하고 착지한 곳과 라인과의 거리를 측정하여 순위를 가리는 경기다.

프리스타일 시간은 최대 120초까지 허용된다(USDDN). 시작 시간은 플레이어가 디스크를 던지거나 비행 중에 배치하고 개가 디스크를 회수하기 위한 시도로 간주될 수 있는 움직임을 할 때 시작된다. 음악이 시작되면 채점이 시작된다. 연습 투구는 허용되지 않는다. 참가자들은 자신의 음악을 CD(선택 번호가 표시된)로 가져와 공연하도록 권장 받는다.

팀은 프리스타일 경기에서 최대 10개의 디스크를 사용할 수 있다. 플레이어가 10개 이상의 디스크를 필드로 꺼냈을 때 플레이어가 시작하기 전에 눈치 채지 못할 경우 팀은 승수나 합계가 나오기 전에 추가 디스크당 1점의 페널티를 받는다. 플레이어는 같은 라운드 내에서 다른 무게 등급의 디스크나 다른 직경의 디스크를 혼합할 수 없다. 선수가 한 라운드에서 디스크의 크기나 무게 등급을 혼합한 것이 발견될 경우, 프리스타일에서 승수 앞에 5점 페널티가 적용된다.

프리스타일 경기장의 최소 크기는 가로 30야드, 세로 50야드이며, 최대 크기는 가로 30야드, 세로 60야드이다. 이 외에도 각 측면에 5야드의 오버런이 있어야 한다. 4개 영역(개(Canine), 선수(Player), 팀(Team), 수행(Execution))으로 나누어 채점하며 4명의 심판이 있다.

표 2-5 USDDN 승인 디스크

디스크 타입	디스크 사이즈(직경, inch)	디스크 무게(g)
대형표준디스크 (Standard Large Discs)	9–9.5	115g 이하
중형표준디스크 (Standard Medium Discs)	8.5–8.75	115g 이하
대형중량디스크 (Heavy Large Discs)	9–9.5	130~145g
중형중량디스크 (Heavy Medium Discs)	8.5–8.75	130~145g
소형디스크 (Small Dog Discs)	6.25–7	40~90g

출처: USDDN World Finals, International Series, Judging Handbook.

1) 디스크 독 훈련

(1) 토스앤패치(Toss & Fetch, Distance/accuracy)

원반을 던지는 것은 핸들러이고 원반을 잡는 것은 개이다. 따라서 개가 무엇보다 원반에 흥미를 가지고 있어야 한다. 몇몇 견종의 경우, 원반을 잡는 것을 좋아하는 경우도 있다.

딱딱한 원반은 개의 이빨을 다칠 우려가 있으므로 부드러운 천이나 고무로 된 원반을 이용한다. 개들이 원반에 대한 흥미를 유지하기 위해서는 원반을 쉽게 주지 않아야 하며, 평소에는 원반을 보이지 않는 곳에 두는 것을 권한다.

◉ 개의 훈련

- 개의 흥미를 끌기 위해 바닥에 원반을 놓고 손을 이용해 돌리거나 이리저리 움직인다. 이때 핸들러는 목소리를 높은 톤으로 하여 개가 흥미를 가지도록 한다.
- 개가 원반에 흥미를 가지면 원반을 수직으로 세워 굴린다(rolling). 개가 원반을 쫓아가면 칭찬한다.
- 개가 원반을 쫓아가서 물면 박수를 치거나 소리를 내서 칭찬하고, 이름을 불러 원반을 가지고 오도록 한다.
- 원반을 낮은 높이로 던져 물어 오게 한다. 이때 핸들러는 원반으로 터그놀이를 해준다.
- 개가 원반을 가지고 오면, 준비해 둔 같은 원반으로 교환한다. '놔' 명령어를 씌운다.
- 교환해 주는 방법은 처음에는 개가 원반을 입에서 놓으면 굴려주고, 나중에 그냥 입에 주어도 된다.

그림 2-28 디스크 독

출처: American Kennel Club.

◉ 원반 던지기

디스턴스에서 핵심은 거리이다. 다양한 원반 던지는 방법이 있으나, 거리를 가장 멀리 던지면서 개가 안정적으로 잡을 수 있는 방법으로는 백핸드 그립으로 던지는 방법이다.

백핸드 그립에는 파워그립(스트롱그립)과 컨트롤 그립이 있다. 백핸드 그립에서 파워그립은 엄지를 제외한 나머지 네 손가락을 원반의 안쪽을 잡고, 엄지는 원반 바깥쪽 윗부분에 댄다.

컨트롤 그립은 검지손가락을 원반의 옆면에 대고 던지는 방법으로 가까운 거리에서 정확하게 던지는 데 용이하다.

백핸드와 포핸드 원반 던지기에서 중요한 것은 수평을 맞추는 것과 회전을 주어 원반이 흔들리지 않고 원하는 방향과 거리에 날아갈 수 있다.

에어바운스(air bounce)는 원반을 던질 때 엄지 손가락을 원반의 중심부분을 누르면서 던지는 방법으로 U자 모양으로 원반으로 내려가다가 다시 올라가도록 던지는 방법이다.

파워(스트롱) 그립

컨트롤 그립

그림 2-29 디스크 백핸드 그립

(2) 디스크 프리스타일(Disc Freestyle)

프리스타일은 핸들러와 개와의 협업으로 이루어진다. 개는 핸들러의 몸을 넘는 동작(오버(over))이거나 신체를 점프를 하기 위한 지지대로 이용하여 지면에 착지하는 동작(볼팅(vaulting)), 공중에 있는 개를 잡거나 안거나 하는 동작(dog catch), 두 개 이상의 원반을 주고받은 동작(저글링)으로 이루어져 음악에 맞추어 원반을 던지고, 잡는 것이다. USDDN(US Disc Dog Nationals)에서는 프리스타일 팀은 최대 120초까지 허용된다.

음악이 시작되면 채점이 시작되며, 연습투구는 허용되지 않는다. 경기 중에 프리스타일 경기가 2라운드일 경우, 각 프리스타일 경기에 1.5를 곱하여 프리스타일 85%와 토스앤패치 15%의 종료 점수를 유지한다. 경기 중에 프리스타일을 한 라운드만 진행할 경우, 해당 프리스타일에 3을 곱하여 프리스타일 85%와 토스앤패치 15%의 종료 점수를 유지한다.

그림 2-30 디스크 프리스타일

출처: American Kennel Club.

4. 독 댄싱(Dog Dancing)

독 댄싱(Dog Dancing)에는 힐워크투뮤직(Heelwork to Music)과 프리스타일(Freestyle) 경기가 있다. 독 댄싱의 목적은 개와 핸들러가 음악에 맞추어 예술적 동작을 수행하는 경기이다. FCI 독 댄싱에 참가할 수 있는 개는 18개월령 이상이며 핸들러는 14세 이상이어야 한다. 경기는 개인전과 단체전이 있다. "팀 경기"에 참가하는 국가 대표팀은 최소 3개에서 최대 4개의 개와 핸들러 팀으로 구성되어야 한다. 국가대표팀의 결과는 세 팀의 점수로 결정된다.

경기 중(개가 공연하기 전, 공연 중 또는 공연 후)에는 개를 처벌하는 것이 금지된다. 공격적인 방법으로 개에게 소리를 질러서 체벌하는 것은 금지되어 있으며, 심사위원은 핸들러가 개를 언어적으로 학대하는지 신체적으로 학대하는지를 결정한다. 경기 중에 학대가 발생할 경우, 심사위원은 공연을 중단할 수 있다.

"힐워크투뮤직(HTM)" 루틴에는 최소 75%의 힐워크투뮤직(HTM) 움직임과 최대 25%의 프리스타일(Freestyle)이 포함되어야 한다. 전체 루틴 중 개는 핸들러로부터 2m 이상 떨어지면 안 된다.

HTM에서 개와 핸들러 사이의 거리는 항상 15cm를 넘지 않아야 하며, 50cm 이상이면 프리스타일로 간주한다. 개와 핸들러는 평행을 유지하는 것이 바람직하다. 개나 핸들러가 서로의 움직임을 제한해서는 안 되며, 핸들러의 속도와 움직이는 방향에 개는 자연스럽게 움직이며 적응해야 한다. 옆으로 이동하지 않는 한 한 트랙으로 이동한다. 개가 뒤에 있거나 앞에 있는 것은 부적절하다.

루틴 난이도는 포지션 변화의 횟수뿐만 아니라 다양성에 관한 것이다. 이동 방향과 페이스의 변화, 위치의 변화는 개가 독립적으로 수행하는 능력을 보여준다.

심사는 4개 부분으로 나누어 심사를 한다. 다음 표는 Heelwork to Music & Freestyle의 심사기준표이다.

표 2-6 Heelwork to Music & Freestyle의 심사기준표

부문	점수	심사사항	감점
표현력 (Presentation)	최대 9점 (maximum 9 points)	상호 협력(Cooperation) 흐름(Flow) 반응정도(Responsiveness) 명령/신호(Commands/signalling) 표현력(Presentation on the day) 움직임의 정확도(Correct execution of moves)	과도한 짖음 (Excessive barking)
내용 (Content)	최대 9점 (maximum 9 points)	개에게 초점(Focus on the dog) 루틴 동작의 구조(Structure of the routine) 링을 정확하게 균형적으로 이용하는 정도(Evenly balanced use of the ring) 링의 종합적인 사용(개의 크기에 따라 다름)(Comprehensive use of the ring(dependent on the size of the dog)) 루틴동작의 균형 잡힌 움직임의 횟수(Balanced amount of moves so the routine is interesting but not too packed) 다양한 움직임(Variety of moves) 각 동작의 난이도(Difficulty of individual moves) 단절된 동작들의 자연스러운 연결(Transitions/ Links between moves/not a series of disjointed moves)	부정확한 횟수 (incorrect amount of freestyle moves or heelwork), 규정을 넘어선 음악 시간(too long music), 개에게 의상 착용과 작은 또는 사용하지 않는 소품 (dressing the dog, little and/or unused prop)
예술적 이해 (Artistic Interpretation)	최대 9점 (maximum 9 points)	컨셉의 시각화 정도(Visualization of concept) 개의 걸음과 움직임과 음악의 조화(The music suits the dog's pace and movement pattern) 정확도(Punctuating(notation in the music)) 핸들러의 정확도(Appropriate handler movement. The handlers' movement should enhance the dogs'performance) 음악에 대한 루틴 동작의 반영정도(The routine reflects the emotions of the music Proper usage of the music)	주제와 관련 없는 소품과 청중들에게 부적절한 루틴 (Prop not connected to theme, the routine not suitable for family audience)
동물복지 (Animal Welfare)	최대 3점 (maximum 3 points)	루틴 동작이 개의 개성, 견종 특성, 신체능력 등을 표현하는 정도(The routine emphasizes the qualities of the dog(breed, personality, physical abilities, mental abilities etc)) 개의 건강과 안전(Health and safety of the dog) 파트너십(Partnership)	부적절한 핸들링, 소품의 사용 (Improper handling, inconsiderate use of prop)

출처: FCI.

1) Heelwork to Music Positions

Heelwork to Music에서 반드시 포함되어야 하는 동작은 10개 동작이다.

1

2

① 개의 오른쪽 어깨가 핸들러와 왼쪽 다리 옆에 평행하게 위치한다.

(The right shoulder of the dog is situated parallel and next to the left leg of the handler(left side).)

② 개의 왼쪽 어깨는 핸들러의 오른쪽 다리(오른쪽) 옆에 평행하게 위치한다.

(The left shoulder of the dog is situated parallel and next to the right leg of the handler(right side).)

3

4

③ 반려견의 오른쪽 어깨는 핸들러의 오른쪽 다리와 평행하게 위치한다. 반려견이 핸들러 반대방향을 바라보고 있다.

(The right shoulder of the dog is situated parallel to the right leg of the handler. The dog is looking towards the handler(inverted right side).)

④ 반려견의 왼쪽 어깨는 핸들러의 왼쪽 다리와 평행하게 위치한다. 반려견이 핸들러 반대방향을 바라보고 있다.

(The left shoulder of the dog is situated parallel to the left leg of the handler. The dog is looking towards the handler(inverted left side).)

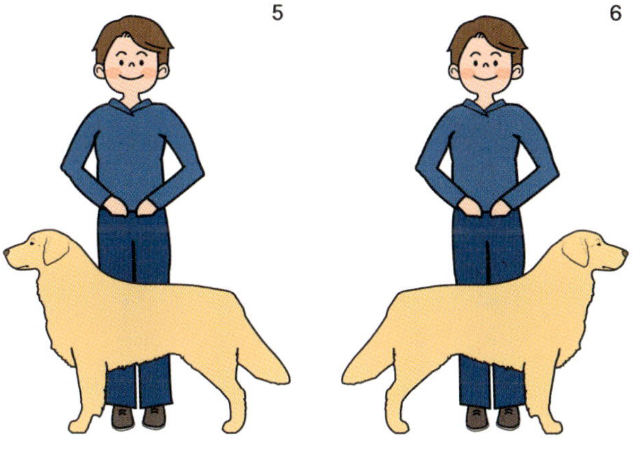

⑤ 개는 핸들러 앞에 옆으로 서서 오른쪽을 앞으로 향하고 있다. 개의 오른쪽 어깨는 핸들러의 오른쪽 다리에 위치한다. 핸들러의 오른쪽 다리 안쪽이나 바깥쪽에 있을 수 있다.

(The dog is standing sideways in front of the handler, with his right side towards the front side of the handler. The right shoulder of the dog is situated at the right leg of the handler. This may be on either the inside or the outside of the handler's right leg.)

⑥ 개는 핸들러 앞에서 옆으로 서 있고, 왼쪽은 앞을 향하고 있다. 개의 왼쪽 어깨는 핸들러의 왼쪽 다리에 위치한다. 핸들러의 왼쪽 다리 안쪽이나 바깥쪽에 있을 수 있다.

(The dog is standing sideways in front of the handler, with the left side towards the front side of the handler. The left shoulder of the dog is situated at the left leg of the handler. This may be on either the inside or the outside of the handler's left leg.)

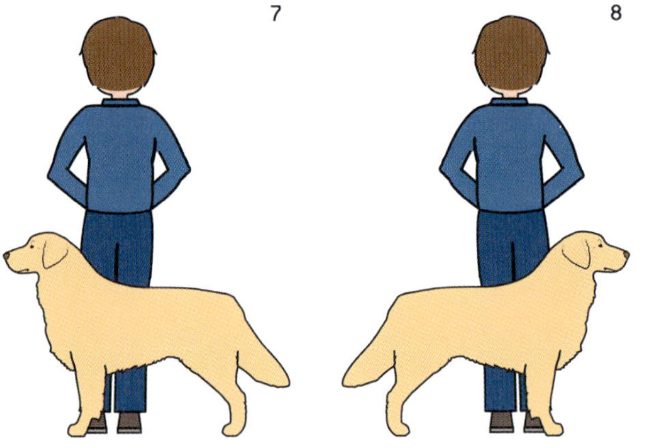

⑦ 개는 핸들러 뒤에 서 있는데, 개의 오른쪽 어깨는 핸들러의 왼쪽 다리에 있다.
(The dog is standing behind the handler, with the right shoulder of the dog at the left leg of the handler.)

⑧ 개는 핸들러 뒤에 서 있는데, 개의 왼쪽 어깨는 핸들러의 오른쪽에 다리에 있다.
(The dog is standing behind the handler, with the left shoulder of the dog at the right leg of the handler.)

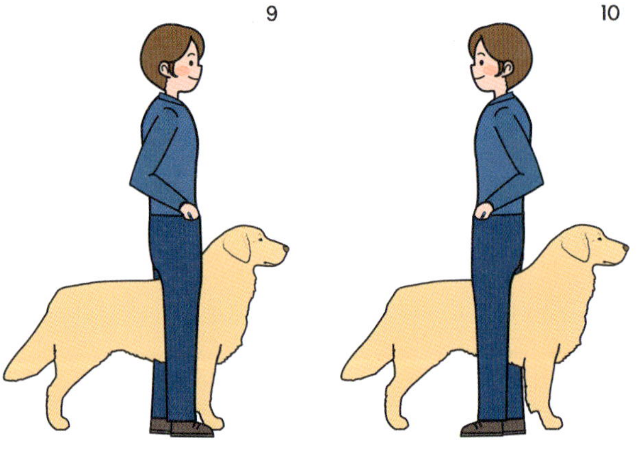

⑨ 개는 핸들러의 다리 사이에 위치해 핸들러와 같은 방향을 바라보고 있다. 개의 어깨는 핸들러의 다리에 있다.
(The dog is situated between the legs of the handler and looking in the same direction as the handler. His shoulders are at the legs of the handler.)

⑩ 개는 핸들러의 다리 사이에 위치해 핸들러와 반대 방향을 바라본다. 개의 어깨는 핸들러의 다리에 있다.

(The dog is situated between the legs of the handler and looking in the opposite direction to the handler. His shoulders are at the legs of the handler.)

2) 프리스타일(Freestyle)

"프리스타일(Freestyle)" 루틴에는 최소 75%의 프리스타일 움직임과 최대 25%의 힐워크투뮤직(HTM) 움직임이 포함된다. 모든 움직임은 개의 건강을 위협하지 않는 한 허용된다. 이상적인 프리스타일 경기는 다양한 종류의 동작들로 구성된다. 각각의 동작들은 음악의 변화에 따라 루틴과 자연스럽게 조화를 이루어야 한다.

그림 2-31 프리스타일 독 댄스

출처: American Kennel Club.

5. 플라이볼(Flyball)

플라이볼은 릴레이 경기로 두 팀이 서로 경쟁하는 종목이다. 한 팀은 개 4마리와 핸들러 4명으로 구성된다. 플라이볼 경기에서는 각 팀마다의 코스를 달려야 하며 허들 4개를 넘어야 한다. 경기에 참여한 개는 플라이볼 박스에서 공을 떼어 물고 돌아와야 한다. 4마리의 개가 코스를 실수 없이 먼저 완주한 팀이 승리하는 방식이다. 플라이볼의 핵심은 속도, 호기심, 공을 가져오는 것이다.

세계애견연맹(FCI, Federation Cynologique Internationale)에서 주최하는 세계플라이볼대회(FOWC, Flyball Open World Cup)와 유럽에서 개최되는 EFC(European Flyball Championship)가 있다.

경기에 참가하는 개들은 18개월 이상이어야 하며, 동물등록 칩이 내장되거나 문신이 있어야 하다. 경기 전 심사위원은 대회에 참가한 개의 칩 번호를 확인해야 한다. 참가견은 최대 6마리까지 가능하며, 참가견의 교체는 부상을 입은 경우 예외적으로 허용한다. 생리 중인 개는 경기장에 들어올 수 없다.

출발선에서 플라이볼 박스까지의 완전한 경주 레인은 15.55m이다. 출발점에서 첫 번째 허들까지의 거리는 1.83m이다. 두 개의 허들 사이의 거리는 허들은 3.05m이다. 마지막 허들에서 플라이볼 박스까지의 거리는 4.57m이다. 플라이볼 경기장의 표면이 안전해야 하며, 충분한 접지력을 가져야 하지만 결코 거칠거나 연마성이 없어야 한다.

점프의 높이는 허들 보호막을 설치한 높이를 포함한다. 한 팀의 점프높이는 해당 경기에 참가한 가장 작은 개를 기준으로 한다.

표 2-7 **체고별 FCI Flyball 점프 높이 규정**

자뼈(척골) 길이 (Ulna Length)	점프높이 (Jump height)
10.00cm 이하	15cm
10.00~11.25cm	17.5cm
11.25~12.50cm	20.0cm
12.50~13.75cm	22.5cm
13.75~15.00cm	25.0cm
15.00~16.25cm	27.5cm
16.25~17.50cm	30.0cm
17.50cm 이상	32.5cm

PART 03

개의 문제행동

Chapter 01

개의 문제행동 치료 방법

학습목표

1. 문제행동 치료 방법을 이해한다.

동물의 문제행동 치료 방법으로는 행동을 교정하는 행동수정법(Behaviors modification), 약물요법, 의학적 요법, 관리기법(Management)을 들 수 있다.

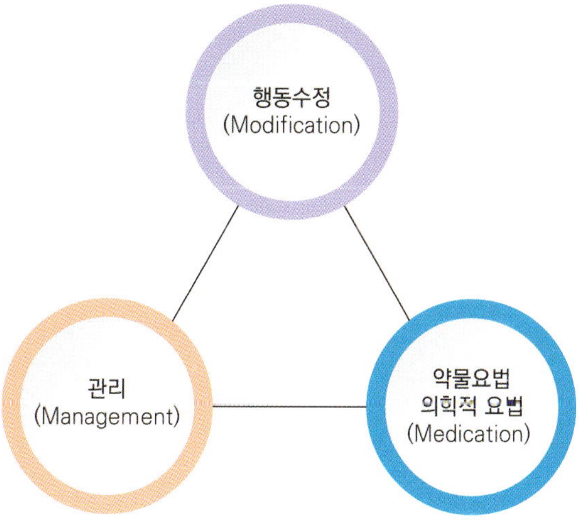

그림 3-1 3M(Modification, Medication, Management) 조합으로 문제행동 치료 극대화

개의 경우, 품종과 개체에 따라 동기부여가 되는 강화물은 다르다. 목양견인 보더 콜리의 경우 원반이나 공으로 놀이하는 것을 좋아한다. 따라서 장난감이 강화물이 될 수 있다. 먹는 것을 좋아하는 골든리트리버라면 간식이 강화물로는 적합할 수 있다.

개는 무리를 이루어 사는 동물이므로 안전을 제공해 주는 무리에 속해 있는 상태, 즉 사회적 강화물이 좋은 효과를 낼 수 있다.

강화물로서 효과를 내기 위해서는 개의 감정 상태와 주변 환경 상황에 따라 가변적이기 때문에 동물의 상황을 조절하는 것과 병행하여 강화물의 종류나 효과 역시 조절할 수 있다. 훈련과 행동교정을 위해 먹이를 강화물로 이용하기로 계획했다면 먹이의 양을 조절하여 개나 고양이의 평소의 식사량을 조절하여 배고프게 만들 수 있다.

반려견 놀이터에서 '이리 와' 명령어에 반응해 개가 달려온다면 칭찬과 함께 다시 다른 개와 놀게 해주는 것이 강화물로서 보상이 될 수 있다.

◉ 프리맥의 원리(Premack principle)

발생 가능성이 높은 반응은 발생 가능성이 낮은 반응을 강화하는 데 기여할 수 있다는 것으로, 강화물이 반드시 간식 보상이나 장난감 같은 것일 필요는 없으며, 동물이 더하고 싶어 하는 무언가를 강화물로 사용한다는 것이다. 예를 들어, 산책 중에 먹이보다는 다른 개와 노는 것을 더 좋아한다면 이 상황에서는 노는 것이 먹이보다 더 효과적인 강화물이 된다는 것이다. 놀이 마치고 다른 개로부터 떨어져 산책을 진행한다면 다시 먹이가 효과적인 강화물이 될 수 있다.

예1) 아이에게 편식습관을 고치기 위해 당근(덜 선호)을 먹이려고 한다. 이때, 당근을 다 먹을 때마다 간식으로 아이스크림(선호)을 준다고 하면 아이는 아이스크림을 먹기 위해 당근을 점점 자주 먹게 된다. 이처럼 아이스크림(선호)은 당근(덜 선호)을 먹는 빈도를 늘려주게 된다.

예2) 학생에게 '놀기(선호)'와 '공부(덜 선호)'가 있을 때, 공부를 먼저 하게 하고 놀게 해주면, 놀기 위해서 공부를 하게 되고, 결과적으로 놀기라는 행동은 공부라는 행동을 하게 만드는 미끼, 유인책(즉, 강화물)으로 사용한다는 것이다.

1. 행동수정법(Behaviors modification)

개의 문제행동을 적절한 행동으로 변화시키는 행동수정법은 행동치료의 중심이 된다. 행동을 수정할 때 사용할 수 있는 방법에는 네 가지가 있다.

습관화(Habituation)의 형태인 홍수법(Flooding)과 계통적 탈감각화(Systematic desensitization), 고전적 조건화(Classical conditioning)의 반대 개념인 고전적 역조건형성(Classical counter-conditioning)과 조작적 조건화(Operant conditioning)의 반대 개념인 조작적 역조건형성(Operant counter-conditioning)이 있다.

행동수정법을 사용할 때는 습관화와 역조건형성을 조합하여 사용하는 경우 효과적일 수 있다. 개의 개체별 특성, 문제행동의 유형과 심각한 정도에 따라 어떠한 행동수정법을 선택하여 적용할 것인가를 결정해야 한다. 한 가지 유형의 방법을 선택하여 사용할 수 있는 경우도 있으나 방법들을 종합하여 사용하는 경우도 있다.

① 습관화
  - 홍수법
  - 계통적 탈감각화

② 고전적 역조건형성

③ 조작적 역조건형성

1) 습관화(Habituation, 순화, 길들임)

습관화는 순화, 익숙, 길들임으로 불리기도 한다. 자연 상태에서 개는 끊임없이 자극에 노출되어 있다. 수많은 소리와 냄새, 사물, 감촉 등과 같이 신경계를 자극하는데, 모든 것에 집중하고 분석해야 한다면 개의 감각기능은 과부하가 걸릴 것이다.

개의 경우, 행동을 유발하는 자극이 반복되면, 이로 인한 반응이 점차 줄어들게 되고 익숙해진다. 습관화란 개가 어떤 자극에 불쾌한 경험 없이 또는 유쾌한 경험과 반복적으로 노출되면서 그 자극에 점점 반응하지 않게 되는 것을 말한다. 즉, 개가 무엇에 '익숙해졌다'라는 의미이다.

습관화는 가장 흔하고 간단한 형태의 학습이다. 습관화를 통해 개가 무언가에 두려움을 갖지 않도록 하는 것이 가장 좋은 예라고 할 수 있다. 큰 소리에 대한 순화, 낯선 사람에 대한 순화, 차에 타는 것에 대한 순화, 동물병원에 가는 것에 대한 순화 등이 구체적인 예이다.

개는 태어나는 순간부터 안전하다고 확인되지 않은 모든 대상과 동물을 두려워한다. 두려움은 생존과 직결된 문제이다. 두려움이 없다면 개는 포식자의 먹잇감이 되어 생존에 많은 어려움을 겪을 수 있을 것이다.

야생동물의 경우 습관화할 기회가 없으므로 대부분이 사람들을 두려워하여 곁에 다가오지 못한다. 반면에 반려동물인 개와 고양이의 경우 사람을 두려워하지 않는 경우이다. 물론 사회화 교육이 제대로 이루어지지 않아 두려워하는 경우도 있다.

개는 시끄러운 소리나 새로운 물건 같은 특정 자극에 이미 습관화되었음에도 환경이나 상황이 바뀌면 다시 그 자극에 반응을 보일 수 있다. 즉, 일반화가 되지 않은 것이다. 습관화는 특정 상황에서 습관화가 이루어진 후에 새로운 상황이나 환경에서의 일반화가 필요하다. 즉, 다양한 상황과 환경에서의 특정 자극에 대한 습관화가 된 후에만 일반화가 될 수 있다.

(1) 홍수법(Flooding)

개가 어떠한 자극에 대해 반응이 멈출 때까지 최대 강도의 자극에 반복하여 노출시키는 방법이다. 자극이 유쾌하건 불쾌하건 아무 결과도 가져오지 않는다면 결국 그 자극을 무시하는 것을 배우게 되는 된다.

홍수법의 단점은 개가 자극을 극단적으로 두려워할 경우, 개를 더욱 예민하게 만들 수 있다. 그 결과 같은 수준의 자극도 더 두려워하게 만들 수 있다. 순화되지 않고 오히려 역효과로 반응이 더 강하게 나타날 수 있다.

홍수법은 어린 강아지와 두려움과 공포의 정도가 낮은 상태의 개에게 효과적인 방법이 될 수 있다. 성견이나 두려움과 공포의 정도가 높은 상태의 개에게는 역효과가 나타날 수 있다. 문제행동이 감소하거나 멈추기 전에 자극 노출이 중지되거나 해당 동물이 자극으로부터 회피 또는 도망이 가능한 것을 학습하게 되면 효과가 없을 뿐 아니라 문제행동을 악화시킬 수 있다.

예를 들면, 어린 강아지가 다른 강아지가 두려워 짖는 경우 행동치료를 하기 위해 다른 강아지가 많은 애견카페에 네리고 가서 두려워 짖지 않고 잘 어울릴 때까시 애견카페를 매일 가는 것이다.

(2) 계통적 탈감각화(체계적 탈감각화, Systematic desensitization)

계통적 탈감각화는 아주 약한 자극에서부터 시작하여 개가 낮은 수준의 자극에 익숙해지면 단계적으로 자극의 강도를 높여나가는 것이다. 계통적 탈감각화에서 중요한 점은 개가 반응하지 않는다는 것을 확인하면서 단계적으로 자극의 수준을 높이는 것이다.

계통적 탈감각화는 이미 자극에 대해 부정적 경험이 있는 성숙한 개에게 효과적이다. 역조건형성(Counter conditioning)과 함께 이용하는 경우가 더욱 효과적일 수 있다.

예를 들면, 어린 강아지가 다른 강아지가 두려워 짖는 경우 행동치료를 하기 위해 다른 강아지가 많은 애견카페에 데리고 가서 두려워 짖지 않고 잘 어울릴 때까지 애견카페를 매일 가는 것은 홍수법이다. 계통적 탈감각화는 먼저 다른 강아지를 만나기보다는 멀리서 구경하는 것이다.

그다음 거리를 줄여 오는 정도까지 반응이 없도록 하는 것이다. 그다음 단계로는 예절바른 친구 한 마리와 같이 평행 산책을 한 후 반응이 없다면 둘이 같이 인사시킨다.

인사시킬 때 반응이 없다면, 다른 친구를 추가하여 3마리가 산책하는 연습을 한다. 반응이 없다면. 다른 친구와 인사시킨다. 그리고 놀게 한다. 이런 식으로 점차 강아지를 다른 강아지들에게 노출함으로써 강아지의 불안과 공포를 치료하는 것이 계통적 탈감각화이다.

2) 고전적 조건화(Classical conditioning)와 역조건형성

고전적 조건화와 연관(association, 연상)은 동물의 학습원리에서 설명하였다. 고전적 조건화란 자발적인 행동이 아닌 두려움, 공포, 먹이와 같은 것으로 생리학적 반응이 나올 수 있다. 이는 자신의 의지와 상관없이 반사적인 반응이 주로 관여하여 일어나는 경우이다.

파블로프의 개를 이용한 실험에서 먹이를 종을 들려주면서 먹이를 주자 개는 먹이가 없어도 종소리만으로 생리적 반응으로 침을 흘린다는 사실을 발견했다. 즉, 개는 먹이와 종소리는 연관을 지어 침을 흘리는 것이다.

역조건형성(Counter-conditioning)은 일반적으로 고전적 역조건형성(Classical counter-conditioning)을 의미한다. 고전적 조건화는 동물의 연상학습과 관련이 있다고 설명하였다. 따라서 동물이 부정적으로 연관(연상)된 것을 역으로, 즉 반대로 긍정적 연상(연관)으로 바꾸는 것을 고전적 역조건형성인 것이다.

동물병원에 가기 위해 강아지를 크레이트(crate)에 넣어 동물병원에 가서 예방접종을 받았을 때 강아지는 크레이트란 선행사건과 동물병원 예방접종, 고통, 두려움, 공포가 있었다는 것을 연관 지어 기억한다. 결과적으로 강아지는 크레이트는 고통, 두려움, 공포로 인식되어 있다.

강아지에게 크레이트를 긍정적으로 감정으로 바꾸기 위해서는 강아지에게 크레이트 근처에 가면 좋은 일이 생긴다는 것, 즉 크레이트 근처에 가거나 안으로 들어가면 맛난 간식을 먹는다는 것을 알려준다. 또는 시끄러운 청소기 소리를 무서워한다면 청소기를 돌릴 때마다 맛난 간식을 연관 짓도록 청소기를 돌리며 간식을 바닥에 던지면 강아지는 청소기 소리를 오히려 음악으로 생각할 수 있다.

일반적으로 역조건형성과 탈감각화를 조합하여 사용하는 경우가 많다.

개나 고양이가 문제행동을 가지고 있어 행동치료를 한다면 어떠한 조합을 짜서 치료하는가가 매우 중요하다.

◉ 자극 일반화(Stimulus generalization)

조건형성이 된 후 특정 자극과 비슷한 자극에도 동일한 반응이 일어나는 것을 말한다. 예를 들면 개의 도어벨소리에 짖는 것을 학습한 경우에 사이렌 소리나 전화 소리, 알람 소리에 대해서 짖은 경우가 발생한다. 특정 자극에 대한 반응으로 문제행동이 발현되었을 경우보다 자극 일반화가 된 경우에 문제행동 교정이 어렵다고 할 수 있다.

3) 조작적 조건화(Operant conditioning, 조작적 조건형성)

동물은 조작적 조건형성을 혹은 시행착오를 통해 학습한다. 동물은 자신에게 긍정적인 결과 혹은 효과가 따라오는 행동은 반복해서 하고, 부정적인 결과 혹은 효과를 초래하는 행동은 회피하는 것을 배우며 살아간다. 즉, 시행착오를 통해 학습하고 기억한다고 할 수 있다.

타깃 훈련은 개에게 우리가 원하는 행동을 이끌기 위해 기다리는 것이 아니라 훈련을 효과적으로 빠르게 결과를 만들어 내는 방법이다. 이것은 개가 올바른 방향으로 가도록 지시하기 위해 시각적인 신호를 사용함으로써 이루어진다.

예를 들어, 개에게 사람의 손이나 다른 물건에 코를 대도록 가르칠 수 있다.

개를 대상으로 하는 훈련은 행동을 훈련시키기 위해 시각적인 도구를 사용하는 것이 일반적인 방법이다. 일단 개가 타깃을 맞추는 방법을 알게 되면, 개에게 다른 것들을 만지는 것을 가르치거나, 심지어 명령을 사용하여 고급 명령을 훈련시킬 수 있다.

개 타깃 훈련은 훈련자가 원하는 행동을 개가 타깃에 했을 때 보상을 주고, 그로 인해 개는 훈련을 즐기고, 개의 자신감을 증가시킬 수 있다. 특히 두려움을 보이는 개, 산만한 개, 흥분하는 개에게 사용할 수 있는 방법이다.

① 간식을 손안에 쥐어 주먹을 만든다.
② 개에게 쥔 주먹을 냄새 맡게 한다.
③ 개가 코를 주먹에 터치했을 때 "옳지"라고 칭찬하고 손을 펴서 간식을 준다.
④ 개가 쥔 주먹을 코로 터치하는 것을 4~5회 반복 연습한다.
⑤ 개에게 간식을 쥐지 않은 주먹을 보여준다. 개가 주먹을 터치했을 때 "옳지"라고 칭찬과 함께 다른 손에 쥐었던 간식으로 보상한다.
⑥ 개에게 주먹을 보이면서 명령어 '터치'라고 씌운다. 반복해서 연습한다.

4) 처벌(Punishment)

처벌은 한 행동이 다시 일어날 가능성을 감소시키거나 낮추는 무엇이다. 처벌에는 긍정처벌(Positive punishment, 양성처벌 또는 정적처벌)과 부정처벌(Negative punishment, 음성처벌 또는 부적처벌)이 있다.

처벌은 원치 않은 행동을 할 때 혐오자극을 주거나 보상을 제거하는 것으로 적절한 타이밍, 적절한 강도와 일관성이 중요하다.

5) 긍정(Positive, 양성 또는 정적)과 부정(Negative, 음성 또는 부적)

긍정(양성 또는 정적)과 부정(음성 또는 부적)은 좋고 나쁨을 의미하는 것이 아니라 덧셈과 뺄셈 부호를 의미를 생각하면 쉽게 이해할 수 있다. 즉, 긍정은 어떤 것을 더하거나 추가하는 것을 의미하고 부정은 어떤 것을 빼는 것을 뜻한다. 긍정과 부정은 강화(Reinforcement)와 벌(Punishment) 양쪽 모두에 사용할 수 있다.

① 긍정과 부정의 정의

Positive(+) = 긍정(양성, 정적)	Negative(–) = 부정(음성, 부적)
무엇을 더한다. 또는 추가한다. 무엇을 제공한다.	무엇을 뺀다. 또는 제거한다. 무엇을 제공하지 않는다.

② 강화와 처벌의 정의

강화(Reinforcement)	처벌(Punishment)
원하는 행동을 증가하게 한다. 원하는 행동을 잘하게 한다.	원치 않는 행동을 감소하게 한다. 원치 않는 행동을 못 하게 한다.

6) 강화와 처벌, 긍정과 부정의 조합

긍정강화는 개가 좋아하는 것을 더해서 원하는 행동이 다시 발생할 가능성을 증가시키는 것을 의미한다. 부정강화는 개가 싫어하거나 회피하고 싶은 것을 제거하여 원하는 행동이 다시 발생 가능성을 증가시키는 것을 의미한다. 긍정처벌은 개가 싫어하는 것을 더해서 원치 않는 행동이 다시 발생할 가능성을 줄이는 것을 의미한다. 부정처벌은 개가 좋아하는 것을 제거하여 원하는 행동이 다시 발생할 가능성을 줄이는 것을 의미한다.

이러한 기법을 적용함에 있어서 세 가지를 먼저 결정해야 한다.

첫 번째는 행동을 정의해야 한다. 원하는 행동인가 아니면 원치 않는 행동인가를 결정해야 한다. 예를 들어, 문제행동이 과도한 짖음이라면 "짖는 행동이 싫어" 또는 "나는 얌전히 엎드려 있는 게 더 좋아"라고 분류할 수 있다.

두 번째는 첫 번째에서 분류한 원하는 행동을 증가시킬지 또는 원치 않는 행동을 감소시킬지를 선택한다. 증가시키고자 하면 강화를 해야 하고, 감소시키거나 제거하고자 한다면 벌을 주어야 한다.

예를 들어, 개의 점프하는 행동 싫어서 못하게 하고 싶다면 벌을 주면 된다. 반대로 점프하는 것을 얌전히 있는 것으로 대체하고자 한다면 강화를 사용하면 된다.

세 번째는 두 번째 강화와 처벌을 결정했다면 어떤 것을 더할지 어떤 것을 제거할지를 결정해야 한다.

예를 들어, 개의 점프하지 못하도록 초크체인을 잡아챈다면, 이것은 행동을 줄이기 위해서 싫어하는 것을 더하고 있으므로 긍정처벌에 해당한다. 긍정처벌에서는 혐오자극을 추가(+)한다.

개가 점프하는 행동을 줄이기 위해 보호자가 무시하기를 했다면 이것은 부정처벌에 해당한다. 부정처벌에서는 개가 좋아하는 것을 제거(-)한다. 즉, 원치 않는 행동에 대한 좋아하는 것을 제거한 것이다.

개가 얌전히 앉을 때까지 기다린 다음 개가 원하는 보상을 주어서 앉으라는 동작을 증가시킨다면 긍정강화를 사용한다고 할 수 있다. 원하는 행동에 대한 개가 좋아하는 것을 추가(+)한다.

초크체인과 리드줄을 이용해 개가 앉을 때까지 팽팽하게 당기고 있다가 개가 앉자마자 줄을 느슨하게 해준다면 부정강화를 사용한다고 할 수 있다. 원하는 행동에 대해 혐오자극을 제거(-)한다.

① 긍정강화

- 개에게 '이리 와' 교육을 할 때 올 때마다 맛난 간식으로 보상을 준다. 개가 좋아하는 간식을 줘서 다음에도 오게 할 가능성을 높인다.

② 음성강화

- 초크체인과 리드줄을 이용해 '이리 와' 교육을 할 때 리드줄을 잡아당겨 개가 앞으로 나올 때 잡아당기고 있던 리드줄을 느슨하게 해준다.

③ 긍정처벌

- 초크체인과 리드줄을 이용해 개가 얌전히 걷도록 교육시키는 경우, 강아지가 앞으로 치고 나가면 리드줄을 이용해 휙 채서 개가 얌전히 걷도록 하는 경우 경우이다.

④ 부정처벌

- 외출하고 집에 왔을 때 개가 점프할 때 아무 반응도 하지 않고 무관심하게 다른 곳을 보거나 하면 과격하게 점프하는 행동은 줄어들거나 멈추게 된다. 개가 원하는 보호자와의 상호작용을 제거해서 마구 뛰어오르는 행동을 감소시키는 예이다.
- 집에 손님이 방문했을 경우, 개가 짖는다면 손님과 보호자와 공간에서 다른 공간으로 격리함으로써 짖는 행동을 멈추게 할 수 있다. 개가 사람과의 접촉을 통한 상호작용을 멈춤으로써 짖는 행동을 감소시키는 예이다.

7) 행동수정법에 사용되는 도구

(1) 헤드칼라(Head collar)

과도하게 리드줄을 끄는 경우, 바닥에서 주워 먹는 경우, 다른 개에게 짖으며 덤비는 경우에 사용하는 경우가 많다. 착용 전 개에게 보상훈련을 통해 헤드칼라에 대한 연습을 하면 단기간에 익숙해진다.

(2) 입마개(Basket dog muzzle)

개가 공격성이 있거나, 음식을 주워 먹는 경우, 개의 입 부분을 가리는 도구이다. 사용 시 개가 물이나 간식을 먹을 수 있는지 확인하고, 개가 벗기려고 하는 경우가 있으므로 벗겨지는지 아닌지를 확인해야 한다.

(3) 노즈워크(Nose work)나 콩(Kong) 장난감

먹이나 간식을 직접 주는 것보다는 행동 풍부화를 위해 노즈워크 매트나 콩(Kong) 장난감에 넣어 급여하면 지루하지 않고 먹을 수 있다. 또한 분리불안을 가진 개에게 도움을 줄 수 있다.

(4) 초크칼라(Choke collar), 핀치칼라(Pinch collar) 또는 프롱칼라(Prong collar)

동물행동전문가의 훈련방법 및 행동교정방법은 다를 수 있다. 복종훈련이나 행동교정에 사용하는 초크칼라, 핀치칼라 등을 사용하여 혐오자극을 주어 처벌을 하여 훈련과 행동교정을 한다. 부작용이 있을 수 있으므로 주의해야 한다.

2. 약물요법

약물요법은 약물이나 호르몬제를 이용하여 문제행동을 치료하는 방법이다. 약물요법의 사용만으로 문제행동이 치료되는 경우는 드물다. 문제행동의 치료에는 약물요법과 행동수정법을 조합하여 사용하는 경우가 많다.

행동수정법의 보조 수단으로 약물요법 사용 전에 개의 일반건강진단 혈액검사, 소변검사 등의 검사를 통해서 개의 건강상태를 확인하여 이상이 없을 경우에만 사용해야 한다.

공격행동, 상동행동, 분리불안과 같은 문제행동에는 뇌에서 전달하는 세로토닌과 노르아드레날린과 같은 신경전달물질의 이상으로 관여하는 것으로 추정되므로 문제행동 치료 시 이러한 신경전달물질의 기능을 조절하도록 하는 향중추약의 투여가 이용되고 있다.

약물요법의 경우 개에게 부작용이 나타나는 사례가 있으므로 반드시 보호자의 동의서를 받는 것이 중요하다. 프로게스테인 계열의 호르몬제는 과거에는 공격행동이나 과도한 마운팅에 대해 처방되었으나 비만, 자궁질환 등의 부작용으로 사용빈도가 감소하고 있다.

약물요법의 경우, 반드시 수의사의 확정적 진단에 근거하여 처방과 투약이 이루어져야 한다. 특히 약물요법을 고려하는 상황은 문제행동이 심각할 경우에 하는 경우가 많다.

다음은 약물요법을 사용하는 경우의 예이다.

- 문제행동이 심각하여 행동수정법을 사용하였음에도 실패하였거나 개선의 여지가 없는 경우
- 상동장애 등으로 개 자상의 정도가 심한 경우
- 자극에 대한 개의 반응이 심하여 탈감작 등의 치료가 시작되는 경우
- 천둥 등 개에게 반응을 일으키는 자극의 발현 시기의 예측과 컨트롤이 불가능한 경우
- 공격행동이 심각해 안락사를 생각하고 있는 경우

3. 의학적 요법

문제행동을 치료하기 위해 약물요법과 함께 의학적 요법 또한 고려되는 경우가 많다. 특히 수컷의 거세는 국내는 물론 해외에서도 많이 시행되고 있다. 약물요법과 의학적 요법은 행동수정법의 보조방법으로 사용되고 있다. 거세, 피임, 송곳니 절단술, 성대 제거술, 앞발톱 제거술 등이 있다. 일부 의학적 요법의 경우 동물복지와 관련하여 논쟁이 되는 경우가 있으므로 주의하여 시행되어야 한다.

1) 수컷의 거세(중성화 수술)

웅성호르몬인 테스토스테론이 원인이 되는 문제행동 중 어떤 것들은 거세에 의해 개선되는 경우가 있다. 개에게 주로 나타나는 문제행동으로는 과도한 마운팅, 마킹, 다른 개에 대한 공격성, 주인에 대한 공격성 등에 효과가 있는 연구 결과가 있다. 고양이에 대해서는 고양이 간의 싸움, 스프레이 행동 등에 대해 효과가 있다는 연구 결과가 있다.

수컷의 거세에 대한 효과성이 있다는 연구 결과와 반대로 수컷의 거세가 마킹, 공격성에 대한 효과가 통계적으로 유의미하지 않다는 연구 결과 또한 보고되고 있다.

2) 피임

최근 연구 결과에 의하면 공격성을 보이는 암캐를 피임함에 따라 공격성이 악화될 수 있다는 연구 결과가 보고되었다. 암캐의 피임에는 신중을 기해야 한다.

암캐가 나이 들어 노령견이 되었을 때 생식기기관 질병이 발생할 수 있는 경우에 어느 정도 나이가 들었을 때 수의사와 보호자가 상의하여 피임을 하는 경우도 있는 것으로 알려지고 있다.

3) 성대 제거술

과도한 짖음으로 인해 이웃 간 민원 발생이 지속적으로 늘고 있는 것으로 보고되고 있다. 성대를 제거해도 개의 짖는 행동은 유지된다. 물론 짖는 소리가 아니라 허스키하고 매우 불편한 소리는 발생된다. 또한 성대를 제거해도 다시 재생될 수 있다.

최근 일부 의학적 요법의 경우, 동물복지 차원에서 학대와 연결하여 많은 논란이 될 수 있으므로 주의하여 결정해야 한다. 과도한 짖음의 경우 우선적으로 의학적 요법이 아닌 짖은 원인 제거와 함께 행동수정법을 시행한 후에 성대 제거술을 고려해야 할 필요가 있다.

4) 송곳니 절단술

개의 사람에 대한 공격, 다른 개에 대한 공격, 다른 동물에 대한 공격으로 인한 사고들이 늘어나고 있다. 특히 대형견의 송곳니를 이용한 공격능력은 매우 위험하여, 공격성을 발현한 개체인 경우 송곳니를 일정 부분 절단함으로써 교상사고로 인한 피해를 어느 정도 줄일 수 있다.

국내의 경우 동물보호법으로 맹견의 경우 반드시 입마개를 착용해야 하는 법률이 제정되어 있다. 맹견으로 분류되지 않은 대형견의 사람이나 다른 개에 대한 공격경험이 있는 경우 입마개 착용이 필요하다고 의견이 많다.

4. 관리기법(Management)

개나 고양이의 행동 대부분은 정상행동이다. 개나 고양이의 정상행동 가운데 인간을 화나게 하거나 불편하게 하는 행동을 문제행동으로 분류하기도 한다. 결과적으로 반려동물의 경우 인간과 반려동물 사이가 멀어지고 급기야 유기되는 경우 발생하고 있는 것도 사실이다.

동물의 바람직하지 않은 행동들을 문제를 일으키지 않을 수준으로 관리하거나 발생하지 않도록 조치할 수 있는데 이것을 관리기법이라 한다. 관리기법은 훈련과는 다른 개념이다. 관리기법에서는 어떤 상황에서 우리가 원치 않은 행동을 하지 못하게 하는 것이다. 관리기법의 주체는 사람으로 선택 사항과 결과를 사람이 통제한다는 것이다.

관리기법은 문제행동으로 인해 사람이 겪고 있는 걱정을 줄여주거나 해결해 주는 단기적인 방법이다. 특히 어린 강아지가 바람직하지 않은 행동을 할 때 사용하면 좋은 경우가 많다. 관리기법은 개가 어떤 문제행동을 일으키고, 그 행동을 반복적으로 학습하지 않도록 한다.

예를 들어, 개가 부엌에서 음식을 훔쳐 먹는다면, 개가 부엌에 들어오지 못하게 하면 싱크대 위에 뛰어오르지 못하고, 싱크대 위에 남겨진 음식 또한 찾아내지 못한다. 이런 식으로 하면 개는 싱크대에 뛰어오르면 보상을 받는다는 것을 배우지 못한다. 즉, 조작적 조건형성에서 사용하는 강화가 되지 않는다.

어떤 행동이 지속되려면 반드시 그 행동을 강화시켜야 한다는 원리를 이해한 상태에서 관리기법을 적절하게 사용한다면 매우 효과적일 것이다. 개의 문제행동을 치료하기 위해 행동수정법과 함께 관리기법을 적용하면 효과적인 경우가 많다.

표 3-1 **행동 관리의 기술 예시**

고치고 싶은 개의 행동	해결책
집에 찾아온 손님에게 뛰어오른다.	초인종이 울리면 개를 다른 방에 넣어 둔다.
너무 흥분을 자주 한다.	운동과 산책을 자주 시킨다.
주인이 집에 오면 주인한테 뛰어오른다.	개한테 선물을 던져 주거나 공을 던져 찾아오라고 시킨다.
밖에 행인이 지나가면 짖는다.	커튼을 치거나 개가 창가에 오지 못하게 한다.
리드줄을 잡아당긴다.	헤드칼라를 사용한다.
가구를 씹는다.	가구 근처에 오지 못하게 바리케이드를 가구 근처에 세운다.
부엌에서 음식을 훔쳐 먹는다.	부엌에 접근하지 못하도록 바리케이드를 세운다.

5. 문제행동 치료 과정

그림 3-2 문제행동 치료의 흐름

출처: 반려동물관리학(김옥진 외, 2017).

문제행동을 보이는 개들의 경우 한 종류의 문제행동을 보이지 않는다. 예를 들어, 공격행동을 보이는 개의 경우, 짖음, 과도한 집착 등의 문제행동을 동반하는 경우가 많다.

보호자가 느끼는 중요한 문제행동과 전문가가 판단하는 문제행동 중 상담을 통해 주호소 문제행동을 먼저 결정하여 해결하고 그다음 문제행동을 해결하도록 한다.

문제행동 치료 시에는 환경적 요인을 고려하여 복종훈련이나 상호작용, 운동이나 산책 등의 방법을 같이 사용하는 것이 효과적이다.

개의 문제행동 치료 시 혐오자극을 기반으로 하는 교정방법의 경우 역효과가 나타날 수 있으므로 주의해야 한다. 미국훈련사협회(CCPDT)에서는 개 훈련 및 행동치료 시 LIMA(Least Intrusive Minimally Aversive) 원칙, 즉 개의 입장에서 거슬리거나 혐오적인 방법을 최소한으로 사용할 것을 권장하고 있다.

표 3-2 행동수정법 적용 절차

단계	항목	내용
1단계	문제행동 원인 분석	
2단계	문제행동 치료 방법 선택	방법 및 일정 결정
3단계	문제행동 원인 제거	역조건화(카운터 컨디셔닝), 습관화 등 적용
	행동풍부화 프로그램 실시	산책, 운동 등 관리기법 적용
	대체행동 강화	양립할 수 없는 행동 지시
	복종훈련 강화	집중하기
4단계	문제행동의 수준평가	문제행동 치료 효과를 평가하여 추가적인 조치 시행 여부 결정
5단계	문제행동의 치료 완료	치료 완료 후 종결

1) 상담

개의 문제행동과 관련하여 진단을 내린 후 어떤 방법을 사용할지는 수의동물행동전문가와의 상담과 함께 보호자가 결정한다.

2) 질문표에 의한 진찰 전 조사

개의 문제행동과 관련하여 진찰 의뢰가 오면 상담과 함께 질문표를 통해 개에 대해 상세한 정보를 얻을 수 있다.

(1) 질문표 조사의 장점과 단점

장점	단점
• 진찰 시 필요한 사항 정리 가능 • 중요한 질문내용을 잃어버리지 않음 • 주인이 인식하지 못한 새로운 문제나 문제의 배경 발견 가능 • 주인 이해력과 의지 판단하기 좋은 재료 • 수의행동전문가 사전에 치료계획 수립 가능 • 진찰 시 교상사고 등 위험 예방 • 수집한 정보를 바탕으로 조사나 분석 가능	• 주인에게 질문표 작성의 시간 필요 • 질문표 파악 시간으로 전체 진찰 시간이 길어져 산만해질 가능성

(2) 개 질문표의 주요 내용

개 질문표
• 개의 전반적인 정보 • 문제행동의 내용과 경과 • 가정환경 • 개의 경력 • 먹이와 섭식행동 • 생활습관 • 복종훈련 • 병력 • 공격행동 검진표 • 주인의 내원동기와 치료에 대한 자세 • 공격행동의 개요

3) 진찰(Consultation)

진찰 시 개의 문제행동과 관련하여 최대한 많은 정보를 얻어야 한다.

- 문제가 되는 개의 연령, 성별, 품종, 병력 등과 같은 일반정보
- 진찰의 원인이 되는 문제행동의 주요 증상과 주인이 희망하는 최종목표
- 진찰의 계기가 된 사건의 상세
- 문제행동을 일으키는 상황: 인간, 시간대, 환경요인 등
- 문제행동에 이어서 나타나는 행동
- 문제행동의 경과: 최초의 문제행동 발생시기, 빈도, 정도의 변화 등
- 관련된 문제행동
- 마지막으로(가장 최근에) 일어난 사건의 상세
- 문제행동이 나타나지 않은 경우의 상황

4) 의학적 검사와 진단

의학적 조사는 진단을 위해 필요하다. 반려동물보호자의 동의를 통해 의학적 조사를 시행한다.

(1) 의학적 검사

① 건강진단: 아픔에 의해 공격행동이나 상동행동을 하는 경우가 있으므로 조사 필요
② 혈액검사

- 내분비검사 포함, 내과 질환에 의한 행동 변화 감별, 호르몬의 농도 측정
- 공격성 상승에 관련된 내분비질환으로 갑상선기능저하증이나 항진증
- 억울상태(우울감, 불쾌감 등 의욕이나 흥미가 없어지는 상태)를 보이는 질환으로는 당뇨병, 상피소체기능항진증, 부신기능항진증, 인슐린 종 등
- 간질 발작을 보이는 경우, 갑상선기능저하증, 상피소체기능저하증 · 항진증, 부신기능저하증

③ 소변검사: 부적절한 배설이 주요 증상, 요로계 질환의 검사

④ 배변검사: 이기가 심한 경우 우선 기생충 검사, 잘하다가 부적절한 곳에 할 때 소화기계 질환 검사

⑤ 피부검사: 각종 알레르기 검사, 피부염, 육아종이 보이는 경우 피부병 검사

⑥ 중추(신경학적 검사): 관심을 구하는 행동에서 선호운동이나 파행을 보이는 경우, 일반 신경학적 검사, X선 검사, CT 검사, MRI 검사 등의 유증감별 필요

(2) 진단

진단 전 보호자가 작성한 질문표, 진찰 정보, 의학적 검사 결과를 토대로 판단하여 진단을 내린다. 확정 진단을 내리기 어려운 경우에는 임시진단을 가지고 치료를 진행할 수 있다. 임시진단의 경우 치료 과정에서 나타나는 동물의 증상을 자세히 관찰해야 한다.

5) 문제행동 치료 방법의 설명

진단이 내려진 후에 보호자에게 진단명과 진단을 내린 근거를 명확히 전달하고 치료 방법을 자세히 설명한다. 행동치료에서 행동수정법의 보조로 약물요법이 사용되는 경우가 많다. 이는 보호자가 문제행동 치료에 관여해야 할 사항들이 많기 때문이다. 따라서 문제행동 치료 중간에 발생할 수 있는 다양한 문제들에 대해 사전에 알리는 것도 중요하다.

6) 후속 조치

① 문제행동 치료가 시작된 후에는 행동치료법에 불분명한 점이 있는지, 문제는 없는지, 결과는 어떠한지 등을 체크한다.

② 행동수정법에는 시간이 필요하므로 보호자에게 문제행동이 긍정적으로 개선될 수 있다는 자신감을 준다.

◆ 질문표의 예시

Ⅰ. 보호자 일반 배경

해당란에 ✔를 하시고, ( )에는 기입하여 주시기 바랍니다.

1. 현재 보호자 성별은? 남❑ 여❑

2. 보호자의 가족 구성원, 성인, 아동? 명

3. 보호자와 가족 구성원의 현재 연령대는 어떻게 되십니까?
   (예: 30대 2명, 40대 1명, 10대 2명)

4. 보호자께서 현재 살고 계시는 거주형태는 어떤 형태입니까?
   ① 아파트 ② 빌라 ③ 단독주택 ④ 주거용 오피스텔 ⑤ 기타

5. 보호자의 거주지역은? (예: 서울, 경기도 등)

6. 반려동물 마릿수? 마리

7. 반려견 입양 전 입양할 반려견의 견종적 특성에 대해 알았는지요?
   ① 예 ② 아니요

8. 반려견 입양 전 반려견 훈련법을 공부하셨는지요?
   ① 예 ② 아니요

9. 반려견 교육훈련을 위해 어떤 방법을 사용했는지요?
   ① 책과 방송을 보고 직접 교육시킨다.
   ② 전문가에게 보호자가 교육을 받아 교육시킨다.
   ③ 반려견과 함께 교육을 받았다.
   ④ 핸들링이나 쇼를 위한 교육을 전문가에게 받았다.
   ⑤ 전문가에게 방문훈련을 받았다.
   ⑥ 위탁훈련소에 보냈다.

10. 위탁훈련소나 훈련사 방문훈련을 받아 보신 적이 있으신지요?
    ① 예 ② 아니요
    있다면 기간은? 개월

11. 반려견의 문제행동이 있을 때 어디에서 조언을 구하였는지요?
    ① 수의사
    ② 동물병원간호사
    ③ 동물행동전문가
    ④ 훈련사
    ⑤ 지인(친구, 친척 등)
    ⑥ 전문서적

⑦ 전문브리더
⑧ 인터넷
⑨ 기타

12. 현재 개가 병원에서 정기적으로 교정을 받거나 약을 복용하고 있는지요?
있다면, 어떠한 이유인지요?

II. 반려견 특성 설문지

1. 반려견 이름 및 견종:

2. 성별: 나이(개월, 추정): 몸무게:

3. 입양 시기(생후 몇 개월): 개월, 보호소의 경우 추정 나이: 세

4. 입양장소?
① 애견샵 ② 지인(친지, 친구 등) ③ 보호센터 ④ 전문브리더 ⑤ 기타(길에서 등)

5. 반려견 부모견을 보셨는지요? ① 예 ② 아니요

6. 중성화 여부 ① 예 ② 아니요
중성화를 했다면, 생후 몇 개월령에 했는지요(추정):

7. 중성화를 한 이유는?
① 문제행동 예방 ② 문제행동교정 ③ 질병 예방 ④ 기타
(보호센터 입양한 경우, 중성화가 되어 있었다면 답을 안 하셔도 됩니다.)

8. 켄넬을 사용해 보신 적이 있는지요? ① 예 ② 아니요
반응은? ① 얌전히 잘 있다 ② 낑낑댄다 ③ 짖는다 ④ 짖으며 발로 찬다

9. 현재 착용하는 목줄은?
① 하네스 ② 일반 목줄 ③ 헤드칼라 ④ 초크체인 ⑤ 프론칼라(prong collars)
⑥ 전기목줄(electronic shock collar)

10. 과거에 초크체인이나 프론칼라, 전기목줄을 사용해 본 적이 있는지요?
① 초크칼라(choke collars) ② 프론칼라 ③ 전기목줄 ④ 사용 경험 없다

11. 반려견이 자는 장소?
① 보호자 침대 ② 반려견 방석 ③ 보호자 침대+반려견 방석 ④ 켄넬 ⑤ 견사
⑥ 기타( )

12. 식사는 몇 회? 회

13. 온종일 반려견과 같이 계시는 분이 있으신지요(어느 분과 가장 많은 시간을 같이 보내는지)?

① 아빠 ② 엄마 ③ 형 ④ 누나, 언니 ⑤ 기타(친지, 친구, 동료 등)

14. 반려견과 같이 계시는 분이 잠시 자리를 비웠을 때 반려견은 반응은?
① 얌전히 잘 있다 ② 낑낑댄다 ③ 짖는다 ④ 하울링 한다 ⑤ 이리저리 움직인다

15. 반려견이 매일 혼자 보내는 시간은 얼마나 되나요?
① 1시간 이내 ② 1~3시간 ③ 4~7시간 ④ 8~12시간 ⑤ 기타(　　시간)

16. 반려견의 하루 산책 횟수는?
① 1회 ② 2회 ③ 3회 ④ 4회 이상 ⑤ 기타(　　회)

17. 하루 평균 산책 시간?
① 1시간 이내 ② 1~2시간 사이 ③ 2~3시간 사이 ④ 3~4시간 ⑤ 4시간 이상

18. 산책 시 반려견이 하는 주된 행동?
① 냄새를 맡는다 ② 마킹을 자주 한다 ③ 주워 먹는다 ④ 기타

19. 산책 시 보호자와 반려견과 함께 하는 교육이나 놀이는?
① 놀이나 교육을 안 한다 ② 기본예절교육을 중간에 매일 시킨다
③ 반려견과 놀이를 한다(필통놀이, 터그놀이, 찾기 놀이 등) ④ 기타(　　　　　　)

20. 반려견이 즐기는 운동 또는 놀이
① 달리기(Jogging) ② 수영(Swimming) ③ 장난감 가져와 놀이 ④ 원반
⑤ 강아지들과 추적 놀이 ⑥ 터그놀이 ⑦ 기타(　　　　　　)

21. 반려견의 민감성 및 공격성 관련입니다.

항목	꼬리 흔들고 핥는다	반응 없다	자리를 피한다	짖는다	으르렁 거린다	문다
식사할 때 밥그릇을 건드리는 경우						
좋아하는 장난감을 건들 때						
잠잘 때 몸 만지는 경우						
쉬고 있을 때 몸 만지는 경우						
몸을 들어 안았을 때						

22. 반려견의 공격성 관련입니다.

항목	없다	있다	있다면 횟수는?
과거 사람을 공격한 경험이 있는지요?			
과거 다른 강아지를 공격한 경험이 있는지요?			
과거 반려견이 새나 고양이를 공격한 경험이 있는지요?			
현재 반려견이 사람, 강아지, 새나 고양이를 공격하는지요?			

23. 현재 반려견 복종훈련 수준을 표시해 주시면 됩니다.

항목	전혀 안 된다 (전혀 못한다)	안 된다 (간식 없으면 못한다)	보통이다 (간식 있으면 잘한다)	잘한다 (간식 없이 3~5회 내에 따른다)	매우 잘한다 (간식 없이 명령어 1~2회 내에 따른다)
이리 와					
앉아					
엎드려					
기다려(10초)					
얌전히 걷기					
놔둬(물건, 음식)					

* 보상 및 처벌 방법입니다. 적힌 번호를 다음 페이지에 기재하시면 됩니다.

교육훈련방법	교육훈련기술	비고
보상기반 (Reward-based)	간식(Food or treat reward)	①
	칭찬(Praise reward)	②
	놀이 또는 장난감(Play or toy reward)	③
	터칭(Touching)	④
	클리커 트레이닝(Clicker training)	⑤
처벌기반 (Punishment-based)	신체적인 처벌	
	– 때리기(Smacking)	⑥
	– 코 때리기(Tapping nose) 또는 입 막기	⑦
	– 발로 차기(Kicking)	⑧
	– 무릎으로 차기(Kneeing)	⑨
	– 귀나 입 밑을 꼬집기	⑩
	– 얼굴 흔들기	⑪
	음성 처벌	
	– 소리 지르기(Shouting)	⑫
	– 무서운 소리내기(Using stern voice)	⑬
	– 명령어 반복하기(3회 이상)	⑭
	방이나 밖으로 강제로 내보내기	⑮
	강아지가 앞장서지 못하도록 뒤로 획 채기, 끌기	⑯
	강아지의 엉덩이 눌러 강제로 앉히기	⑰
	강아지 움직이지 못하게 하기	⑱

	강아지의 목줄을 내려 강제로 엎드리게 하기	⑲
	플라스틱 등 도구로 행동 못 하게 하기	⑳
	리드줄 획 잡아채기	㉑
	리드줄 이용해 공중으로 들기	㉒
	힘을 이용해 강제로 뺏기	㉓
기타 (Miscellaneous)	대체행동 하도록 하기(교환하기)	㉔
	무시하기	㉕

25. 반려견의 문제행동 및 기본예절교육 시 보호자가 사용한 교육훈련방법을 적어주시면 됩니다. 처벌과 보상을 같이 사용하였으면 처벌 보상으로 같이 적어주시면 됩니다.
(예: 사람에게 과도한 짖음 시 ⑦, ⑫를 적어 주시면 됩니다)

교육훈련 상황		교육훈련 방법		
		처벌	보상	기타
과도한 짖음	사람			
	다른 개			
	소리(잡음)			
공격성	가족			
	다른 사람			
	다른 개			
으르렁거리기	사람			
	다른 개			
무서움, 두려움	특정 상황			
	많은 상황			
과도한 흥분(점프하기, 안절부절못하기)	특정 상황			
	많은 상황			
꼬집기, 깨물기(사람, 다른 반려견)				
분리불안				
과도한 마운팅(사람, 다른 반려견)				
상동행동(빙글빙글 돌기, 핥기)				
이기(아무거나 먹기)				
물건 씹기(소파, 책상 등)				
음식, 물건 가져가기(신발, 핸드백, 음식 등)				
배변실수				

쫒기(새, 고양이, 자전거, 조깅하는 사람 등)			
리드줄 끌기			
앉아			
이리 와			
놔둬, 뱉어(Leave/Give up object)			

출처: 반려견에 대한 보상기반 훈련프로그램이 복종훈련 단계, 민감도, 문제행동교정에 미치는 효과(김병석, 2022).

02

Chapter

문제행동의 종류

학습목표

1. 개의 문제행동의 종류를 이해한다.
2. 문제행동을 예방하는 방법에 대해 이해한다.

문제행동은 이상행동과 사회나 주인에게 불편을 주는 행동으로 간략하게 정의할 수 있다. 주인에게 불편을 주는 행동에는 주인의 자산이나 동물 자신을 손상시키는 행동이 포함된다. 동물의 행동은 행동의 유형과 빈도에 있어서 일정한 정상범위를 보이며, 정상적인 범위를 벗어난 행동을 이상행동이라고 하며, 대표적인 이상행동으로 정형행동(stereotype)을 들 수 있다.

정형행동이란 동물이 어떤 특정한 행동을 장시간에 걸쳐서 반복해서 지속하는 것을 말한다. 동종끼리 서로 잡아먹기(cannibalism), 꼬리 물기(tail biting), 깃털 쪼기(feather pecking)와 같이 다른 동물에게 공격적인 행동을 함으로써 신체적인 위해를 입히는 경우가 대표적인 이상행동이다.

개의 문제행동에 대해 논의할 때는 세 가지 기준으로 나눌 수 있다. 첫 번째, 동물의 행동이 정상행동인가 아닌가가 첫 번째 기준으로 이상행동이 포함된다. 두 번째, 정상행동인데 행동의 빈도와 정도가 정상을 벗어나는 경우 정상범위에 있느냐가 문제행동 판단에 중요한 기준이 될 수 있다. 세 번째, 동물의 행동이 정상범위 내에 있지만, 사회와 주인에게 불편함을 주는 것이다.

표 3-3 개의 문제행동 요인

선천적 요인	후천적 요인	
	환경적 요인	학습된 요인
유전 • 성격 • 기질 • 건강상태 • 반응성 • 견종적 특성 • 성별 • 발달행동학적 특성 등	개의 모든 조건과 환경 • 날씨 • 보호자의 특성 • 주거 특성 • 먹이 • 영양상태 • 산책 및 운동 • 상호작용 등	학습 경험 등

미국의 사례연구를 보면 미국에서 반려동물로서 가장 많이 차지하는 동물은 개이다. 개의 사인 중 1위는 안락사이고, 안락사 되는 이유는 문제행동이 50%를 넘는다는 연구 결과가 있다.

수의사를 포함한 동물행동전문가, 훈련사 등의 동물 관련 산업 종사자에게 있어 제일 중요한 관심 사항은 동물의 행복이 최우선으로 되어야 한다. 개가 행복해지기 위해서는 개의 행동을 이해하고 있는 그대로 받아주어야 한다는 점을 인지해 두지 않으면 안 된다.

1. 개의 문제행동

개의 문제행동 원인은 부적절한 양육으로 인한 사회화 부족 및 복종훈련 부족, 스트레스, 유전적인 원인 등이다. 개의 행동학적 문제를 예방하기 위해 1세 미만 강아지 시기에 이루어지는 사회화는 반려견 삶에 있어 중요한 과정이며, 사회화 여부에 따라 보호자와의 관계에도 영향을 미친다.

개는 보호자의 생활양식(life style) 변화, 예상하지 못한 상황, 습관이 바뀌는 주위 환경 등으로 인해 문제행동이 발현될 수 있다.

건강에 근본적인 문제가 있다는 것을 가장 먼저 알 수 있는 유일한 징후가 바로 행동 변화이며, 개의 건강상 문제를 조기에 찾는 데 중요한 단서이며, 빨리 진단을 받으면 치료도 일찍 시작할 수 있으며 긍정적인 성과를 내기도 더 쉽다. 개에게서 보이는 문제행동에 관한 연구 결과에 의하면 다음과 같다.

표 3-4 개의 주요 문제행동

문제행동	발현 없음(%)	과거 발현(%)	현재 있음(%)
사람에게 짖음	15.8	8.2	75.7
사람에 대한 공격성	50.2	16.8	33.0
개에 짖음	34.4	12.9	52.7
개에게 깨물기	74.8	7.7	13.8
개에게 으르렁거리기	40.1	17.5	42.4
특정 상황에서 두려움	22.0	17.8	60.2
많은 상황에서 두려움	46.6	19.8	33.6
특정 상황에서 흥분	9.6	8.3	82.1
많은 상황에서 흥분	37.1	15.1	47.8
분리불안	46.3	38.0	15.6
부적절한 마운팅	71.3	14.7	14.1
상동 행동	80.1	10.1	9.8
이식증(아무거나 먹기)	57.6	25.9	16.5

출처: Hiby et al. (2004).

미국에서 진행된 개의 문제행동에 관한 연구에 의하면, 익숙한 사람에 대한 공격성 43%, 낯선 사람에 대한 공격성 48%, 개에 대한 공격성 40%, 분리불안 20%, 특별한 상황에서 불안 32%, 기타 9%로 고양이에 대한 공격성, 짖기, 집기 파손하기 등이 있는 것으로 조사되었다.

국내의 연구 결과에 의하면 자신의 반려견이 문제행동이 있는 것으로 보고한 보호자는 52%, 반려견이 문제행동이 없는 것으로 보고한 보호자는 36%, 잘 모르겠다고 보고한 보호자는 12%로 나타났다. 개의 문제행동으로는 배변 문제 27%, 과도한 짖음 24%, 분리불안 20%, 공격성 15%, 파괴적 행동 8%, 식분증 3%라고 발표하였다.

미국의 코넬대학에서 보고한 문제행동의 유형으로는 공격행동, 분리불안, 부적절한 짖음, 부적절한 배설, 파괴행동, 공포증, 불안기질, 관심을 구하는 행동 등이 있다. 앞에서 언급한 국내 및 해외의 연구 결과에 의하면 개의 문제행동의 유형은 매우 유사한 것으로 조사되었다.

개의 주요 문제행동의 종류는 다음과 같다.

1) 공격행동

공격행동은 다양한 요인에 의해 발현된다. 특히 개의 특성 및 생리의 이해가 필요하다. 개의 섭식행동, 성행동, 사회적 행동 등에 의해 발현되는 경우가 많다.

(1) 우위성 공격행동(사회적 공격행동, Dominance-related aggression, Struggling for status)

개는 무리동물로서 사회적 서열을 각자 가지고 있다. 무리 개가 자신의 사회적 순위를 위협받았을 때 또는 자신의 서열을 과시할 때 일어난다. 동종 간의 같은 무리에 있는 개체를 공격하는 경우, 동종 간 외부에서 다른 개체를 공격하는 경우도 있다.

(2) 영역성 공격행동(Territorial aggression)

개가 가축화되는 과정에서 인간이 개를 가축화시킨 이유 중의 하나가 인간과 생활하면서 거주지역을 자신의 영역으로 인식하면서 짖음으로 경고하고 영역을 침범하는 개체에 대해 공격하는 습성으로 가축화의 한 이유라고 추정한다. 자신이 영역이라고 인식한 장소에 다른 개체나 사람에 대해 보이는 공격행동이다.

(3) 공포성 공격행동(Fear-elicited aggression)

공포와 불안으로부터 회피하려는 행동을 하는 것은 대부분의 동물의 기본 습성이다. 그러나 본인의 의지와 상관없이 공포와 불안을 회피할 수 없을 경우, 개가 보이는 행동 반응은 세 가지로 나눌 수 있다. 첫 번째는 도망가는 것이다. 두 번째는 복종하면서 처분을 기다리는 것이다. 세 번째는 싸우면서 저항하는 것이다. 공포성 공격행동, 우위성 공격행동, 영역성 공격행동은 주위 상황을 관찰하면 감별할 수 있다.

일반적으로 공포성 공격행동의 경우 행동학적 · 생리학적 징후를 동반한다.

(4) 포식성 공격행동(Predatory aggression)

개의 비명소리, 어린아이의 비명소리 등과 같은 자극에 반응하여 보이는 공격행동을 포함하며, 주시, 침 흘리기, 몰래 다가가기, 낮은 자세 등의 포식행동을 하며 하는 공격행동이다. 어떤 견종에서 새나 다른 동물에게 몰래 다가가다 낮은 자세로 갑자기 공격행동을 보이는 경우를 종종 관찰할 수 있다. 이때는 뇌 안에 정동이 생기지 않고 공격하는 것이 특징이다.

(5) 아픔에 의한 공격행동(Pain-elicited aggression)

개가 질병이나 상처가 있는 경우, 아픈 부위를 만지면 반사적으로 일어나는 공격행동이다. 특히 동물병원에서 진찰이나 예방접종 등을 받거나 개가 미용을 할 때 일어나는 경우가 있다.

(6) 특발성 공격행동(Idiopathic aggression)

원인이 밝혀지지 않는 공격행동으로 언제 어디서 공격할지 모르는 공격행동이다.

2) 과도한 짖음

(1) 흥분성 짖음(Excitement barking)

어떤 좋은 일이 일어날 것을 예상하고 흥분하거나 즐거운 감정을 표현할 때 내는 짖음이다. 흥분성 짖음은 연속적으로 일어나거나 중간에 멈추는 경우도 있다. 소리의 높이는 중간 정도의 음정보다 높은 음정이다. 보통의 경우 꼬리를 흔들거나, 점프하거나, 다리에 올라타거나, 입에 무언가를 무는 행동도 동반하여 발생하는 경우가 많다. 만약 복종훈련으로 '앉아'나 '엎드려'를 시켰을 경우 낑낑거림(whining)과 하품(yawning)을 하는 경우도 있다.

(2) 경고성 짖음(Warning barking)

정체를 알 수 없거나 너무 멀어서 적인지 아닌지 확인할 수 없는 경우, 즉 다른 개, 사람, 누군가가 접근하고 있을 때 자신의 무리에게 알리는 짖음이다. 높은 톤의 짖음으로 연속해서 서너 번 중음으로 짖고, 중간에 잠시 멈춘다. 위협으로부터 도망가는 행동이 일반적이다. 무리 중에 리더 또는 다른 한 마리가 나머지의 무리를 지키기 위해 책임감을 가지고 물러서서 자리를 지킬 수 있다.

(3) 두려움에 의한 짖음(Fear barking)

개는 부자연스럽고 정체를 알 수 없는 것에 두려워한다. 스트레스 정도, 두려운 정도에 따라 약간 두려워하는 것부터 심한 패닉의 정도로 나눌 수 있다. 두려움에 의한 짖음은 소리의 음은 높고, 연속해서 짖는 경우가 많다. 예를 들어, 개가 도망갈 수 없는 상황에 부닥쳐 있으면 개는 강한 두려움으로 연속해서 짖는다. 개는 안절부절못하고, 앞뒤좌우로 움직인다.

(4) 방어성 짖음(Guard or Defensive barking)

방어성 짖음은 개가 자기 자신을 방어하거나 자신의 무언가를 방어할 때 내는 짖음이다. 방어성 짖음은 만성적인 것이 아니다. 즉, 방어해야 하는 대상이나 물체가 사라지면 멈추는 경우가 많다. 일반적으로 으르렁거림을 동반하여 짖는다. 으르렁거리기 - 짖기, 짖기 - 으르렁거리기의 순서이다. 두려움에 의한 짖음보다 소리의 길이는 짧고 저음이다. 자신 또는 방어해야 할 대상을 지키기 위해 '저리 가'라는 표현으로 전진하거나 달려드는 경우가 많다. 이빨을 보이며, 으르렁거리기도 하며, 앞으로 달려들기도 한다. 방어성 짖음에서 상대가 행동을 취하지 않을 때 마지막에는 공격할 수 있다.

(5) 좌절성 짖음(Frustration barking)

좌절성 짖음은 묶여 있거나 사람이나 다른 무리와의 접촉이 없이 켄넬에 갇혀 있거나 오랫동안 혼자 있게 되었을 때 내는 경우가 많다. 무기력감, 외로움, 굶주림, 열악한 환경, 만성적인 스트레스로 인해 짖는 경우도 있다. 같은 톤으로 반복해서 짖으며 중간에 잠시 짬을 두고, 계속해서 고정된 패턴으로 짖는 경우가 많다. 마지막에 하울링을 하는 경우도 있다. 상동행동을 동반하는 경우가 많다. 땅파기, 씹기, 혀 핥기, 자신의 그림자나 꼬리 쫓기 등의 행동을 보이기도 한다.

(6) 학습된 짖음(Learned barking)

학습된 짖음은 보호자가 의식적이거나 무의식적으로 행동을 강화시켰을 때 보인다.

일반적으로 의도하지 않았지만, 학습시키는 경우가 많다. 학습된 짖음의 패턴은 '짖기 - 잠시 쉬기 - 쳐다보기 - 다시 짖기'이다. 개가 주의를 끌기 위해 또는 과거에 보호자로부터 강화를 받았을 때 내는 짖음이다. 개는 다양한 요인으로 짖는다. 보호자가 흥분성 짖음, 두려움에 의한 짖음 등을 우연히 강화시켜 짖는 경우도 학습된 짖음으로 분류할 수 있다.

3) 분리불안(Separation anxiety)

보호자가 없이 집, 자동차, 창고 등 특정 공간에 혼자 있을 때 보이는 과도한 짖음, 하울링, 파괴적 활동, 배변 실수, 땅파기 등과 같은 행동학적 불안징후나 구토, 설사, 떨림 등과 같은 생리학적 증상을 보이는 경우가 있다. 또한 먹이나 간식을 먹지 않는 경우도 많다.

분리불안의 원인으로 보호자와의 과도한 애착과 유전적인 요인에 발생하는 것으로 추정된다.

4) 파괴행동(Destructive behavior)

개는 개체별로 차이가 있으나 이갈이를 4~6개월령에 한다. 이때는 이가 가려워 입안에 무엇이든 넣어 씹는 행동을 하는 경우가 많다. 씹는 행동은 자연스러운 행동이나 위험한 물건을 입에 넣으면 다칠 수 있어 주의해야 한다. 또한 집안의 물건을 장난감으로 인식하고 씹거나 찢는 행동을 하는 경우도 있다. 분리불안으로 인한 파괴행동과는 다르다. 분리불안이 있는 개의 경우 보호자가 곁에 있으면 파괴행동은 보이지 않는 경우가 많다. 그러나 보호자가 곁에 있어도 찢거나 씹는 행동을 한다면 파괴행동이다. 예를 들면, 전깃줄 물기, 신발 물기, 담요 찢기 등이다.

5) 대소변 실수

개는 대소변교육이 자연스럽게 이루어지는 동물이다. 자신이 자고, 먹고, 뒹굴고 쉬는 곳에는 배변하지 않는 경향이 있다. 화장실이 있음에도 다른 곳에서 대소변을 함으로써 보호자가 스트레스를 받는 경우이다. 해외의 경우 주거문화가 국내와 달라 파양 또는 유기되는 주요 요인 중의 하나이다.

6) 과도하게 흥분하는 행동

개가 자신이 좋아하는 장난감, 음식, 다른 개체, 사람을 보거나 만났을 때 점프하거나, 짖거나, 다리에 올라타거나 하는 등의 행동을 보인다. 이런 경우 보호자의 옷을 망치거나 넘어지는 경우가 생길 수 있다.

7) 과도한 리드줄 끌기

개와 외출했을 때 개가 리드줄을 과도하게 끌어 보호자가 끌려다니는 행동이다. 전혀 컨트롤이 되지 않고 개가 자기 마음대로 탐색하는 행동을 한다.

8) 상동장애

꼬리 쫓기, 그림자 쫓기, 꼬리 물기, 발바닥 핥기 등의 행동 빈도가 과도하거나 지속해서 반복하는 행동을 한다. 핥기의 경우, 부위에 피부염이 생기는 경우가 발생하기도 한다.

9) 이기

개가 먹이라고 생각할 수 없는 물체를 먹는 행동이다. 돌이나 흙을 먹고, 풀을 뜯어 먹고, 심지어 자신의 배변이나 타 개체의 배변을 먹기도 한다.

10) 과도한 마운팅

수컷의 개에게 주로 나타내는 행동으로 심한 경우에 문제행동으로 간주한다. 보통의 경우, 마운팅의 의미는 성행동의 표현이기도 하지만, 우위성의 표현, 스트레스의 표현으로 마운팅을 하는 경우도 발견된다.

2. 문제행동의 예방

개는 무리동물로서 산책이나 외부활동이 빈번히 일어나므로 다른 개나 사람, 장소, 물체 등에 대한 사회화가 매우 필요하다. 사회화에는 두 가지 의미가 있다. 첫째는 다른 개나 사람, 장소 또는 물체 등 살면서 만나게 될 많은 대상에 대해 친화적인 방향으로 적응하는 것, 둘째는 첫 번째 의미의 사회화를 강화하는 것을 의미한다.

개의 문제행동을 예방하기 위해 1세 미만 강아지 시기에 이루어지는 사회화는 개의 삶에 있어 중요한 과정이며, 사회화 여부에 따라 보호자의 관계에도 많은 영향을 미친다. 사회화 수업은 미래의 문제행동을 예방할 수 있는 매우 중요한 교육이다.

미국수의행동학회(AVSAB)에서는 강아지의 경우 태어난 후 처음 3개월은 사교성이 있는 기간이므로 강아지들이 새로운 사람, 동물, 그리고 경험에 적응할 기회를 부여한다고 권고하고 있다. 이 중요한 시기에 불완전하거나 부적절한 사회화, 두려움, 회피 또는 공격성을 포함한 나중에 발생하는 문제행동을 증가시키며, 문제행동은 보호자와 개의 유대관계에 가장 큰 위협으로 간주하고 있다.

개의 문제행동은 사회화 교육의 여부, 복종훈련 여부, 보호자의 과거 반려견 양육 경험, 보호자가 반려견과 얼마나 많은 시간을 보내는가가 연관이 있는 것으로 나타났다.

따라서 개의 입양 시에 고려해야 할 사항, 충분한 사회화, 강아지 교실, 복종훈련, 보호자와의 유대 등을 적절하게 시행하면 개의 문제행동을 예방할 수 있다.

1) 사회화 교육(Puppy Socialization)

모든 개는 다르다. 어떤 개들은 유난히 더 다르다. 개들은 독특한 자기만의 기질을 가지고 태어난다. 또한 과학자들은 동물도 깊은 사고 능력과 다양한 감정 체계를 가지고 있으며, 개체마다 능력과 개성이 다양하다는 사실을 밝혀내고 있다.

이러한 사실을 바탕으로 사회화 수업은 강아지가 일생 마주칠 수 있는 많은 종류의 경험, 사람, 사물에 대한 통제된 상황에 노출이 되어야 한다. 또한 긍정적 감정을 느낄 수 있도록 즐거운 방법으로 제공하는 것을 목표로 해야 한다.

사회성이 부족한 강아지가 겁을 내거나 공격적으로 되어 버리면 대부분의 강아지 보호자들은 강아지를 다른 개들과 놀게 하고 싶어 하지 않는 경우가 발생할 수 있다. 이러한 개들은 다양한 사회적 요소에 적응하는 능력, 즉 사회생활에 필요한 기질을 습득할 수 없다.

그림 3-3 사회화 교육

강아지는 생후 3~12주 사이에 겪는 사회화의 경험에 상당히 민감하며, 이 시기의 경험이 일으킨 결과는 나쁘건 좋건 오랫동안 지속된다. 강아지를 사회화시키고 무는 힘을 억제하도록 가르치는 교육은 강아지가 어릴 때 꼭 이루어져야 한다. 사회화 시기에 사람과의 접촉을 차단당한 강아지들은 그 이후에도 사람들과 일반적인 관계를 맺기 힘들다는 사실을 보여주고 있다.

개는 사회화기에 처음 보는 개들과 긍정적인 경험을 충분히 한다면 개라는 동물을 우호적인 존재로 배우게 된다. 반대로 그렇지 못했을 경우 평생을 낯선 개들에게 두려움을 느끼며 살 게 될 수 있다. 강아지 사회화 수업은 강아지들이 안전하고 위협적이지 않은 방식으로 다양한 냄새, 소리, 볼거리, 산책 환경, 장비, 그리고 적절한 사회화를 위해 낯선 사람과 개들과 상호작용을 할 수 있도록 해야 한다.

강아지로서 적절하게 사회화된 개들은 성견이 되었을 때 공격성과 두려움을 포함한 문제행동이 나타날 확률이 낮고, 사회화가 잘된 개들은 인간과 긍정적인 사회적 활동을 할 가능성이 크다. 적절한 사회화 수업을 받지 않은 개보다 인간과 게임을 하는 방법을 더 잘 배울 수 있다.

연구 결과에 의하면 강아지 사회화 수업에 참석한 보호자들은 자신의 강아지를 비참석자보다 더 많은 수의 사람과 다른 개, 다양한 소음과 상황에 노출했으며, 참석자들의 강아지는 비참석자들의 강아지보다 천둥, 진공청소기 등 소음을 접했을 때 공포 등의 민감성이 덜 했으며, 교육에 참석한 보호자는 처벌기반 훈련방법을 사용하는 비율이 적게 나타났다. 강아지 수업에 참여한 강아지와 청소년기의 개에게서 가족에 대한 공격성향, 훈련성과, 무섭거나 두려운 대상에 대한 민감도에서 사회화 수업에 참여하지 않은 강아지보다 좋은 결과를 낸다.

매주 1시간씩 6주 동안 강아지 수업에 참여한 강아지와 복종훈련을 받은 성견을 연구한 결과, 수업에 참석한 강아지들과 성견들이 보호자의 명령에 대한 반응이 유의하게 더 높은 것으로 나타났으며, 순종 행동이 개선되었다. 낯선 사람에 대한 불복종이나 두려움과 같은 문제행동을 예방하는 데 도움이 된다.

두려움으로 인한 공포를 가진 개들의 경우, 사회화 교육이 부족하였으며, 경험이 부족한 보호자와 살았다. 또한 보호자와의 활동과 복종훈련 수업이 부족하였으며, 주로 도시에 사는 경우가 많다.

개가 공격적인 성향을 드러내는 상황으로는 개가 소중히 여기는 자원에 누군가 다가오거나 만지거나 가져가려고 할 때 그 자원을 방어하는 경우, 두려움으로 자기 자신을 방어하기 위해, 통증 부위를 만지는 경우, 인위적으로 강한 힘으로 신체 조정을 하거나 밀거나 당기는 경우, 쉬고 있는 상황에서 방해받는 경우, 공포와 두려움으로 방어적 행동을 보이는 경우 등에 공격성향이 높게 나타날 수 있다. 낯선 사람과 개에 대한 개들의 공격성은 흔한 문제행동으로서 다양한 요인들이 공격성 문제행동의 발달과 관련되어 있지만, 유전적인 요인과 사회화 교육 부족이 주요한 역할을 한다.

AKC(American Kennel Club)와 Kennel Club(KC)의 강아지 교실에서는 반려견의 민감성을 낮추기 위해 낯선 사람이 부드럽게 쓰다듬기, 보호자의 포옹하기(hugging)와 붙잡기(holding)에 익숙하게 하기, 낯선 환경과 장애물에 노출하기, 반려견이 핸들링과 신체검사에 익숙하게 하기, 소음에 대한 둔감화 등의 다양한 강아지 훈련프로그램을 시행하고 있다.

2) 복종훈련

복종훈련은 개와 핸들러 사이에 많은 교감이 오가는 과정으로 훈련 속에서 규칙을 교육하면, 개는 정신을 교란하는 장애물로부터 핸들러에게 집중하게 되고 덜 신민해진다. 개 훈련은 보통 동물에 대한 통제를 확립하기 위한 기본적인 복종훈련을 포함하며, 그 후에 더 진보된 전문가 훈련으로 발전할 수 있다.

복종훈련의 함정은 개를 로봇처럼 만들 수 있다는 것이므로 훈련은 에너지와 유머가 넘쳐야 하며, 간식을 사려 깊게 사용해야 하고, 무엇보다 신체적 · 언어적 칭찬과 함께해야 한다.

복종훈련을 시키고, 개와 보호자가 상호활동을 자주 하는 경우, 문제행동 예방과 개선에 도움이 된다는 다수의 연구 결과가 보고되고 있다.

기본 복종훈련의 방법은 훈련 전문가마다 조금씩 다를 수 있다. 그럼에도 불구하고 동물의 학습원리를 이용하여 가장 효과적이며 지속성이 있는 방법을 사용하는 것이 바람직하다.

훈련의 방법은 정답이 없다. 품종별, 개체별 특성에 알맞은 방법을 선택하여 훈련을 시키는 것이 현명하다고 할 수 있다.

◉ 기본 복종훈련 항목 및 내용

기본 복종훈련	내용
와 교육	'와' 명령어에 오도록 하는 교육
앉아	'앉아' 명령어에 앉도록 하는 교육
얌전히 걷기	핸들러와 함께 얌전히 걷도록 하는 교육
기다려 교육	'기다려' 명령어에 움직이지 않는 교육
놔둬	음식이나 장난감에 강한 소유욕을 보이는 개 또는 다른 동물에게 공격적이지 않도록 가르치는 교육

기본예절 교육 전에 몇 가지 순서 및 원칙이 있다.

① 원하는 행동을 했을 때는 보상을 해주고, 원하지 않는 행동에는 보상하지 않는다. 원하지 않는 행동을 할 때는 무시한다.

② 원하는 행동을 습관처럼 할 수 있도록 짧게 자주 반복적으로 연습한다.

③ 원하는 행동이 습관처럼 되었을 때 보상을 간헐적 보상으로 바꾸어야 한다.

④ 행동이 완벽하게 되었을 때 명령어를 덧씌운다.

⑤ 명령어는 한 번만 사용한다. 두 번 이상은 오히려 무시하는 법을 가르칠 수 있다.

⑥ 앉는 동작은 모든 동작의 기본이다. 자동으로 무의식적으로 앉도록 해야 한다. 문제행동을 예방하며, 흥분을 조절하며, 인내심과 독립심을 기르는 기본 훈련이다. 환경이 바뀌어도 생각하면서 앉을 수 있다. 즉, 일반화시킬 수 있도록 한다.

⑦ 훈련은 재미있어야 한다. 강아지에게 훈련이 즐거운 놀이처럼 만들어야 한다. 이렇게 되면 강아지는 우리와 함께 하는 시간이 즐겁고 집중하게 된다.

⑧ 표시 단어, 즉 강아지가 원하는 행동을 하고 있다는 것을 가르치는 것이다. '옳지' 또는 '예스' 단어를 활기찬 목소리로 사용해야 한다. 원하는 행동과 보상과의 시차를 연결해 주는 단어라고 보면 된다.

⑨ 지시할 때는 이름 - 명령어 - 칭찬의 순으로 해야 한다.

3) 대체행동

훈련시킨다는 것은 반대로 이야기하면 개가 따른다는 뜻이 된다. 개는 훈련의 대상이며 피교육자로서 수동적인 자세가 된다. 미국수의행동심리학회(ACVB)에서 제시하는 교육법으로 개가 부탁하는 행동을 하도록 시키는 교육을 권고하고 있다.

개가 엉덩이를 깔고 앉으면 비로소 개가 좋아하는 것이나 관심을 준다. 보호자나 다른 사람에게 점프하거나 발을 올리거나 하는 행동 대신 자동으로 앉는 자세를 취하게 된다.

- 산책하러 나가기 전에 '앉아' 후 문을 열고 산책하러 나간다.
- 식사를 주기 전에 '앉아' 후 식사를 준다.
- 장난감을 주기 전에 '앉아' 후 준다.
- 공이나 프리스비 등을 던지기 전에 '앉아' 후 던져 준다.
- 간식을 주기 전 '앉아' 후 간식을 준다.
- 강아지 놀이터에서 '앉아' 후 리드줄을 풀어 준다.
- 개를 터칭으로 보상할 때도 '앉아' 후 만져 준다.
- 개를 차에 태우거나 내릴 때 '앉아' 후 한다.

◉ 대체행동 훈련하기

대체하고 싶은 행동	훈련 행동
- 문을 열면 달려 나간다. - 바닥에 떨어진 음식을 주워 먹는다. - 초인종이 울리면 짖는다. - 주인한테 발을 올린다. - 음식을 찾아 쓰레기통을 뒤진다.	- 문 열기 전에 앉거나 엎드리게 한다. - 장난감을 들고 다니거나 주인과 계속 시선을 맞춘다. - 장난감을 찾는다. - "하이파이브" 할 때만 발을 올린다. - 사료를 콩장난감이나 필통, 노즈워크 매트에 숨겨 준다.

문제행동을 할 때 개가 반대되는 행동을 하거나 서로 양립할 수 없는 행동을 하도록 훈련시키고 이에 대해 보상을 하는 것이 행동교정 방법의 하나이다.

- 강아지가 외출 후 돌아온 보호자를 앉은 자세로 맞이한다면 보호자에게 점프할 수 없다.
- 입속에 장난감이나 자신이 좋아하는 인형을 입에 물고 있으면 집에 방문한 손님에게 짖거나 점프할 수 없다.
- 개가 자기 방석에 얌전히 엎드려 있거나 켄넬에 들어가 있다면 보호자들의 식탁에서 턱을 받치고 침을 흘리며 달라고 조르지 않는다.
- 산책할 때 중간중간 보호자와 눈을 마주치며 곁에서 따라가는 개라면 산책할 때 썰매 개처럼 끌지 않는다.

개는 활동량이 부족하면 골치 아픈 행동을 하는 경우가 많다. 개에게 운동은 사람과 마찬가지로 건강을 위해 필수적인 활동이다.

매일같이 개를 산책하고 활발하게 운동시키면 개의 행동에도 많은 영향을 미치게 된다. 충분한 산책과 운동으로 지친 개는 물건 씹는 행동을 줄이며, 덜 짖고, 잠을 더 많이 자고 집에 혼자 있을 때 편안히 휴식을 취할 가능성이 높다.

개가 사회성이 좋다면, 개를 운동시키기 좋은 방법은 다른 개와 노는 시간을 규칙적으로 마련하는 것이다. 또한 보호자와의 상호작용을 매일 충분히 해주는 경우 문제행동을 예방할 수 있다.

4) 행동 풍부화

동물원에서 생활하는 동물이나 개의 경우, 무료함을 달래기 위해 무언가를 입에 물고, 소리에 예민해져 짖고, 발이나 꼬리를 깨물기도 한다. 각각의 종마다 정상적인 행동양식이 있으며 정상적인 행동을 할 수 없는 환경이라면 동물은 정상 행동양식을 벗어난 이상행동, 상동행동을 보이는 경우가 있다.

행동 풍부화 프로그램을 통해 보호자들과 행복한 생활뿐만 아니라, 스트레스 해소 및 문제행동이나 이상행동을 예방하거나 교정할 수 있다. 스트레스를 받지 않으면서, 피곤한 강아지가 행복한 강아지라고 할 수 있다. 개의 문제행동을 예방하고, 교정하는 이유는 개의 행복, 즉 복지를 향상함으로써 보호자의 삶의 질을 높이는 데 목적이 있음을 명심해야 한다.

◉ **행동 풍부화**

- 환경 풍부화
- 감각 풍부화
- 사회성 풍부화
- 먹이 풍부화
- 인지 풍부화

(1) 환경 풍부화

학생의 경우 집에서 학교로, 학교에서 학원으로 또는 독서실로, 다시 집으로 매일 반복되는 생활을 하는 경우가 많다. 단조로운 생활방식으로 인해 스트레스를 받는 경우가 있다. 사람은 스트레스를 풀기 위해 영화도 보고, 백화점도 가고, 친구들과 여행을 가기도 한다.

강아지에게도 환경의 변화를 주는 것이 행동을 풍부하게 할 수 있다. 예를 들어, 산책코스를 매일 같은 곳을 가는 것이 아니라 다양한 산책코스를 만들게 되면 개는 후각을 이용해 다양한 냄새를 맡고, 시각을 통해 처음 보는 것도 생길 수 있다. 결국 개는 환경의 변화를 인식하고 분석하는 행동을 하게 됨으로써 개의 두뇌를 발달시킬 수 있다.

(2) 먹이 풍부화

다양한 먹거리가 우리를 행복하게 하듯, 강아지에게도 중요하다. 먹이 풍부화는 양보다는 질과 다양성을 의미한다.

(3) 감각 풍부화

시각, 청각, 후각 등을 이용하도록 하는 것으로 예를 들어, 노즈워크, 터그놀이, 깨무는 장난감 등을 이용하도록 하는 것이다.

(4) 인지 풍부화

스스로 생각하고 판단하도록 하는 자극을 주는 인지 풍부화는 놀이 풍부화라고 할 수 있다. 강아지가 생활을 지루해하지 않도록 정신적 자극을 주는 것으로 강아지는 농송놀과 추적놀이, 싸움놀이도 하지만 공놀이, 프리스비 등도 좋아할 수 있다.

감각 풍부화를 겸한 보물찾기 놀이, 수영, 터그놀이, 기타 장난감 등 강아지가 좋아하는 놀이를 해줌으로써 지루해하지 않도록 해주는 것이다.

(5) 사회성 풍부화

무리를 이루는 사회성 동물의 경우, 같은 종끼리의 사회화가 절대적으로 필요하다. 강아지의 경우, 이를 통해 강아지의 커뮤니케이션을 원활히 할 수 있는 법을 배운다. 강아지의 성격과 기질을 파악한 후 반려견 운동장, 산책 모임 등에서 친구들을 만나 사회성을 길러줄 수 있다.

Chapter 03

문제행동 치료 실무

학습목표

1. 문제행동 치료에 대한 실무능력을 익힌다.

문제행동의 사례에 따라 어떠한 행동수정법을 적용하느냐에 따라 효과 및 지속성의 차이를 보일 수 있다. 문제행동 치료 시 개의 품종별, 개체별 차이가 있다.

문제행동 치료 시에는 기본 복종훈련, 보호자와의 상호작용, 운동, 산책 등의 방법을 병행하여 사용하는 것이 효과적이다.

표 3-5 **행동수정법 적용 절차**

단계	항목	내용
1단계	문제행동 원인 분석	
2단계	문제행동 치료 방법 선택	방법 및 일정 결정
3단계	문제행동 원인 제거	역조건화(카운터 컨디셔닝), 습관화 등 적용
	행동풍부화 프로그램 실시	산책, 운동 등 관리기법 적용
	대체행동 강화	양립할 수 없는 행동 강화
	복종훈련 강화	집중하기
4단계	문제행동의 수준평가	문제행동 치료 효과를 평가하여 추가적인 조치 시행 여부 결정
5단계	문제행동의 치료 완료	치료 완료 후 종결

미국의 경우에는 동물의 행동을 연구하여 건강을 증진시키려는 목적으로 미국수의학협회(AVMA, American Veterinary Medical Association)에서 인증 받은 미국수의행동심리학회(ACVB, American College of Veterinary Behaviorists)가 있어 수의사이면서 동물의 행동심리 전문가 인증을 받은 수의행동심리학자가 모인 단체로서 의학적 지식을 기반으로 동물의 문제행동을 개선하는 전문가들이 있으나, 국내의 경우에는 이러한 제도가 없는 실정이다.

개의 문제행동의 치료에서 보호자의 실천력과 인내심이 절대적으로 필요한 요인이다. 아무리 좋은 방법을 전문가가 제시했다 하더라도 보호자가 받아들이지 않으면 좋은 결과는 기대할 수 없다. 따라서 보호자를 변화시키는 상담능력 또한 전문가들의 몫이다.

영국 환경식품농촌부(DEFRA), 해외 수의사 단체, 훈련단체, 동물보호단체 등에서 제시하는 훈련 및 행동교정 방법에 대해 법으로 규정하거나 권하는 내용이 있다. 개 훈련과 문제행동 교정방법으로 강압, 고통, 정서적 또는 육체적 불편함을 일으키는 혐오기반훈련(Aversive-based training)의 제한과 보상기반훈련(Reward-based training)을 권고하고 있다.

개의 문제행동 치료 시 혐오자극을 기반으로 하는 교정방법의 경우 역효과가 나타날 수 있으므로 주의해야 한다. 미국훈련사협회(CCPDT)에서는 개 훈련 및 행동교정 시 LIMA(Least Intrusive Minimally Aversive) 원칙, 즉 개의 입장에서 거슬리거나 혐오적인 방법을 최소한으로 사용할 것을 권장하고 있다.

문제행동을 보이는 개의 공통점은 다음과 같다.

- 민감도가 높다(밥그릇, 장난감, 잠자리, 신체 부위).
- 복종훈련 수준이 낮다.
- 개의 특성에 맞지 않는 부적절한 훈련방법 및 행동교정방법을 사용한 경험이 있거나 사용하고 있다.
- 보호자와 개와의 상호작용(활동)이 부족하다.
- 산책이나 운동이 부족하다.
- 보호자가 반려견의 특성과 기질 파악이 부족하다.

위에서 제시한 공통점을 반대로 풀이하면, 개의 민감도를 낮추고, 복종훈련 수준을 높일 수 있는 적절한 방법을 사용하여야 한다. 부적절한 훈련방법이나 행동교정방법이 아닌 개에 적절한 방법을 적용하고, 개와 보호자와 상호작용(활동)을 적절히 하고, 산책이나 운동을 알맞게 하고, 자신의 반려견에 대한 특성을 파악한다면 반려견의 문제행동은 개선되고 좋아질 수 있다.

사실 글처럼 쉽지 않다. 그래서 전문가의 도움을 받아 진행하는 것이 효과적이며 반려견의 복지 측면과 보호자의 안전을 위해 보다 안전하다고 할 수 있다.

◉ **개와 전문가, 개와 보호자 간 행동교정 시 고려해야 할 요소**

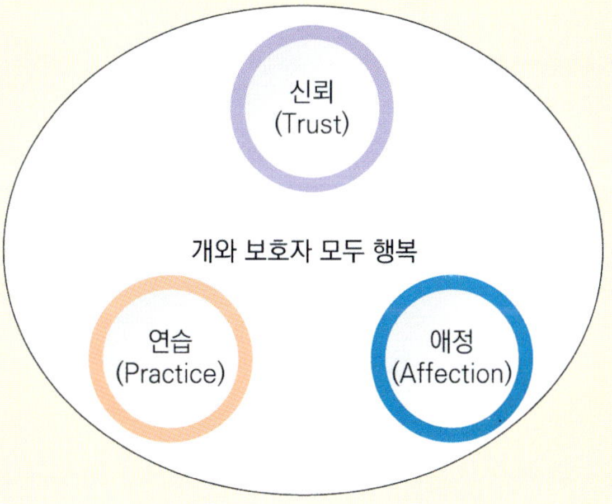

※ 행동교정 시 개의 시각신호(입, 귀, 꼬리, 몸의 균형, 표정 등), 청각신호(짖음, 으르렁거리기 등), 생리학적 변화(호흡 등), 생화학적 변화 등을 종합적으로 파악하여 관찰하는 것이 매우 중요하다.

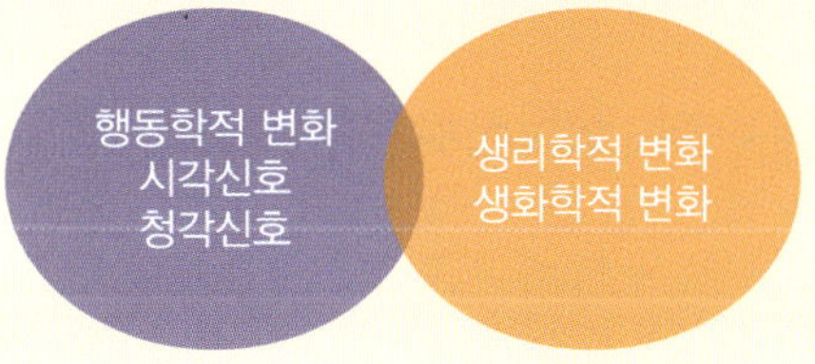

다음은 보호자들이 반려견에게 사용하는 훈련 방법과 훈련 기술을 조사한 연구 결과이다.

표 3-6 보호자들이 사용하는 훈련방법과 훈련기술

훈련방법	훈련기술
보상기반 훈련	① 쳐다보게 하기 ② 클리커 트레이닝 ③ 간식 보상하기 ④ 간식으로 교환하기 ⑤ 장난감 주기 ⑥ 항상 '앉아' 하기
중립적 훈련	⑦ 반응하는 상황 만들지 않기(관리기법) ⑧ 페로몬 사용하기 ⑨ 운동시키기
혐오기반 훈련	직접접촉 ⑩ 강제로 배 보이게 뒤집기 ⑪ 다리, 옆구리 벌려 엎드리게 하기 ⑫ 리드줄로 강제로 엎드리게 하기 ⑬ 때리거나 차기 ⑭ 턱이나 목덜미 잡기 ⑮ 무릎으로 가슴 차기 ⑯ 리드줄 잡아채기 ⑰ 손가락으로 목 또는 옆구리 찌르기 ⑱ 초크체인 또는 핀치칼라 사용 ⑲ 코 문지르기 ⑳ 주둥이 잡기 ㉑ 강제로 입안에 있는 물건 뺏기 ㉒ 전기충격칼라 사용하여 충격 주기 ㉓ 짖음방지칼라 사용하여 충격 주기 간접접촉 ㉔ "안 돼" 소리 내기 ㉕ 스프레이 사용 ㉖ 부적절한 행동 시 무서운 소리 내기 ㉗ 으르렁거리기 ㉘ 무서운 장소에 강제로 노출하기 ㉙ 야단치기 ㉚ 응시하기

출처: Herron et al.(2009).

1. 공격행동(Aggression)

공격행동은 개에게 가장 흔하고 심각한 문제행동이다. 반려견 보호자들이 반려견행동 전문가, 훈련사, 수의사에게 전문적인 도움이 필요한 이유이다.

'공격행동'이란 상처를 입힐 의도를 표현하는 행동이다. 공격은 상처를 입히는 행동으로 다양한 상황에서 다양한 이유로 발생하는 행동이다. 사실상 모든 야생동물은 그들의 영역을 지키고 새끼를 보호하고 스스로를 보호할 때 공격적이다. 사람과 개를 포함한 무리를 지어 사는 동물은 상호 간 평화를 유지하고 사회적 상호작용을 하는 과정에서 공격행동과 위협을 이용하기도 한다.

개가 "공격적(aggressive)"이라고 말하는 것은 많은 것을 의미할 수 있다. 공격성에는 일반적으로 경고로 시작하여 공격으로 끝나는 다양한 과정과 행동이 포함된다. 개들은 공격적인 태도를 보이다가 중간에 언제든지 공격적인 태도를 중단할 수 있다.

사람에 대한 공격성을 보이는 개는 보통 다음 그림 3-4와 같은 단계로 점점 격렬한 행동을 보이는 경우가 많다.

◉ 공격적인 행동

- 매우 조용하고 경직되어 있다.
- 위협적으로 들리는 목구멍의 짖는 소리
- 접촉하지 않은 사람이나 다른 동물에게 돌진
- 상처가 나도록 물기
- 빠른 속도로 반복하여 물기
- 물고 흔들기

개들은 항상 이 순서를 따르지는 않는다. 개는 물기(biting) 전에 종종 위의 행동들 중 몇 가지를 동시에 한다. 많은 경우, 사람들은 개가 물기 전에 경고 신호를 인식하지 못하는 경우가 많다. 경고와 물림 사이의 시간은 매우 짧을 수 있지만 개들은 미리 어떤 종류의 경고 없이 거의 물지 않는다.

◉ 공격적 행동의 관찰 및 진단

만약 개가 과거에 공격적이었거나 또는 공격적으로 변할 수 있다고 의심된다면, 객관적인 평가가 필요하다. 따라서 다음의 내용을 분석하여 공격성을 분류하도록 하는 것이 필요하다. 연구자나 전문가에 따라 다른 방법을 적용할 수 있다.

① 언제 일어났는가?
② 어디서 일어났는가?
③ 그 시점에 무슨 일이 있었는가?
④ 그 상황에 개에게 무슨 일이 일어났는가? (신체적 접촉 등)
⑤ 그 상황에 개는 무슨 행동을 했는가? (행동, 대상 등)
⑥ 그 상황에 개에게 무슨 일이 앞으로 일어날 예정이었는가? (신체적 접촉 등)
⑦ 그 상황에 개는 무슨 행동을 할 예정인가? (행동, 대상 등)
⑧ 무엇이 개의 공격행동을 멈추거나 막은 것 같은가?

이러한 질문들에 대한 답을 찾는 것은 개의 공격행동을 촉발하는 상황을 명확히 인지하고 개의 공격행동의 이유에 대해 이해할 수 있다. 개의 공격행동에 대한 치료를 하기 전에 정확한 진단이 필요하다.
개의 공격행동은 개가 왜 공격적인지 원인, 대상, 기능과 목적에 기초하여 분석해야 한다. 즉, 개가 공격적으로 행동하도록 동기를 부여하고, 공격행동으로부터 무엇을 얻기를 원하는지를 알아낼 수 있기 때문이다.

◉ 개의 공격행동의 단계

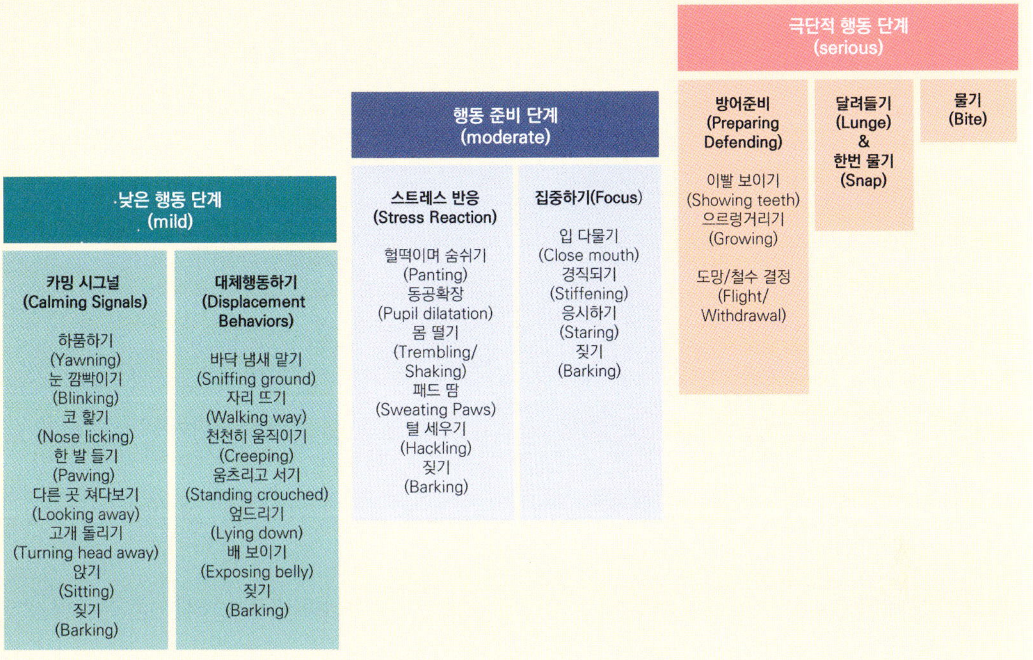

그림 3-4 개의 공격행동 사다리

출처: British Small Animals Veterinary Association(2009).

1) 영역성 공격행동(Territorial aggression)

개들은 사람이나 다른 동물들이 자신의 영역(집, 마당, 방 등)에 침범하는 것을 보고 짖고 돌격한다. 어떤 개들은 침입자가 아군이든 적이든 간에 침입자에 대해 공격적인 행동을 한다. 성견인 수컷과 암컷 개들에게 나타나며, 강아지는 영역성 공격행동은 거의 없다. 영역성 공격행동은 보통 개가 1살에서 3살 사이에 사춘기나 성견으로 성숙할 때 나타나기 시작한다.

(1) 원인

① 부적절한 사회화: 사회화 시기에 사람, 다른 동물 등에 대한 사회화의 기회가 없는 경우에 발생할 수 있다.

② 비의도적 학습: 부정강화(음성, negative reinforcement)로 인해 학습된 경우, 예를 들면,

택배 배송하는 분, 우편배달부 분들에 의해 의도하지 않은 강화로 발생하는 경우도 있다. 또는 보호자가 무의식적으로 강화시키는 경우도 있다.

예 배달을 위해 집을 방문했을 때 개가 짖고, 으르렁거린 후, 일을 마치고 돌아갔을 때 개 자신의 짖음과 으르렁거리기로 물리쳤다고 생각한다. 이것이 의도되지 않은 상태에서 반복되어 강화된 것이다.

예 개가 어렸을 때 두려움에 의한 짖음을 칭찬했을 경우, 누가 자신의 집이나 다른 사람 가족에 다가올 때 짖으며 공격적인 행동을 한다.

③ 낮은 복종훈련 수준: 자신의 세력권을 방위하기 위한 본능적인 행동이지만, 영역성 공격행동을 억제하도록 적절한 복종훈련과 관리기법이 부족해서 생기는 경우도 있다.

④ 영역에 대한 과도한 집착: 자신의 세력권을 방위하기 위한 생득적인 행동이 과도한 경우에 나타나는 경우도 있다.

(2) 진단

공격적인 행동의 관찰과 함께 다음의 문진표에 답을 해보면 영역성 공격성을 진단할 수 있다.

예 **영역성 공격행동을 보이는 개**

질문	관찰 내용
언제	아무 때나
어디서	집, 마당에서만 공격적인 행동을 보인다.
그 시점에 무슨 일이 있었는가?	택배기사님이 물건 배달을 위해 방문
그 상황에 개에게 무슨 일이 일어났는가? (개에게 신체적 접촉 등)	택배기사님은 물건만 두고 갔다.
그 상황에 개는 무슨 행동을 했는가? (대상 등)	엎드려 있다가 짖고 달려들었다.
그 상황에 개에게 무슨 일이 앞으로 일어날 예정이었는가? (개에게 신체적 접촉 등)	택배기사님은 물건만 두고 갈 예정이다.
그 상황에 개는 무슨 행동을 할 예정인가? (대상 등)	공격할 것 같다.
무엇이 개의 공격행동을 멈추거나 막은 것 같은가?	막지 못했다.

위의 예의 개는 집이나 마당에서만 공격적인 행동을 보인다. 외부인이나 다른 개가 오면 공격적인 행동을 보인다. 따라서 영역성 공격행동으로 진단할 수 있다.

(3) 행동치료

동물의 학습원리에서 언급한 내용들을 종합하여 적용한다. 실무에서 적용하는 사례이다. 행동치료방법은 개인과 상황에 따라 다르게 사용할 수 있다. 동물복지라는 관점, 행동교정의 효과성과 지속성, 부작용을 고려해서 적용하는 것이 필요하다.

① 행동수정법

㉮ 역조건부여(길항조건부여, Counter conditioning)

㉠ 다른 방문자나 동물이 왔을 때 영역을 지키려는 감정을 긍정적 감정으로 연관시키도록 한다. 예를 들면 방문자나 동물이 왔을 때 좋은 일이 일어나도록 보호자가 개를 통제한 상태에서 택배기사에게 부탁해 간식을 주도록 한다. 친절한 개와 그 보호자를 초대하여 집에서 다른 사람과 개와 즐겁게 상호작용할 기회를 자주 가진다.

㉡ 동시에 영역으로 인식하지 않는 공간에서 사람이나 다른 개에 대한 사회화 교육을 한다.

㉯ 복종훈련으로 '놔둬(Leave it)' 교육을 한다. 영역성 공격행동을 보이기 전에 보호자가 먼저 명령어를 한다.

㉰ 습관화

㉠ 탈감각화: 사람에 대한 영역성 공격행동을 보이는 개의 경우, 단계적으로 치료를 한다. 좋아하는 사람, 낯선 사람 방문 순으로 진행한다. 단계를 잘 따르고 넘어갈 때 다음 단계로 넘어가야 한다.

㉡ 홍수법과 긍정처벌을 조합하여 사용한다.

영역성 공격행동을 보이는 경우 전문가가 침입자로 위장해 오히려 더 강하게 신체적 자극을 주거나 처벌을 한다. 또는 개가 통제할 수 없는 상황에서, 예를 들면, 러닝머신 위를 달리게 한 상태에서 낯선 사람이 들어온다. 홍수법의 경우 문제행동 치료 효과를 보지 못할 경우 오히려 더욱 악화될 수 있으므로 주의해야 한다.

㉣ 긍정처벌의 예

㉠ 원격처벌장치를 착용하도록 하여 영역성 공격행동을 보일 경우 처벌을 준다. 침입자에 대한 기본적인 감정의 변화는 없다. 그저 고통이 무서워 멈출 수 있다. 통제가 안 되는 상황에서는 영역성 공격행동이 다시 나타날 수 있다.

㉡ 보호자의 통제하에 영역성 공격행동을 보일 경우 행동수정 도구인 초크체인이나 핀치칼라를 이용해 처벌을 준다. 기본적인 감정의 변화는 없다. 오히려 초크체인이나 핀치칼라를 사용하는 사람에게 공격행동을 보일 수 있으니 주의해야 한다.

㉢ 목소리를 이용해 영역성 공격행동을 보일 경우 소리 지른다. 소리 지르는 사람에게 공격행동을 보일 수 있으니 주의해야 한다.

② 관리기법

영역성 공격행동을 보이는 개의 경우 관리기법으로 문밖에 '그냥 물건 두고 가세요'라는 표식을 해줌으로써 강화되는 것을 막을 수 있다.

2) 공포성 공격행동(Fear aggression)

개들에게 가장 많이 보이는 공격행동이다. 겁먹은 개는 궁지에 몰리거나 갇히면 공격적으로 될 수 있다. 본인의 의지와 상관없이 공포와 불안을 회피할 수 없는 경우 싸우며 저항하는 것이다. 일반적으로 공포성 공격행동의 경우 행동학적 · 생리학적 징후를 동반한다.

개는 무서운 것으로부터 자신을 방어하려고 한다. 겁에 질린 개는 보통 두려운 자세를 취하고 물러가지만, 궁지에 몰리거나 갇히면 공격적으로 변할 수 있다. 어떤 개들은 체벌을 생각하면 움츠러들지만, 위협적인 사람이 다가가면 공격하기도 한다. 겁에 질린 개는 겁을 주는 사람이나 동물로부터 도망치기도 하지만, 사람이나 동물이 떠나려고 돌아서면 뒤에서 다가와 물어뜯는다. 개가 두려움으로 공격적인 행동을 보이는 경우, 개에게 등을 보인다면 위험에 빠질 수 있다. 예를 들어, 어린아이가 개의 입이나 꼬리를 잡은 경우 개는 무서워 공격행동을 보일 수 있다.

겁에 질린 개는 이빨을 드러내지 않고, 사람이나 다른 개에게 경고하기 위해 으르렁거리며, 겁에 질린 자세와 뒤로 퇴각하려는 자세를 취하기도 한다. 두려움에 의한 공포성 공격행동은 수컷과 암컷, 강아지와 성견 모두에게 공통적으로 보인다.

(1) 원인

① 부적절한 사회화: 사회화 시기에 사람, 다른 동물, 사물 등과 같은 것에 사회화가 부족했을 경우가 많다.

② 학대경험 또는 혐오경험: 과거에 학대 또는 혐오 경험을 겪은 경우 공포성 공격행동을 보일 수 있다.

③ 유전적 배경, 선택적 번식, 선천적 기질: 천성적으로 공포나 불안을 보이는 개체가 존재한다.

④ 과도한 공포나 불안: 통제할 수 없는 공포나 불안, 위협을 받으면 본능적으로 공격행동을 보인다.

⑤ 훈련 부족: 불안과 공포에 대한 공격성의 원인은 다양하나 복종훈련이나 집중력 훈련이 부족한 경우에도 발현될 수 있다.

⑥ 만성적으로 축적된 스트레스를 주는 부적절한 환경: 운동 부족, 먹이 부족, 물 부족, 과도한 소음에 노출 등 만성적으로 스트레스가 축적된 경우 예민해져서 공격성이 발현될 수 있다.

(2) 진단

공격적인 행동의 관찰과 함께 다음의 문진표에 답을 해보면 공포성 공격성을 진단할 수 있다.

예 공포성 공격행동을 보이는 개

질문	관찰 내용
언제	자신보다 큰 대형견을 만났을 때
어디서	강아지 놀이터
그 시점에 무슨 일이 있었는가?	다른 대형견이 멀리서 자신에게 다가올 때
그 상황에 개에게 무슨 일이 일어났는가? (개에게 신체적 접촉 등)	아무 일도 일어나지 않음
그 상황에 개는 무슨 행동을 했는가? (대상 등)	호흡이 빨라지고 으르렁거린다.
그 상황에 개에게 무슨 일이 앞으로 일어날 예정이었는가? (개에게 신체적 접촉 등)	대형견이 인사하러 다가온다. 얼굴인사, 항문인사
그 상황에 개는 무슨 행동을 할 예정인가? (대상 등)	꼬리 말고, 짖으며 뒷걸음친다.
무엇이 개의 공격행동을 멈추거나 막은 것 같은가?	대형견이 다른 곳으로 간다.

위의 예의 개는 다른 대형견에 대한 공포성 공격행동을 보이는 경우이다.

(3) 행동치료

① 행동수정법

㉮ 계통적 탈감각화와 역조건형성(Counter-conditioning)

공포나 불안이 원인이 되어 공격행동을 보이는 경우에는 공포나 불안을 주는 요인을 제거하거나 탈감각화를 시켜준다.

예를 들어, 다른 개에 대해 공격행동을 보인다면, 멀리서 지켜보는 것부터 시작할 수 있다. 또는 개의 행동학적 변화 또는 생리학적 변화가 일어나는 거리를 관찰한 후 그 거리 밖에서부터 다른 개를 보도록 하여 점차 거리를 좁혀가는 것이다.

동시에 역조건형성으로 멀리서 다른 개를 보고 있거나 보고 난 후 개를 집중하게 하여 간식을 주면 개는 다른 개를 무시하고 보호자에게 집중할 수 있다.

◉ 평행 산책(Parallel walking) – 카밍시그널을 이용한 탈감각화의 방법

개와 개 사이에 사람들이 중간에 끼어들어 같은 방향으로 산책한다. 처음에는 개와 개 사이가 먼 곳에서부터 가까운 곳으로 이동한다. 개와 개 사이에 사람이 있으므로 개들은 진정하고 편안해질 수 있다.

* 평행 산책을 이용하여 응용하는 방법으로 친절한 개가 앞에서 먼저 거리를 두고 가고, 공포성 공격행동을 보이는 개가 뒤에서 따라간다. 거리를 점진적으로 좁혀가면 반복한다. 또한 반대 방향에서 커빙(curving)을 하며 지나가는 연습을 한다. 이때도 중간에 사람이 있으면 도움이 된다.

㉯ 조작적 조건화

㉠ 긍정강화: 개가 공포나 불안의 대상으로부터 집중하지 않도록 보호자나 핸들러에게 집중할 수 있는 '이름에 대한 반응 높이기', '쳐다보기', '걷다가 앉기' 등의 동작을 강화한다.

㉡ 긍정처벌: 공포성 공격행동의 경우 긍정처벌이 효과적이지 않을 수 있다.
개가 느끼는 공포나 불안은 제거하거나 감소시켜야 한다. 처벌로는 극복하지 못한다. 오히려 부작용과 역효과의 우려가 크다. 또한 처벌했을 경우 보호자와의 신뢰가 깨질 수 있다. 신체적 체벌을 하는 경우 두려움이 더욱 증가할 수 있다.

② 기본 훈련

개가 공포성 공격행동의 신호를 보이면 바로 조치를 취해야 한다. '앉기', '놔둬' 같은 기본적인 훈련을 한다. 식사시간은 '앉아' 교육의 최적 시간이다. 매일매일 반복적인 식사시간은 반복되는 훈련시간이 될 수 있다.

③ 대체행동

공포성 공격행동을 보이는 징후가 나타나면 개가 좋아하는 장난감을 이용해 다른 행동을 유도한 후 공포에 대한 긍정적 연관을 짓도록 한다.

④ 관리기법

개가 공포성 공격행동을 보였던 경험이나 징후가 보이는 대상, 물체 등을 피한다.

켄넬교육을 시켜 공포나 위협으로부터 피할 수 있는 공간을 만들어 준다.

◉ 방향이 전환된 공격행동(Redirected aggression)

방향이 전환된 공격행동은 개가 좌절할 필요가 없다는 점을 제외하고는 욕구좌절 공격행동과 매우 유사하다. 개가 사람이나 동물에 의해 자극되거나 공격성을 보이고 다른 누군가가 간섭할 때 발생한다.

예를 들어, 사람들이 개싸움을 막으려고 할 때 종종 물리는 경우이다. 사람이 싸우는 개를 잡거나 밀면 개가 갑자기 몸을 돌려 물 수도 있다. 또 다른 예는 두 마리의 개가 울타리 너머에 누군가를 향해 짖을 때 한쪽이 돌아서서 다른 쪽을 공격하는 경우이다.

수컷과 암컷 개들은 똑같이 공격행동의 방향을 바꾸는 경향이 있고, 이러한 유형의 공격행동은 강아지와 성견 모두에서 발생한다.

◉ 아픔에 의한 공격행동(Pain-elicited aggression)

개가 질병이나 상처가 있는 경우 아픈 부위를 만지면 반사적으로 일어나는 공격행동이다. 특히 동물병원에서 진찰이나 예방접종 등을 받거나 개가 미용을 할 때 일어나는 경우가 있다. 따라서 동물병원이나 애견 미용실에서 개를 다룰 때 주의해야 한다.

훈련 및 행동교정을 위해 핀치칼라나 초크체인(초크칼라) 같은 특정 훈련 도구를 부적절하게 사용하는 경우 개에게 고통을 주고 오히려 공격행동을 유발할 수 있으므로 주의해서 사용해야 한다. 수컷과 암컷 개들은 똑같이 고통을 수반하는 공격성을 가지며, 이러한 공격성은 강아지와 성견 모두에게 발생할 수 있다.

◉ **개의 싸움**

개의 싸움은 예측하지 못한 상황에서 일어나는 경우가 많으며 싸움에 따라 심각한 부상과 트라우마를 개와 보호자에게 남기게 된다. 가정에서 다견이 있는 경우 보통 사회적 신호를 읽거나 자원을 지키기 위해 싸움이 일어나는 경우가 많다.

만성적인 스트레스, 부적절한 환경으로 인해 싸움이 일어나기도 한다. 개는 싸울 때 처음 공격에는 스스로 조절하여 문다. 상처를 더 입힐 수 있지만, 의식적으로 어느 선까지만 상처를 입히는 경우가 많다.

개싸움을 사람이 말리는 경우 방향이 전환된 공격행동이 나타날 수 있으므로 매우 주의해서 말려야 한다. 가급적 사람의 신체를 사용하지 않고 개를 말려야 한다. 예를 들어, 싸우는 개들에게 담요를 덮거나, 외부라면 물을 뿌리거나, 바리케이드가 되는 물건으로 개들 사이에 넣어 말려야 한다.

특발성 공격행동의 경우 원인, 대상, 동기부여 등에 대해 알 수 없는 경우도 있지만, 관찰을 통해 파악하는 경우가 많으므로 공격행동을 분석하여 적절한 행동수정법과 관리기법 등을 이용하여 교정해야 한다.

- 복종훈련 교육: '여기(place) – 엎드려', '놔둬' 교육을 철저히 한다.
- 긍정강화: 서로 떨어져 있으면 무시하고, 개들이 함께 있을 때는 개들과 함께 즐거운 게임이나 놀이를 하며 간식을 양손으로 준다.
- 개가 서로 긴장하고 싸우려는 징후가 보이면 바로 부른 후, 분위기를 전환시킨 후, 적절한 놀이 후 보상한다.

2. 과도한 짖음(Excessive barking)

개의 과도한 짖음은 개의 문제행동 중 가장 많은 비율을 차지하는 문제이다. 특히 주위 이웃 간의 갈등을 일으키는 문제행동이기도 하다.

개에게 짖는 것은 의사소통의 한 형태이고, 완전히 정상적인 개의 행동이다. 그러나 과도하게 개가 짖는다면 개 또는 가족에게 무언가의 중요한 청각신호이다.

개는 여러 가지 이유로 짖는다. 예를 들어, 흥분하거나, 좌절하거나, 지루하거나, 특히 개는 두렵거나 위협을 느끼는 경우, 누군가에게 멀리 가거나 떠나라는 신호로 짖을 수도 있다.

과도한 짖음을 분류할 때 가장 많이 차지하는 경우는 학습된 짖음인 경우가 많다. 개들은 자신이 가장 좋아하는 장난감과 같은 특별한 무언가를 원하기 때문에 짖을 수도 있다. 분리불안이 있는 개의 경우도 짖을 수 있다.

개가 평소보다 과도하게 짖는다면 원인을 알아내 제거하는 것이 가장 좋은 방법이다. 또한 개가 청각 장애 등과 같은 건강 문제로 짖을 수 있다. 개가 건강상의 문제로 짖는 것이 의심되면 수의사를 찾아가야 한다.

개가 과도하게 짖는다면 행동수정법, 관리기법 등을 이용해 행동교정을 할 수 있다. 행동수정법에서 긍정처벌의 경우 주의해야 한다. 처벌은 그 행동을 했을 때마다 주어야 한다. 간헐적 처벌의 경우 오히려 강화시키는 경우도 있다. 문제행동을 수정하기 위해 처벌을 사용하는 경우 타이밍이 중요하다. 즉, 즉시성이다. 문제행동을 한 후 일정 기간이 지났다면 처벌은 무의미할 수 있다. 오히려 핸들러, 훈련사, 보호자와의 상호신뢰를 깰 수 있음을 유의해야 한다.

짖음의 유형에 따라, 개체별 환경과 특성에 맞는 행동수정법을 사용하여야 한다.

◉ 개의 짖음에 대한 관리기법

- 충분한 산책, 운동과 활동을 통해 개가 에너지를 발산함으로써 지루함을 방지하는 것이다.
- 외부의 대상을 보고 짖는다면 외부를 보지 못하도록 커튼을 단다. 접근을 금지한다.
- 소리에 민감하여 짖는다면 평소에 TV나 라디오를 켜 놓는다.
- 개가 평소에 짖는다면 주위 사람들과 친분을 쌓는 것이 좋다. 개가 짖으면 보호자는 항상 예민해 있다. 따라서 좋은 인간관계를 먼저 쌓은 후 행동수정법을 적용하면 좋다.

◉ 개가 짖는 강도와 빈도를 줄이는 방법

- 개가 한 번에 짖는 횟수를 줄여나간다.
- 개가 반응해서 짖게 되는 여러 가지 상황을 줄이거나 제거해 나간다.
- 개가 평상시에 짖지 않고 조용히 있으면 칭찬해 준다. (캡쳐링(Capturing))

◉ 과도한 짖음의 행동치료에 필요한 기본 훈련

- '앉아'
- 띠리 걷기(Heel)
- 부르면 시선 맞추기(Eye contact)
- 부르면 오기(Come)

◉ **과도한 짖음의 행동치료에 사용하는 행동수정법**

① 탈감각화: 짖는 원인이 경계 또는 방어
② 역조건형성(Counter-conditioning)
③ 조작적 조건화
- 긍정강화: 짖지 않을 때 보상한다.
- 부정처벌: 짖을 때 다른 곳으로 격리한다.
- 긍정처벌: 짖을 때 초크체인 등 혐오자극을 주어 멈춘다.
④ 관리기법: 지루하거나 만성적인 스트레스를 가진 개는 짖는 경우가 발생할 가능성이 높다. 따라서 산책하기, 운동하기, 놀기 등의 신체적 · 정신적 자극을 준다.

개는 감정이 매우 풍부하다. 개가 감정을 표현할 때 시각적 신호와 청각신호로 대부분 조합하여 표현하는 경우가 많다.

짖음의 원인과 유형에 따라 적절한 행동수정법의 적용이 필요하다. 잘못된 행동교정 방법을 사용할 경우 역효과가 날 수 있다는 것을 명심해야 한다.

습관화, 역조건형성, 조작적 조건화의 기법을 종합하여 사용하면 효과적이다.

1) 흥분성 짖음(Excitement barking)

(1) 원인

① 부적절한 사회화: 사회화 시기에 사람, 다른 동물, 사물 등과 같은 것에 사회화가 부족했을 경우가 많다.
② 훈련 부족: 복종훈련이나 집중력 훈련이 부족한 경우에 보이는 경우가 많다.
③ 부적절한 양육: 흥분했을 때 보호자들이 흥분을 조절하는 교육 대신 무의식적으로 흥분상황을 강화시킨 경우에 주로 발생한다. 신체적 · 정신적 자극이 부족해 생기는 경우도 있다. 예를 들면, 적절한 산책, 운동, 놀이, 보호자와의 상호활동 부족, 혼자 오랜 시간 보내기, 배고픔이나 갈증 등이다.
④ 만성적인 스트레스: 부적절한 공놀이, 프리스비, 달리기, 매일 다른 개나 핸들러와의 놀이 등 과도하게 개를 흥분시키는 경우이다. 부족한 것도 원인이 되기도 하지만 과도한 경우에도 발생시킬 수 있다.

(2) 진단

흥분성 짖음의 경우 관찰과 함께 다음의 문진표에 답을 해보면 흥분성 짖음을 진단할 수 있다. 일반적으로 점프를 한다. 리드줄을 물거나 바지나 다리를 깨물 수 있다. 리드줄을 과도하게 끌고, 문 쪽으로 달려가거나, 다른 개에게 달려가거나, 자동차, 고양이 등 다른 사물에게 달려가는 경우도 있다.

예 흥분성 짖음을 보이는 개

질문	관찰 내용
언제	손님이 방문했을 때
어디서	집
그 시점에 무슨 일이 있었는가?	손님이 초인종을 눌렀을 때
그 상황에 개에게 무슨 일이 일어났는가? (개에게 신체적 접촉 등)	아무 일도 일어나지 않음
그 상황에 개는 무슨 행동을 했는가? (대상 등)	호흡이 빨라지며 문 앞에서 짖는다.
그 상황에 개에게 무슨 일이 앞으로 일어날 예정이었는가? (개에게 신체적 접촉 등)	짖지 말라고 보호자가 소리친다.
그 상황에 개는 무슨 행동을 할 예정인가? (대상 등)	방문자에게 점프하거나 발을 들어 사람에게 매달린다.
무엇이 개의 짖는 행동을 멈추거나 막은 것 같은가?	간식을 주거나 다른 곳으로 데려간다.

(3) 행동치료

① 행동수정법

㉮ 역조건형성(Counter-conditioning)

대체행동, 즉 대체할 수 있는 장난감, 물건을 스스로 입에 물도록 제공한다. '가져와' 놀이를 통해 다른 곳에 집중하도록 한다.

㉯ 조작적 조건화

㉠ 긍정강화: 개가 흥분한 대상에 집중하지 않도록 핸들러에게 집중할 수 있는 '이름에 대한 반응 높이기', '쳐다보기', '걷다가 앉기', '뇌둬', '기다려' 등의 동작을 강화한다.

㉡ 긍정처벌: 흥분성 짖음의 경우, 혐오자극(초크체인 등)을 주어 행동수정하는 것은

바람직하지 않을 수 있다. 오히려 방문하는 사람 또는 대상물에 대해 부정적 감정으로 연관 지어 학습할 수 있다. 긍정처벌은 주의해서 사용해야 한다.

㉢ 부정처벌: 개가 흥분성 짖음을 보이는 경우, 사회적 처벌인 무시하기와 같은 특정 공간에 넣어두고 짖지 않을 때 다시 데려오는 연습을 한다. 이때 가능하다면 짖지 않았을 때 다시 데리고 나온다. 결국 개는 짖지 않아야 사람들과 상호작용할 수 있다는 것을 학습할 수 있다.

② 기본 훈련

개가 흥분성 짖음을 보이면, 바로 조치를 취해야 한다. '앉기', '기다려' 같은 기본적인 훈련을 한다. 식사시간은 '앉아' 교육의 최적 시간이다. 매일매일 반복적인 식사시간은 반복되는 훈련시간이 될 수 있다.

③ 관리기법

㉮ 핸들러는 천천히 침착하게 행동을 해야 한다. 당황하지 않는 것이 중요하다.

㉯ 무의식적으로 잘못된 행동에 대해 보상을 하지 말아야 한다.

㉰ 평상시에 에너지를 발산할 수 있도록 충분한 산책, 운동을 시켜주어야 한다. 개가 좋아하고 흥분하는 대상에 가끔 표현할 기회를 주어야 한다. 사회성이 발달했다면 놀이터에 가서 신나게 다른 개와 놀게 해주거나, 다른 개와 친하지 않다면 보호자와 신나게 놀이를 하는 것도 좋은 방법이다.

◉ 무의식적인 보상

- 개에게 말을 한다. 원치 않는 흥분성 짖음에 대해 처벌의 방법으로 소리치거나, 부적절한 타이밍에 명령어를 사용하는 것도 개에게는 보상이 될 수 있다.
- 개를 쳐다본다.
- 개를 만진다.

◉ 흥분성 짖음의 대상이 다른 개인 경우

탈감각화의 방법을 이용해 멀리서 다른 개를 지켜보게 하며, 동시에 헨들러에게 집중하도록 하면 흥분성 짖음이 점차 감소할 수 있다.

2) 두려움에 의한 짖음(Fear barking)

(1) 원인

① 부적절한 사회화: 사회화 시기에 사람, 다른 동물, 사물 등과 같은 것에 사회화가 부족했을 경우가 많다.

② 훈련 부족: 복종훈련이나 집중력 훈련이 부족한 경우에 보이는 경우가 많다.

③ 부적절한 양육: 두려움에 의한 짖음을 했을 때 처벌을 하거나 무시했을 경우 더욱 강화되는 경우이다. 또는 의도적이지 않은 강화의 경우도 있다. 두려움으로 짖는 경우 '안아주기', '말로 혼내기', '괜찮다고 쓰다듬기' 등의 부적절한 강화도 있다. 신체적 · 정신적 자극이 부족해 생기는 경우도 있다. 적절한 산책, 운동, 놀이, 보호자와의 상호활동 부족, 혼자 오랜 시간 보내기, 먹이나 물 등이 부족한 경우이다.

④ 만성적인 스트레스: 과도한 소음 노출, 다른 사람이나 개에게 노출된 공간, 불안전한 공간, 휴식 부족 등이다.

⑤ 유전적 성향, 선택 교배, 선천적 기질

(2) 진단

두려움에 의한 짖음의 경우 관찰과 함께 다음의 문진표에 답을 해보면 두려움에 의한 짖음을 진단할 수 있다. 일반적으로 어떤 대상에 두려움을 느끼면 개는 생존을 위한 아주 자연스러운 시스템이 작동되어 자신의 스트레스 레벨이 올라가게 된다. 어떤 대상에 대해 두려움에 의한 짖음을 하는지를 파악하는 것이 매우 중요하다. 원인과 대상을 분석한 후 행동치료를 한다.

예를 들어, 개가 두려움의 대상을 적절하게 대처하는 상황이면 개는 도망가거나, 복종하거나, 공격하는 방법 중 어떤 것을 선택하기 전에 입(소리)을 이용해 자연스럽게 자신의 감정을 표현하게 된다. 이때 내는 짖음이 두려움에 의한 짖음이다.

예 두려움에 의한 짖음을 보이는 개

질문	관찰 내용
언제	산책 중에 다른 개를 만났을 때
어디서	공원
그 시점에 무슨 일이 있었는가?	산책 중 맞은편에 개가 다가온다.
그 상황에 개에게 무슨 일이 일어났는가? (개에게 신체적 접촉 등)	직접적으로 아무 일도 없었다.
그 상황에 개는 무슨 행동을 했는가? (대상 등)	호흡이 빨라지며 뒤에 중심을 두고 짖는다.
그 상황에 개에게 무슨 일이 앞으로 일어날 예정이었는가? (개에게 신체적 접촉 등)	인사시키려 개를 끌고 간다. 보호자가 개를 안아 올린다.
그 상황에 개는 무슨 행동을 할 예정인가? (대상 등)	계속 짖는다.
무엇이 개의 짖는 행동을 멈추거나 막은 것 같은가?	입을 막거나, 다른 곳으로 간다.

(3) 행동치료

두려움으로 짖는 경우에는 원인 제거도 중요하며 행동수정법을 통해 치료하거나 관리기법을 이용해 최대한 짖는 환경을 만들지 않는 것도 중요하다. 인내심을 가지고 단계적으로 적용해야 효과적이다. 너무 빠르게 또는 갑작스럽게 하는 홍수법은 역효과를 낼 수 있다.

① 행동수정법

행동수정법을 사용할 때는 한 가지 방법을 사용하는 것이 아니라 다른 방법과 조합하여 사용하는 경우가 많다. 탈감각화, 역조건형성, 긍정강화를 종합한 패턴훈련(pattern training)이 매우 효과적이다.

㉮ 탈감각화

개가 두려워하는 대상이나 자극에 둔감화시킨다. 다른 개나 사람의 경우 멀리서 관찰하도록 한다. 다른 개가 산책하거나 놀이하는 모습을 보여준다. 개의 경우 먼 거리에서부터 가까운 거리로 점차 거리를 좁히며 보도록 한다. 앞에서 언급한 평행 산책도 좋은 방법이다.

㉯ 역조건형성(Counter-conditioning)

대체행동, 즉 대체할 수 있는 간식, 장난감, 물건을 스스로 먹거나 입에 물도록 제공한다. 장난감을 통해 다른 곳에 집중하도록 한다. 또는 '앉기'를 시켜 집중하도록 한 후 간식을 준다.

㉰ 조작적 조건화

㉠ 긍정강화: 개가 경계한 대상에 집중하지 않도록 핸들러에게 집중할 수 있는 '이름에 대한 반응 높이기', '쳐다보기', '걷다가 앉기', '놔둬', '기다려' 등의 동작을 강화한다.

㉡ 긍정처벌: 두려움에 의한 짖음의 경우 혐오자극(초크체인, 소리 지르기 등)을 주어 행동치료하는 것은 바람직하지 않을 수 있다. 대상에게 부정적 감정으로 연관 짓는 학습이 되어 오히려 악화될 수 있다. 따라서 전문가가 아니면 사용하지 않는 것을 권한다. 일반적으로 보호자들이 가장 많이 사용하는 방법이다.

㉢ 부정처벌: 두려움에 의한 짖음은 도움이 필요하다. 무시하기 등의 부정처벌 방법은 더욱 악화시킬 수 있으므로 적절하지 않을 수 있다.

② 기본 훈련

개가 두려움으로 짖거나 짖을 징후를 보이면 바로 조치를 취해야 한다. '앉기', '기다려', '시선 맞추기', '놔둬'와 같은 기본적인 훈련을 평소에 습관처럼 실시한다. 켄넬교육을 통해 '하우스' 또는 특정 공간, 예를 들어, 방석이나 매트에 올라가도록 하는 훈련을 시켜 그곳에서 머무르도록 한다.

③ 관리기법

핸들러는 천천히 침착하게 행동을 해야 한다. 당황하지 않는 것이 중요하다. 개가 두려움을 느끼는 대상을 제거한다. 또한 무의식적으로 잘못된 행동에 대한 보상을 하지 말아야 한다.

예를 들어, 평상시에 두려움을 일으키는 대상을 만났을 때 카밍시그널의 일종인 커빙(curving)을 이용하거나 개와 두려운 대싱 사이에 핸들러가 들이가 있는 것도 방법이디.

신체적 · 정신적 자극을 줄 수 있는 산책, 운동, 놀이를 충분히 해주는 것도 매우 중요하다.

◉ 패턴 훈련(Pattern training)

① 실내에 종이컵이나 고깔을 일직선으로 일정한 거리 2~3m 간격으로 4개를 배치한다.
② 처음에는 개에게 리드줄을 채워 개와 걸으며 핸들러와 개가 고깔에 도착할 때마다 개에게 간식을 준다. 간식을 줄 때 이름을 부르며 '옳지' 또는 'yes'를 한다.
③ 이렇게 반복하여 연속적으로 5번 왕복 연습을 한다.
④ 개와 핸들러가 충분히 연습이 되면 개는 핸들러가 언제 멈추는지, 언제 간식을 주는지 학습하게 되어 핸들러에게 집중하게 된다.
⑤ 이제 충분한 연습이 되었다면, 고깔이 있을 때마다 간식을 주지 말고 하나 건너뛰어 준다. 이렇게 연습을 한다. 충분히 연습이 되면 이제 간헐적으로 이름과 간식을 주는 연습을 한다. 이때 개는 핸들러에게 집중해야 한다. 만약 집중하지 못한다면 처음으로 돌아가야 한다.
⑥ 이 연습이 완벽하게 되었다면 훈련상황에서 훈련받는 개가 반응하지 않을 정도의 일정 거리에 다른 개나 인형을 반대편에 두고 연습을 반복한다.
⑦ 거리를 점차 좁혀 가까운 곳에서도 반응하지 않는 상황까지 연습한다.
⑧ 야외에서도 연습한다.

그림 3-5 패턴 훈련

출처: 구글.

3. 분리불안(Separation anxiety)

보호자가 없이 집, 자동차, 창고 등 특정 공간에 혼자 있을 때 보이는 과도한 짖음, 하울링, 파괴적 활동, 배변 실수, 땅파기 등과 같은 행동학적 불안징후나 구토, 설사, 떨림 등과 같은 생리학적 증상을 보이는 경우가 있다. 또한 먹이나 간식을 먹지 않는 경우도 많다.

분리불안은 보호자와의 과도한 애착과 유전적 소인으로 발생할 수 있다. 가족 구성원의 변화, 일상 생활환경의 변화 등 특정 환경에 놓이면 분리불안이 발생하거나 심각해질 수 있다.

(1) 원인

① 부적절한 사회화: 사회화 시기에 사람, 다른 동물, 사물 등과 같은 것에 사회화가 부족했을 경우가 많다.

② 유전적 소인, 선택적 번식, 선천적 기질: 선천적으로 불안을 보이는 개체가 존재한다.

③ 부적절한 양육: 과도한 애착이 형성되어 분리되었을 때 불안증상을 보이는 경우이다.

④ 만성적인 스트레스를 주는 부적절한 환경: 운동 부족, 먹이 부족, 물 부족, 과도한 소음에 노출 등이다.

(2) 증상

개마다 분리불안의 증상은 다르다. 다음은 대표적인 증상이다.

① 대소변을 못 가린다.
② 지속해서 짖거나 하울링을 한다.
③ 파괴적 행동을 한다(씹기).
④ 측대보를 한다(pacing).
⑤ 물이나 음식을 먹지 않는다.
⑥ 자신의 발을 핥거나 상처를 입힌다.
⑦ 식분증과 같은 이상행동을 보인다.
⑧ 보호자를 하루 종일 졸졸 따라다닌다.

(3) 행동치료

① 행동수정법

탈감각화와 부정처벌을 조합해서 이용하면 효과적이다.

㉮ 계통적 탈감각화와 역조건형성(Counter-conditioning)

분리불안이 원인이 되어 위의 증상을 보이는 경우에 불안을 주는 요인은 분리, 즉 혼자 있는 경우이다. 그러나 집을 비우고 개가 혼자 있어야 하는 경우에는 발생할 수밖에 없다.

보호자가 없을 때 좋은 일이 벌어진다는 것을 알려주는 방법이다. 예를 들어, 혼자 두고 나갈 때 오래 먹을 수 있는 뼈 간식 같은 맛있는 음식을 주고 나간다. 즉, 혼자 있을 때 좋은 일이 일어나고 긍정적인 감정을 느끼게 하는 것이다.

㉯ 조작적 조건화

㉠ 긍정처벌: 분리불안 증상으로 배변 실수, 짖음 등을 보이는 경우 긍정처벌, 특히 신체적 처벌은 효과가 없다. 분리불안은 감소시켜야 하는 문제행동이다. 오히려 부작용과 역효과의 우려가 크다.

㉡ 부정처벌: 외출 후 돌아왔을 때 개가 흥분하여 호흡도 빨라지고, 짖거나, 다리에 매달리거나 하는 행동을 했을 때 절대 안아주거나, 만져주거나, 말을 걸거나, 눈을 마주쳐서 아는 척을 하지 말아야 한다. 즉, 무시하기를 해야 한다. 개의 호흡이 평상시와 같이 되돌아오고, '앉아 - 기다려' 후에 보상을 해주면 된다.

② 약물요법

분리불안이 심한 경우, 개 스스로 심각한 상처를 입히는 경우도 있다. 행동수정법의 보조요법으로 약물치료를 병행할 수 있다. 분리불안 치료 경험이 있는 수의사에게 진료를 받도록 한다.

③ 기본 훈련

개가 분리불안이 나타나면 바로 조치를 취해야 한다. '앉기', '기다려', '놔둬' 같은 기본적인 훈련을 한다. 기본적인 훈련은 인내심, 독립심, 욕구좌절 참을성을 기를 수 있다.

켄넬교육을 시켜 자신만의 편안한 공간을 만들어 주어 그곳에서 쉴 수 있도록 한다.

④ 관리기법

㉮ 외출 전 개가 전조증상을 보인다. 따라서 개의 전조증상을 완화시키는 것이 필요하다. 분리불안을 보이는 개의 경우 보호자가 옷을 갈아입거나, 자동차 키를 들거나 등의 외출 준비를 하는 순간부터 불안해지며 생리학적 변화와 행동학적 변화가 일어난다. 호흡도 빨라지며 졸졸 따라다닌다. 따라서 개가 짐작하여 판단한 내용이 필요하지 않다는 것을 알려주기 위해 '앉아 - 기다려' 훈련을 몇 회 한 후 보상한다.

㉯ 외출할 것처럼 준비하다가 외출을 하지 않고 개를 무시한 채 집안일, TV 보기, 친구와 통화하기 등의 일상적인 행동을 하는 것을 반복하여 연습한다.

㉰ 개에게 맛있는 간식을 주고 잠시 밖에 나갔다가 되돌아오는 훈련을 반복하여 연습한다. 시간을 점차 늘려야 한다.

㉱ 개가 에너지를 발산하면 일단 쉬고 싶어진다. 즉, 신체적 · 정신적으로 풍부하게 해주게 되면 휴식을 취하게 되어 분리불안 해소에 도움이 된다. 산책의 경우 다양한 산책코스를 이용하면 냄새 맡기에 몰두할 수 있다. 놀이도 다양한 재질, 방법들을 연구하여 해주면 좋다. 분리불안을 보이는 개의 경우 강아지 스포츠(어질리티, 프리스비 등)를 함께하는 것도 좋다. 특히 보호자가 외출 전에 운동이나 놀이를 해주면 분리불안을 감소시킬 수 있다.

◉ 분리불안을 보이는 개의 '기다려' 훈련

PART 04

탐지견

01 Chapter 특수목적견 훈련(탐지견)의 필요성과 행동학

학습목표

1. 탐지견의 필요성을 이해한다.
2. 견의 행동학적 특성을 이해한다.

1. 탐지견(Detection Dog)

19세기 제1차 세계대전(1914~1918) 영국군이 지뢰 탐지견을 사용한 것이 그 시초이다. 1950년 미국, 영국 등 주요 선진국의 국가 기관에서 다양한 임무의 탐지견을 양성 · 운용하기 시작했다.

국내에서는 1980~1990년에 관세청에서 88서울올림픽을 성공적으로 개최하기 위해 탐지견 6두를 도입하여 운영하였으며 그 후 국립수의과학검역원에서 검역을 시작으로 지금은 119구조견 교육대, 경찰, 관세청, 군, 철도경찰 등 여러 특수 임무를 수행하고 있다. 탐지견은 선천적으로 발달한 후각과 체계적인 훈련을 통해 계발된 탐지 능력을 이용하여 국민의 재산과 사회의 안전을 지키는 데 이바지하고 있다. 또한 고가의 기계장비나 기계가 진입하기 어려운 환경, 사람의 능력으로 할 수 없는 위험하고 힘든 일에 신속하고 즉각적인 대응이 가능하다.

탐지견의 활동 분야로는 폭발물 탐지견(경찰, 철도경찰)과 마약 탐지견(공항, 항만), 흰개미 탐지견(문화재 지킴이), 검역 탐지견(농축산물), 환경지킴이견(멸종 위기 동물보호), 수사견(용의자 선별), 정찰견(군견), 암 탐지견, 지폐 탐지견 등 다양한 분야에서 임무를 수행하고 있다.

2. 핸들러

탐지견의 성패를 직접적으로 좌우하는 가장 중요한 요인은 탐지견에 대한 신뢰를 잃지 않는 핸들러이다. 탐지견과 팀을 이루어 호흡을 맞추어야 하므로 많은 어려움이 뒤따른다. 특히 탐지견에 대한 믿음과 신뢰, 인내심을 잃지 않는 것이 매우 중요하다.

탐지견이 훈련에 부응하지 못하여도 핸들러는 항상 탐지견이 자신감을 잃지 않도록 동기부여를 해준다.

우수한 탐지견을 양성 및 운영하는 핸들러는 과도한 육체적 긴장을 겪기 때문에 최상의 신체 상태를 유지해야 하며, 안정적인 성격으로 견의 행동에 쉽게 동요하지 말아야 한다. 견의 행동을 해석하고 견에 대한 애정과 동정심(배려)이 있어야 한다.

인내심과 자제력, 무엇보다 일정한 감정 유지가 중요하며 자신의 훈련을 비판적으로 검토할 준비가 되어야 한다.

탐지견은 핸들러에게 의지하지 않고 독립적으로 수색해야 하며, 핸들러의 부주의한 신호에 반응하지 않아야 한다.

핸들러는 다음에 중점을 두고 탐지견을 운영해야 한다.

- 명령은 단호하고 명확하게 한다.
- 불필요한 명령은 하지 않는다.
- 탭을 하거나 목적물에 정확한 제시를 한다.
- 탐지에 앞서 육안검사 및 탐지 계획을 수립한다.
- 일관성 있는 명령어 사용과 보상체계를 유지한다.
- 한 행동에 한 단어를 사용한다.
- 명령어의 반복을 금지한다. 명령어의 반복 사용은 순간적이고 즉각적인 통제가 불가능하다.

3. 탐지견 운영 및 장단점

탐지견 도입으로 탐지 업무의 효율성 증가
- 즉각적이고 신속한 대응
- 부족한 탐지인력의 충원

1) 탐지견 장·단점 분석(VS 핸들러)

<table>
<tr><th>구분</th><th>장점</th><th>단점</th></tr>
<tr><td>폭파, 대인 탐지</td><td rowspan="2">• 견의 후각적인 능력
– 사람의 1만 배~최고 10만 배
⇒ 전문 효율성 극대화
• 특수목적견 1마리는 구조대원 30명의 몫을 해낸다.
• 고가의 기계장비가 진입하기 어려운 환경에도 신속하게 임무수행을 할 수 있다.</td><td rowspan="2">• 날씨, 온도의 변화에 많은 영향을 받음
⇒ 효과 저하
• 날씨 및 온도에 취약</td></tr>
<tr><td>추적, 구조, 수색</td></tr>
<tr><td>향후 전망</td><td colspan="2">기계경비시스템 + 핸들러 + 탐지견 ⇒ 과학적인 능력 극대화
상호 보완적인 관계를 유지함으로써 완벽에 가까운 수색 및 검역 강화</td></tr>
</table>

2) 탐지견 훈련의 기본

모든 훈련에 적용해야 하는 기본적인 것으로 다음을 이해하고 적용해야 한다.

(1) 개별화

목적을 향하여 훈련하다 보면 개체마다 다르게 변화하고 개체마다 가지고 있는 성향과 특성을 살려 계획적이고 체계적인 프로그램으로 세분화하여 단계별로 교육한다.

(2) 자발성

견 훈련 시 강압적이고 인위적인 교육 방법으로 행동이 이루어지는 교육 방법보다는 견이 능동적으로 동기에 의해 형성되도록 유도한다.

동기 형성 자극 ➡ 자발적으로 수행하려는 반응(행동)

(3) 즉각적인 피드백(feedback)

견 훈련 시 기본에 충실하여 체계적인 훈련을 실시해야 하며, 견 훈련은 즉각적인 피드백(feedback)을 실행함으로써 교정 및 학습 효과를 높인다.

(4) 반복

반복에 의해 새로운 것을 익히고 숙달하는 과정이다. 훈련은 진보시켜야 하며, 점차 복잡한 것을 끼워 넣으면서 견의 행동을 섬세하고 구체적으로 표현할 수 있게 한다.
행동 표현의 반응속도를 향상시키는 데 중점을 둔다.

(5) 확립

목적에 맞는 훈련이 끝나면 새롭게 학습한 행동을 다양한 환경과 장소에서 핸들러의 명령에 즉각적으로 표현해야 한다.

(6) 유지 훈련

유지 훈련은 현재의 상태를 유지하는 실제적 교육 훈련이다. 계획된 훈련 프로그램을 통해 체계적으로 훈련된 견은 일정한 목표나 기준에 도달하고 이를 유지할 수 있어야 한다. 각 개체마다 특성을 파악하여 선택적 유지 훈련을 실시한다.

4. 탐지견 운용 사례 및 대상에 따른 분류

1) 검역 탐지견

농·축산물 전염병의 국내 유입 차단을 위해 공항 및 국제우편물 센터 등에서 후각을 이용하여 농·축산물을 탐지하는 업무

2) 마약·폭발물 탐지견

후각적인 탐지 능력을 개발하여 폭발물 및 마약류를 탐지하는 업무

3) 추적견

도주자의 족적 경로를 따라 후각으로 추적하여 검거하는 업무

4) 수색견

바람에 실려 오는 공기 중의 냄새를 따라 범인이나 실종자를 찾는 업무

5) 사체 탐지견

매몰 또는 유기된 사체를 탐지하여 찾아내는 업무

6) 구조견

① 견으로 하여금 유류품 수색능력을 개발하여 실종 인물을 찾는 업무
② 붕괴 현장에서 매몰된 구조 대상자의 냄새 인지를 통해 구조 대상자의 위치를 찾아내는 업무

출처: 소방청.

7) 환경지킴이견

멸종위기종의 동물을 보호하기 위해 후각을 이용하여 동물의 배설물을 찾아 탐지하는 업무

8) 문화재지킴이견

목조문화재의 해충 피해를 막기 위해 후각을 이용하여 피해를 일으키는 해충을 찾아 탐지하는 업무

9) 수난 탐지견

수난 사고 현장에서 수면 위의 냄새를 통해 수중 구조 대상자의 위치를 찾아내는 업무

출처: 소방청.

10) 화재 탐지견

발화 원인 및 소실된 위치를 찾는 구조견

출처: 소방청.

5. 견의 특성

견은 동물 가운데 사람과 눈을 마주 보는(교감) 유일한 동물이다. 무언가에 겁을 먹거나 두려우면 필사적으로 달아나는 다른 동물과 달리, 견은 자신을 보호할 수 있는 대상(주인)을 찾는다. 이처럼 주인과 견의 교감 관계는 사람이 형성하는 유대 관계와 매우 비슷하지만, 오랜 세월 동안 가축화되어 사회화된 견일지라도 견의 성품은 야생본능, 가축화, 기타(훈련)로 구성된다.

본능이란 연습이나 모방 없이 실제로는 단순한 유전적 행동 형태이다.

자극에 대해서 무의식으로 나타내는 반응, 지속해서 일어나는 복합적인 행동을 본능 행동이라고 한다.

본능 행동은 경계 본능, 자기방어 본능, 종족보존 본능으로 나눌 수 있으며, 다음과 같이 구분할 수 있다.

1. 방어 본능
   - 경계 본능
   - 사냥 본능
   - 운동
   - 도망
   - 주거 본능 (온도조절, 자기관리)

2. 보존 본능
   - 무리(서열)
   - 복종
   - 귀소
   - 모성
   - 생식(번식)

3. 기타 본능
   - 서클링(앉을 경우 선회)
   - 바킹(barking, 짖어서 쫓아버리는 행위)
   - 선도행위

견은 사람과 달리 현재 지향적 동물이다. 사진을 찍을 때 사진기가 대상을 찍는 순간, 단순히 그 순간만을 위하여 존재한다. 클리커 트레이닝에서 캡처링(Capturing)과 비슷하다. 즉각적인 교정과 칭찬은 즉시 이루어져야 한다. 타이밍이 매우 중요하다. 견은 사람처럼 선과 악의 판단을 할 수 없기 때문에 칭찬과 교정으로 철저하게 교육해야 한다. 견이 주인의 물건을 물어뜯어 망가뜨리거나 집안을 어지럽혔을 때 주인이 견을 다그치며 혼내면 견들은 마치 잘못했다는 듯 처량하고 머쓱한 표정을 짓는 경우가 많은데 사실 이는 다분히 사람의 해석일 뿐 실제로 견들은 자기가 한 일이 잘못된 행동이라는 것을 인식하고 이를 반성하는 사고 과정을 처리하지 못하며 죄책감을 느끼지 못한다. 따라서 견의 잘못된 행동을 질책하기보다는 원인 제공을 사전에 방지한다.

6. 탐지견에게 요구되는 드라이브

1) 사냥 드라이브

견은 본능적으로 움직이는 물체에 관한 관심과 호기심이 많은 동물이다.

사냥 본능은 인위적으로 만들어진 욕구가 아닌 부모 견으로부터 대부분 유전적인 요인으로 타고난 것이며 모든 견에게 존재한다.

2) Food 드라이브

Food 드라이브는 사냥 드라이브와 거의 흡사하며 무리의 굶주림(종족 번식)을 위해 사냥하고 포획하는 시도에서 시작되었다.

3) 추적 드라이브

대상물의 냄새를 코를 사용하여 의지와 인내로 그 대상을 집중적으로 찾아낸다.

4) 수색 드라이브

코뿐만 아니라 눈, 귀를 모두 사용하여 대상물의 흔적(어떤 흔적, 물건, 사람 또는 냄새)을 찾아낸다.

발자국 냄새와 허공의 냄새를 맡기 때문에 머리의 움직임이 많고 코를 들어 냄새를 찾는 행동을 보인다.

5) 놀이 드라이브

자견에게 많이 나타나는 행동이다. 어미가 사냥한 이후 자견들이 사냥감을 가지고 놀면서 신체적, 정신적 기술과 힘을 사용하고 제어하는 법을 배운다.

7. 견의 감각

1) 후각

(1) 코(콧구멍)

① 견의 코 기능에는 후각(냄새), 호흡(공기)을 분리하는 기능이 있다.
② 콧구멍과 비강은 공기의 냄새를 흡인한다.
③ 후각 수용 세포(Olfactory receptor cell)는 비강에 위치한 후각 상피층 전체에 걸쳐 분포한다.
④ 견은 공기를 들이마시는 것과 내쉬는 것을 동시에 할 수 있다.
⑤ 서골 비기관(Vomeronasal organ) 또는 야콥손 기관이라고 불리는 이 기관은 페로몬의 냄새를 맡아 정보를 얻는다.

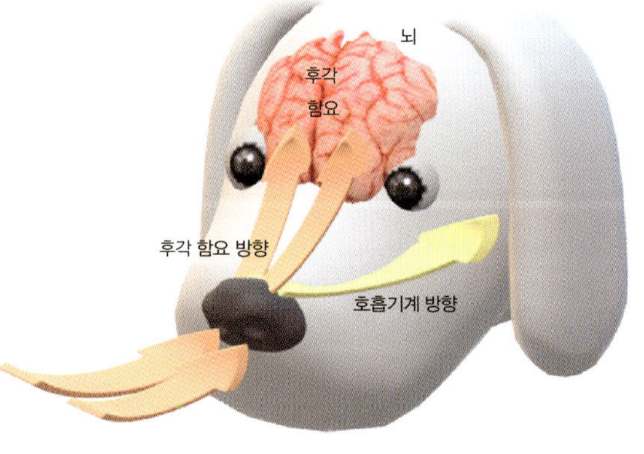

개의 호흡과 후각 수용

출처: National Geographic

(2) 코의 기능

① 냄새 감지
② 체열 발산
③ 호흡 통로

2) 청각

견은 전혀 들을 수 없는 상태로 태어난다. 이관이 닫힌 귀 형태로 태어나 생후 12~14일경 서서히 귀가 열린다.

견의 귀는 무려 18개의 근육으로 귀를 움직여 소리를 모은다. 때문에 사람보다 정확한 소리를 4배나 더 먼 곳까지 들을 수 있다.

견의 귀는 외부의 음파가 외이도를 통하여 고막을 진동시키고 내이에 도달하면 소리를 감지하게 된다.

견의 청각 능력은 견종, 체구와 큰 관계는 없다. 다만, 소리로 구분하고 골라 들으며 잘 때도 들을 수 있다.

견의 청각의 주파수 범위를 사람과 비교하면 사람의 가청범위(들을 수 있는 소리의 범위)는 보통 20~20,000Hz인 반면 견종마다 차이는 있지만 보통 20~40,000Hz 범위의 주파수 대역을 감지할 수 있고 높은 음인 고주파를 사람보다 잘 들을 수 있다. 견을 훈련하는 경우에는 사용할 소리의 양과 톤(높이)이 가장 중요한 것이다.

3) 미각

일반적으로 사람의 혀에 분포된 미뢰의 수는 9,000개이며, 견은 1,700개의 미뢰를 가지고 있다.

※ 미뢰: 혓바닥의 작은 망울과 입안의 점막에 분포되어 맛을 느끼게 하는 세포(단맛과 짠맛은 혀끝, 신맛은 혀 전체에서 느낄 수 있으며 쓴맛에 대한 수용기는 명확하지 않다. 따라서 견은 상대적으로 시각, 청각, 후각에 비해 미각이 잘 발달하지 못한 감각 능력이다.)

4) 촉각

촉각에 관계되는 감각세포들은 통증, 가려움, 온도, 촉각으로 나뉘어 있으며, 통점, 온점, 냉점, 촉점 4개의 수용체가 피부에 점재하고 있다. 견은 통증을 느끼는 수용체가 적기 때문에 야생에서 살아남을 수 있었을 것이다. 견의 코, 혀, 입, 발바닥의 피부는 민감하며 입 주위에는 매우 예민한 촉각모를 가지고 있다.

5) 시각

견의 눈 색은 동공의 크기를 조정하는 홍채의 색에 의존하며, 홍채에 포함되는 색소의 양에 따라 안구색이 달라진다. 견의 망막에는 추상체가 거의 없으며 몇몇 추상체는 파란색과 노란색에만 반응하기 때문에 색의 식별 능력은 거의 두 가지 색상과 그 중간색으로 제한하여 간주한다. 결과적으로 사람처럼 빨간색과 녹색을 잘 식별할 수 없다.

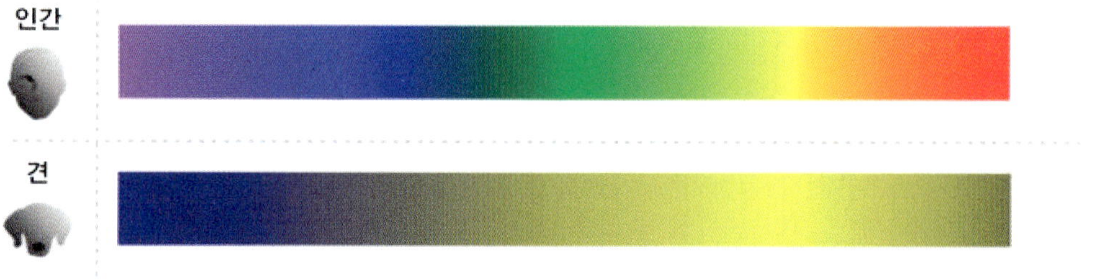

색의 구별

(1) 견의 주간 시력

움직이는 물체에 대한 시력은 사람보다 발달했지만, 움직이지 않는 물체는 사람보다 낮다. (약 80%)

견의 눈에는 사람에게는 없는 반사체가 있다. 견은 반사체로 야간시력 향상에 도움을 받으며 약간의 빛만으로도 대상을 구분할 수 있다.

(2) 시야

견종에 따라 다소 차이가 있다. 퍼그처럼 코가 눌린 단두종은 220도 정도, 그레이하운드나 아프간하운드 등 머즐이 길고 체고가 큰 장두종은 270도이다.

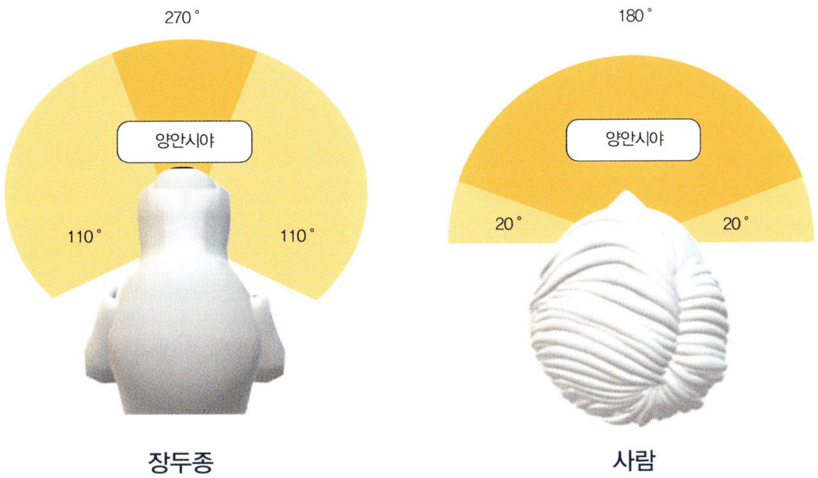

개의 시야

◉ 감각 능력 비교

능력 / 구분	인간	견
후각	1	1만 배~10만 배
청각	1	약 40배
시각	1	• 부동 0.8 • 움직임 동체 시력이 더 뛰어남 • 너무 가까운 것에 초점을 맞출 수 없음 • 시력은 0.26~0.3
촉각	1	1
체온	36.5도	• 37~38도(인간보다 약 1도 높음) • 자견 36~37도
맥박	60~100회	70~80회
호흡	분당 10~20회	분당 15~20회

8. 견의 성장 특징(견의 발달기)

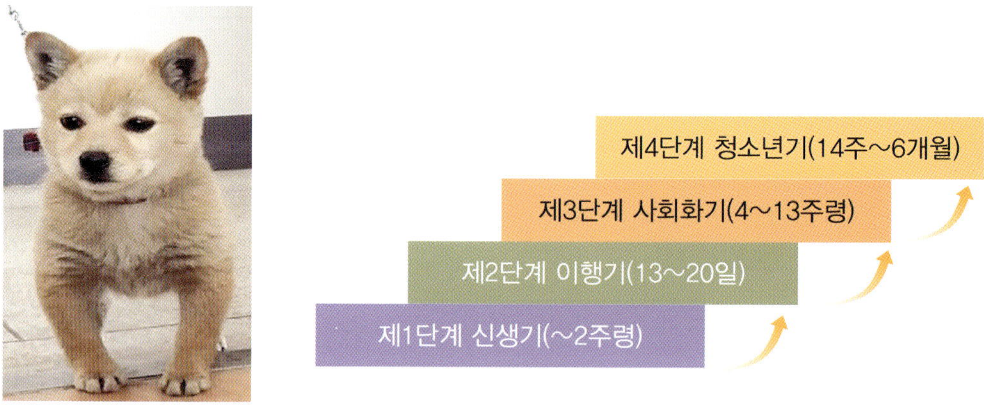

성장 과정

1) 신생기(~2주령)

눈은 열려 있지 않으며(눈 뜨임까지 약 13일) 외이도가 막혀 있다. 촉각 등 모견의 젖꼭지를 찾아내기 위한 일부 감각 외에는 기능하지 않는다. 배변이나 소변도 스스로 할 수 없기 때문에 모견이 생식기를 핥아 도움을 준다. 모견이 새끼에 대해 반응하고 관찰하여 대처하는 시기이다.

◉ **신생기 때 자극의 발달**

- 신경계의 성숙이 촉진됨
- 피모의 발육이 촉진
- 운동 능력이 발달
- 문제해결 능력 발달
- 눈과 귀의 감각이 빨리 발달

2) 이행기(13~20일)

눈이 뜨이기 시작하고 약 15일이 지나면 완전히 개안된다. 물체의 형태를 선명히 구분하는 시기는 보통 30일 정도이다. 개안 후에는 갑작스러운 움직임에 놀라지 않게 유의한다. 견의 감각기관 중 청각의 발달이 가장 느리며 점차적으로 약 20일경에 완전히 열려 외부의 소리에 반응하며 네 다리의 촉각이 발달해 걸음을 시작한다. 사회적 행동 신호로 꼬리를 흔들거나 불민스러운 소리를 내는 등 감각을 통해 많은 양의 정보를 수용하고 그에 따라 뇌가 빠르게 성장하는 시기이다.

◉ **이행기 기간의 훈육**

- 사람의 목소리 및 다양한 소리에 노출
- 주변 환경에 변화를 줌
- 다양한 것을 보여주고 움직이는 물체를 줌
- 스킨십을 통한 유대감 형성

3) 사회화기(4~13주령)

애착을 형성하는 시기이다. 3주령은 감각이나 신경의 발달이 불충분하고, 12주령이 지나면 낯선 장소나 동물에 대해서 분명한 경계심을 갖게 되므로 4~13주령일 때가 사회화하기에 적합한 시기이다. 월령으로는 정확히 2~3개월령에 해당한다. 6~8주령에는 경계심이나 공포심을 웃도는 호기심이 관찰되는데, 이 시기가 사회화기의 절정이라 할 수 있다. 상호작용을 중심으로 전개되고 호기심과 혈기가 왕성한 시기이다.

강아지 테스트는 49일경에 시행되며 사회성, 복종성, 지배성을 평가한다. 뇌파량의 변화를 확인하면 생후 7주의 강아지는 신경망 조직이 성견 수준에 도달한다는 것을 알 수 있다. 따라서 이 시기는 강아지의 행동성향을 제대로 파악할 수 있는 적기이다. 테스트가 너무 이르면 신경계 발달이 아직 미약하여 테스트 결과에 대한 신뢰도가 낮고, 테스트 시기가 늦어지면, 강아지가 공포의 시기로 들어가기 때문에 테스트 결과를 잘못 해석할 수 있다.

◉ 사회화 시기 교육 방법

사회화 시기는 생후 4~13주령의 한정된 기간에만 출현하는 특수한 시기이다. 이 시기를 어떻게 보내는지에 따라 견의 성격이 결정된다고 해도 과언이 아니므로, 사회화 시기와 그 전후 시기에 있어서 트레이닝은 다른 시기와는 비교도 되지 않을 정도로 중요한 의미가 있다.
미래에 만날 수 있는 다양한 것을 보여주고 냄새를 맡게 한다. 시각과 동시에 후각이 자극되어 경계심이 없어진다.
저지 애무 훈련(강아지의 몸을 사람의 손길에 익숙해지게 하는 것)을 포함한 놀이를 겸한다.

- 다양한 사람을 만나게 하여 우호적인 성향을 교육한다.
- 다양한 연령층의 다양한 동물을 접하게 하는 경험이 가장 이상적이다.
- 다양한 환경에서 다양한 소리를 들려주고 그 소리에 익숙해지도록 연습한다.
- 다양한 장소에서 경험을 통해 충분히 경험하게 한다.
- 사회화기에 경험을 제대로 익히고, 가능하면 다양한 자극에 익숙해지도록 하여야 한다.
- 매일 그루밍을 하여 사람의 손길에 익숙해지도록 만든다.

4) 청소년기(14주~6개월)

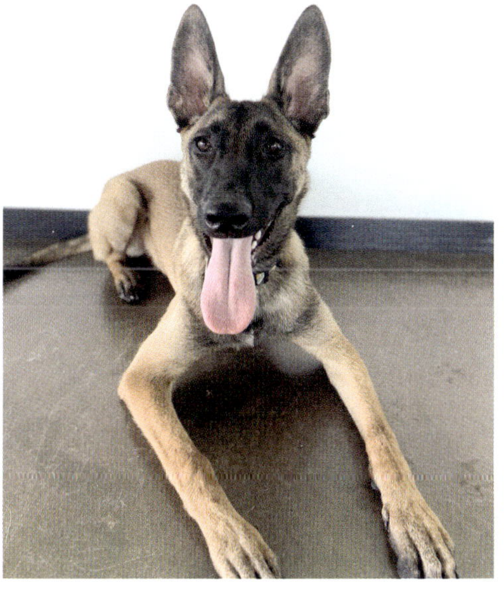

독립적 성향이 강해지고 호기심이 왕성하며 주위에 대한 관심이 높아진다.

무리에서 새끼들 간의 서열이 정해지고, 영구치가 자라 이갈이가 진행되는 시기이므로 깨무는 모습을 쉽게 볼 수 있다. 학습으로 신체 능력이 활발해지며 사회적 상하 관계 법칙을 배운다.

제2차 공포의 시기이므로 장소, 낯선 사람, 동물 및 새로운 사건에 대해 강아지를 편히 안심시켜 주는 태도가 꼭 필요하다.

9. 자견 선정

육체적, 정신적으로 건강한 견을 신중하게 선택하는 것에서 특수목적견의 훈련 성공이 결정된다.

다양한 상황에서 다양한 기술이 요구되는 탐지와 수색 작업은 정신적으로도, 육체적으로도 힘든 직업이다. 그러므로 다음과 같이 견의 특성을 고려하여 자견을 선정해야 한다.

다음을 권장한다.

- 고관절 및 이형성증과 같은 장애, 유전적 문제가 없는 견
- 뛰어난 후각(코)을 가지고 있는 견
- 접촉에 대한 반응(견에게 통증을 유발하여 반응을 보이는 테스트)
- 소리에 대한 반응
- 움직임에 대한 강한 포획 본능
- 강하고 근육질의 몸을 가지고 있는가?
- 튼튼한 발바닥과 발을 가지고 있는가?
- 최적의 청각, 시각, 후각 감각이 있는가?

1) 자견 선별법 및 자견 평가의 중요성

훈련 성품이 낮은 자견은 우리가 원하는 특수견으로 육성하기 쉽지 않다. 따라서 우리는 체계적인 훈련 프로그램을 개발하고 프로그램에 따라 선발된 자견을 육성한다면 그만큼 성공할 확률이 높을 것이다. 전문적인 사역견으로 육성하기 위해서는 목적에 맞는 자견을 선택해야 한다. 적합한 견을 능력에 맞추어 교육함으로써 발전적인 효과를 극대화할 수 있다. 자견 선택의 최종 지향점은 훈련을 통해 목적에 맞는 견을 양성하여 산업현장에서 운용하기 위함이다.

(1) 번식의 유형

① 근친번식

② 계통번식

③ 이계번식 (동일 견종이기는 해도 5~6대까지 공통의 선조견을 갖지 않은 계통의 견을 교배하는 것)

④ 잡종번식

(2) 혈통서의 중요성

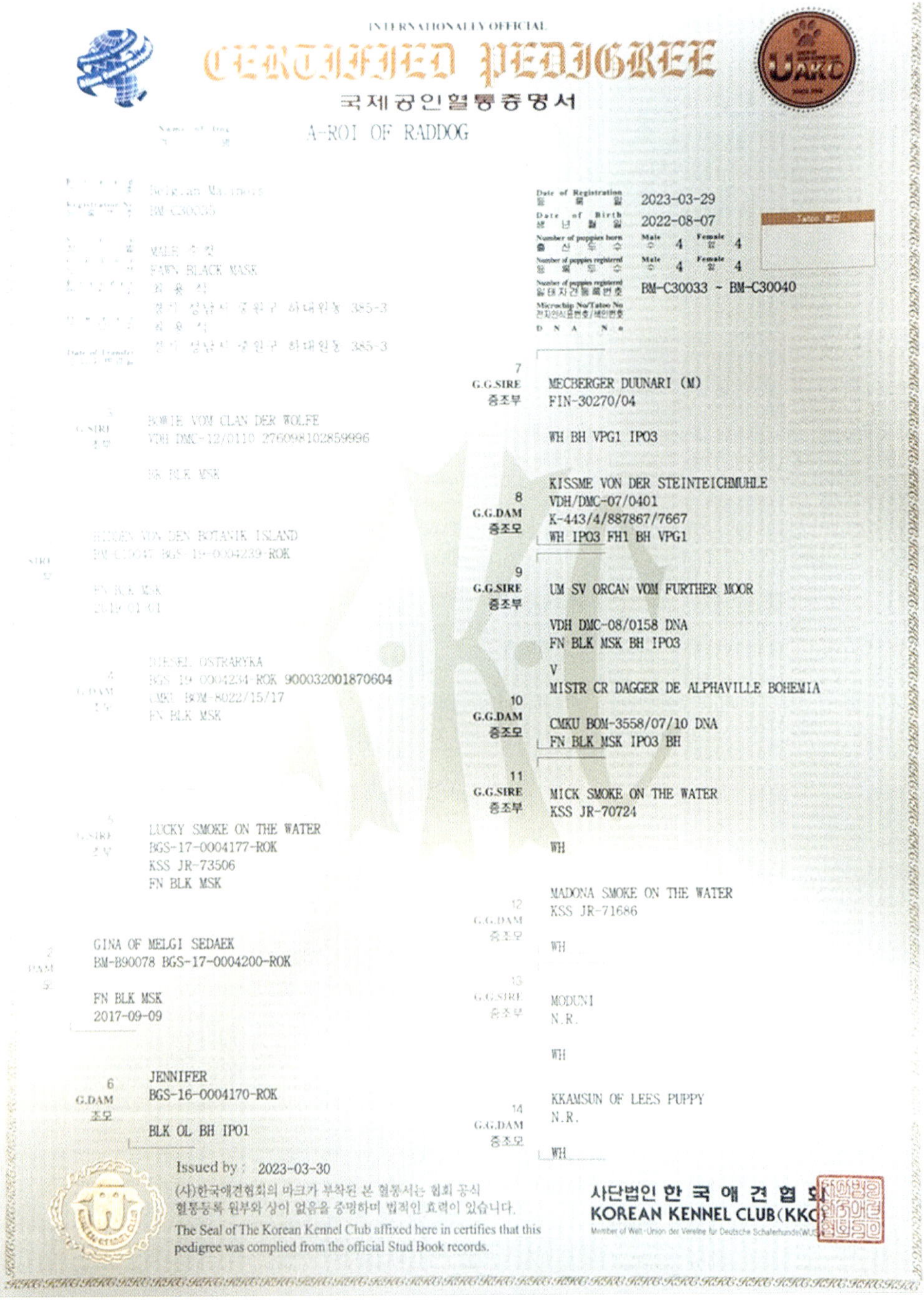
INTERNATIONALLY OFFICIAL

CERTIFIED PEDIGREE

국제공인혈통증명서

A-ROI OF RADDOG

Date of Registration 등록일	2023-03-29
Date of Birth 생년월일	2022-08-07
Number of puppies born 출산두수	Male 수 4 Female 암 4
Number of puppies registered 등록두수	Male 수 4 Female 암 4
Number of puppies registered 일태자견등록번호	BM-C30033 ~ BM-C30040
Microchip No/Tatoo No 전자인식칩번호/태인번호	
DNA No	

7 G.G.SIRE 증조부
MECBERGER DUUNARI (M)
FIN-30270/04
WH BH VPG1 IPO3

BOWIE VOM CLAN DER WOLFE
VDH DMC-12/0110 276098102859996
BK BLK MSK

8 G.G.DAM 증조모
KISSME VON DER STEINTEICHMUHLE
VDH/DMC-07/0401
K-443/4/887867/7667
WH IPO3 FH1 BH VPG1

9 G.G.SIRE 증조부
UM SV ORCAN VOM FURTHER MOOR
VDH DMC-08/0158 DNA
FN BLK MSK BH IPO3
V

DIESEL OSTRARYKA
BGS 19 0004234 ROK 900032001870604
CMKU BOM-8022/15/17
FN BLK MSK

10 G.G.DAM 증조모
MISTR CR DAGGER DE ALPHAVILLE BOHEMIA
CMKU BOM-3558/07/10 DNA
FN BLK MSK IPO3 BH

11 G.G.SIRE 증조부
MICK SMOKE ON THE WATER
KSS JR-70724
WH

5 G.SIRE 조부
LUCKY SMOKE ON THE WATER
BGS-17-0004177-ROK
KSS JR-73506
FN BLK MSK

12 G.G.DAM 증조모
MADONA SMOKE ON THE WATER
KSS JR-71686
WH

2 DAM 모
GINA OF MELGI SEDAEK
BM-B90078 BGS-17-0004200-ROK
FN BLK MSK
2017-09-09

13 G.G.SIRE 증조부
MODUNI
N.R.
WH

6 G.DAM 조모
JENNIFER
BGS-16-0004170-ROK
BLK OL BH IPO1

14 G.G.DAM 증조모
KKAMSUN OF LEES PUPPY
N.R.
WH

Issued by : 2023-03-30

(사)한국애견협회의 마크가 부착된 본 혈통서는 협회 공식 혈통등록 원부와 상이 없음을 증명하며 법적인 효력이 있습니다.

The Seal of The Korean Kennel Club affixed here in certifies that this pedigree was complied from the official Stud Book records.

사단법인 한국애견협회
KOREAN KENNEL CLUB(KKC)

어떤 견종이든 대상 자견의 잠재력을 알기 위해서는 혈통구성법을 통해 가치를 종합적으로 판단해야 한다.

세대를 거듭하면서도 견들은 자신들의 자견을 통해서 비슷한 품성, 신체적 구성, 성품을 유전시킨다.

2) 자견 평가 시기

49일경 사회성, 복종성, 지배성을 평가한다. 생후 7주의 강아지 신경망 조직이 성견 수준에 도달한다는 것을 뇌파랑의 변화를 통해서 알 수 있다. 따라서 이 시기가 강아지 행동성향을 제대로 파악할 수 있는 적기이다. 평가가 너무 이르면 신경계 발달이 아직 미약하여 평가 결과에 대한 신뢰도가 낮고 평가 시기가 늦어지면, 강아지가 공포의 시기로 들어가기 때문에 평가 결과를 잘못 해석할 수 있다.

3) 자견 평가

(1) 사회화 훈련

① 차를 타는 것에 대해 거부감이 없어야 한다.
② 낯선 사람을 만나거나 자동차, 고양이, 자전거 등 기타 사물에 반응이 없어야 한다.
③ 사람이나 다른 견(동물)들한테 공격적이지 않고 잘 어울려야 한다. (사회성이 좋아야 한다.)
④ 미끄러운 곳에서 문제가 없어야 한다.
⑤ 자동차 소음에 반응이 없어야 한다.
⑥ 낯선 장소나 상점, 병원 치료 과정에서도 우호적 성격을 표현한다.

(2) 자극에 대한 반응

① 새로운 자극에 관심을 보이고 그것을 조사하려는 욕구를 보이는 자견이 이상적이다. (자극반응)
② 탐구심을 보여야 한다. (혼자 있는 것에 대한 반응)
③ 낯선 사람을 잘 따르고, 사교적이어야 한다. (사람에 대한 반응)
④ 수건을 흔들어 강하게 무는 것과 잡아당기는 기질, 장난하는 동안 다른 유혹에도 추적 및 포획 본능이 강한 자견이 이상적이다. (경쟁심)

◉ **자견이 수건이나 마대를 물 때 다음 사항을 관찰한다.**

수건이나 마대를 물 때 지속해서 꽉 무느냐, 아니면 약하게 흥분된 상태로 무느냐를 관찰하고 무는 집중력의 정도를 관찰한다.

- 물고 있는 동안 소리를 내는가?
- 물고 있는 동안 머리를 흔드는가?
- 물고 씹는 행동을 하는가?
- 물고 난 후 핸들러를 벗어나는 행위를 관찰한다.
  * 소리를 내고, 흔들고, 씹는 행위는 무는 동안 불안한 감정의 표현이다. 때로는 초조해서 내는 소리를 견의 강인성으로 잘못 오인할 때도 있다.
- 견을 펜스 안에 두고 부른다. 무는 강도가 강한 견은 펜스에서 나오려는 방법을 찾고자 하는 끈기가 강하다.

(3) 접촉에 의한 반응도

① 자견의 한쪽 발가락을 손가락으로 처음에는 살짝 누르다가 점차 반응할 때까지 강하게 누르면서 반응을 관찰한다.

② 꼬집은 후에 대상자에게 순응하고 상황을 극복한다면 이후 성견이 된 후에 고통이나 무는 일에 대해 공격적인 성향이 적으며, 이는 좋은 기질 또는 교정훈련에 순종을 의미한다.

③ 자견이 꼬집힌 후 도망가서 돌아오지 않거나 소심해진다면 성견이 되었을 때 잘 순응하지 않을 가능성이 높다. (교정훈련 시 회복이 쉽지 않다.)

④ 자신에게 위협을 느낀다면 공격적인 성향을 띠게 된다.

(4) 서열(자견을 뒤로 눕힌다.)

복종에 대한 예시이다. 자견의 배를 하늘로 바라보게 눕힌 후 30초가량 잡고 있을 때 견을 관찰한다.

◉ 유형에 따른 분류

- 좋은 기질의 자견을 눕힌 후 가만히 누르고 있으면 발버둥 치며 물려고 덤비다가 나중에는 얌전하게 있는다.
- 기질과 의욕이 약한 자견은 발버둥을 치지 않고 가만히 있는다.
- 순종적이지 못한 자견은 공격적인 반응을 보이지 않고 빠져나와 달아나려고 하는 모습을 보인다.

(5) 환경 적응 능력

① 새로운 환경에 대한 적응 능력, 극복 능력을 관찰한다.

② 바닥에 소음을 내어 그 소음으로부터 회복하는 시간이 얼마나 걸리는가를 관찰한다. (빠른 회복이 이상적이다.)

(6) 사람과 같이 있고 싶어 하는 자견

① 사람들과 관계, 즉 사람에 대한 기질은 의욕, 성품만큼이나 중요하다.

② 견사에 들어가 자견을 관찰한다.

③ 자견이 무리에서 혼자 있는지 아니면 자견들과 함께 있는지 또는 사람들과 같이 있는지, 호기심이 많은지, 조사하려는 성향이 강한지 관찰한다.

④ 우수한 자견은 좋은 기질과 의욕을 가지고 있어야 한다.

⑤ 자견 선정 시 독립성이 너무 강한 견은 회수 훈련에 어려움이 있으므로 유의해야 한다.

(7) 낯선 환경에서의 적응력 시험

① 새로운 환경에 대해 얼마나 빨리 적응하고 환경에 두려움 없이 자유롭게 활동하는지 관찰한다.

② 환경에 적응이 되었으면 소리에 대한 반응도 시험을 시행해야 한다.

4) 자견 평가기준

평가항목별 점수내역		
항목	평가기준	
활동성 (25점)	Excellent	활동범위가 넓으며 대담하고 활동적으로 행동
	Good	활동범위가 넓으며 활동적으로 행동하나 대담하게 행동 못함
	Average	핸들러 주위에서만 활동하며 뛰거나 걷는 행동을 반복
	Fair	핸들러 주위에서만 활동하며 걷는 행동을 주로 보임
	Poor	핸들러 주위에서만 활동하며 정지 행동이 많고 경계적이며 주위를 살핌
소유욕 (25점)	Excellent	더미에 강한 집착을 보이고 지속적으로 소유행위를 보이며 핸들러와의 더미놀이가 가능함
	Good	더미에 강한 집착을 보이고 지속적으로 소유행위를 보이나 핸들러와의 더미놀이는 어려움
	Average	더미를 물고 다니나 지속적인 소유행위를 보이지 않으며 더미놀이 행위를 하지 않음
	Fair	더미에 대해 관심을 보이지 않으며 간혹 더미를 무는 행동만 보임
	Poor	더미에 대해 관심을 보이지 않으며 행동으로 핸들러에게만 회수함
회수 능력 (25점)	Excellent	더미에 대해 정확히 추적하고 소유하여 핸들러에게만 회수함
	Good	더미에 대해 추적하고 소유하여 핸들러에게 회수하나 회수 대상이 일정하지 않음
	Average	더미를 추적하나 지속적이지 않고 회수 대상도 일정하지 않음
	Fair	더미를 추적하거나 회수하지 못하며, 추적 후 더미에 관심 없이 다른 행동을 함
	Poor	더미에 대해 추적하거나 관심을 보이지 않음
집중력 (25점)	Excellent	회수훈련 및 더미놀이, 핸들러에게만 집중하는 행동을 보임
	Good	회수훈련에 집중하나 지속적이지 못함
	Average	회수훈련 및 더미에 집중하나 환경에 호기심을 보이고 훈련과 호기심의 행동이 반복됨
	Fair	더미에 집중하나 주위가 어수선하고 환경에 관심이 많음
	Poor	더미 및 핸들러에게 일체의 관심 및 집중하지 못함

출처: 관세국경관리연수원.

02

Chapter

탐지견 훈련

학습목표

1. 훈련에 미치는 영향을 습득한다.
2. 탐지훈련 방법을 이해한다.

1. 훈련에 미치는 영향

1) 공기의 흐름

공기 중을 떠도는 물질인 냄새는 특수한 모양을 만드는데, 이것을 '센트콘'이라 한다.

냄새가 있는 장소를 정점으로 하여 센트콘의 모양은 역원추형이다. 바람의 속도는 센트콘의 크기와 폭에 직접적인 영향을 미친다.

공기의 흐름이 빨리 움직일수록 센트콘의 모양은 가늘고 길며 냄새는 멀리까지 날아간다. 바람의 속도가 매우 느린 경우 센트콘의 폭은 넓어지는데, 냄새는 멀리까지 가지 못한다. 센트콘은 자연 지형이나 인공 장애물에도 영향을 받는다. 나무, 풀, 기타 지형은 바람의 방향을 바꾸고, 바람으로 옮겨지는 냄새의 모양은 평상시의 원추형이 아니며 분산되고 또 약해진다. 이는 냄새의 근원지를 찾아내는 견에게 어려운 조건을 만들게 된다.

2) 근원지

추적은 범인이 도주한 발자국과 유류품 냄새에 일관되게 집중하여 도주한 방향의 취선을 따라 추적하게 하여 최종적으로 범인을 찾아낸다.

발자국에서 나는 냄새를 추적할 시 정확하게 코를 이용하여 땅에서 나는 발자국 냄새를 맡으며 가는 형태로 범인이 도주한 발자국 하나하나를 확인하며 진행한다.(Tracking)

코를 지면에 밀착해서 안정감 있게 취기를 파악해야 한다. 수사선(취선)에서 떨어지지 않는 것이 조건이다.

탐지견은 공기 중에 떠다니는 냄새, 즉 허공의 냄새(Trailing)를 포착하여 근원지를 찾는 것을 요한다.

바람의 영향으로 냄새 분자가 여러 방향으로 분산되고, 이로 인해 탐지견이 혼란스러워하는 경우라도 탐지견은 그 장소에서 냄새의 근원지를 독점력과 독립적인 수사로 수색하고 인지 후 통보하여야 한다.

3) 바람, 공기 이동

① 바람이 없는 상황에서의 센트콘 모양

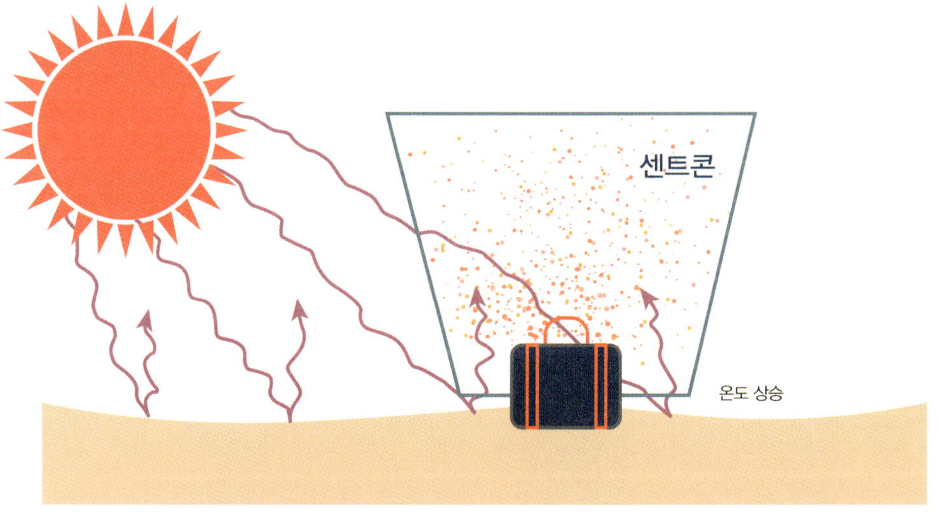

그림 4-1

• 바람이 없는 경우 센트콘의 모양은 냄새를 정점으로 역원추형이다.

② 바람이 좌에서 우로 부는 경우

그림 4-2

- 센트콘의 모양은 가늘고 길며 냄새는 멀리까지 날아간다.

③ 바람의 차이에 대한 센트콘

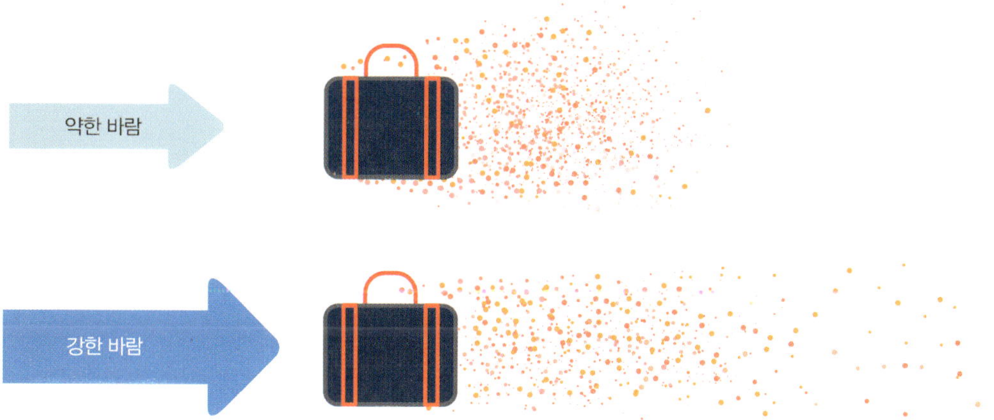

그림 4-3

- 바람의 속도가 느린 경우 센트콘의 폭은 넓어지고, 냄새는 멀리까지 가지 못한다.
- 바람의 속도가 강할 경우 센트콘의 폭은 가늘고 길며, 냄새는 멀리까지 날아간다.

④ 자연에서의 나무로 인한 영향(바람의 방향이 좌에서 우로)

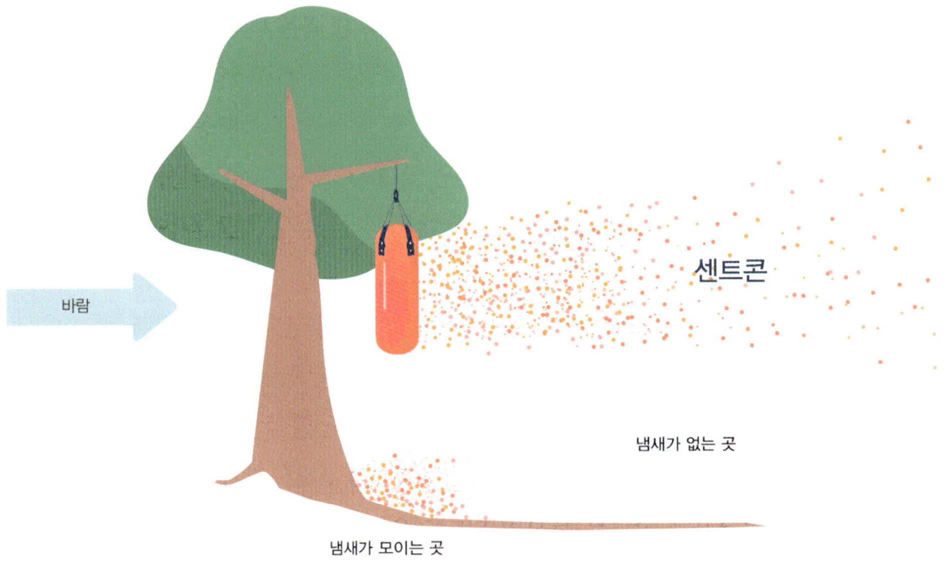

그림 4-4

⑤ 자연에서의 나무로 인한 영향(바람의 방향이 우에서 좌로)

그림 4-5

⑥ 지형이나 인공 장애물의 센트콘의 모양

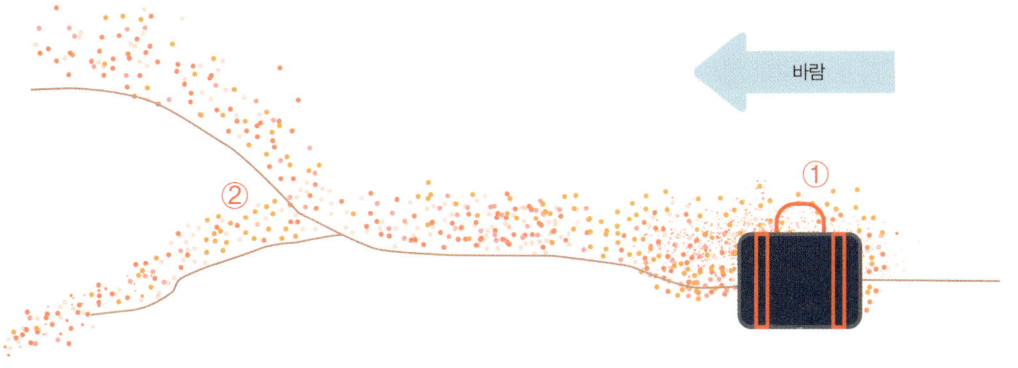

그림 4-6

⑦ 바람의 방향이 일정하지 않을 때 센트콘의 모양

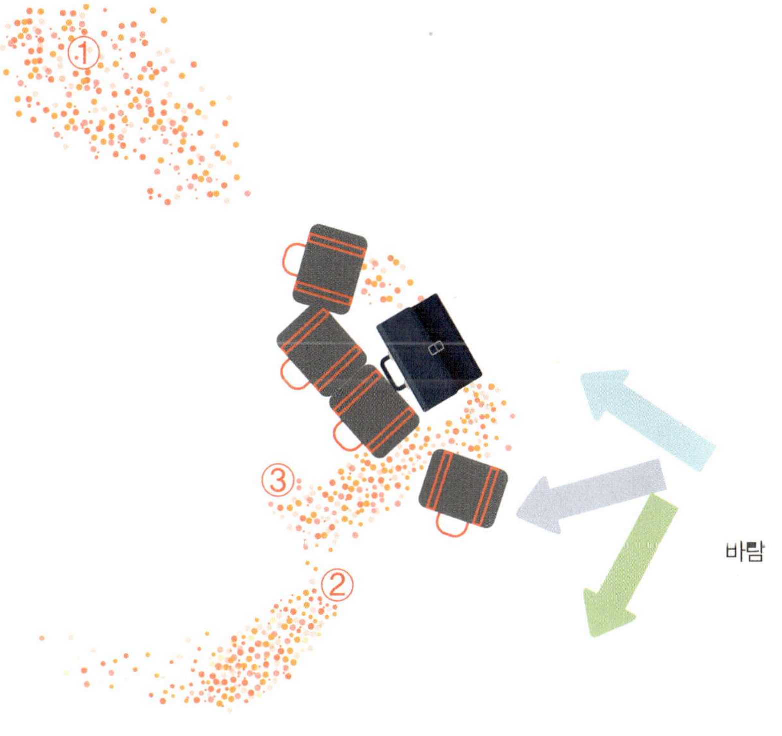

그림 4-7

• 바람의 방향이 일정하지 않을 경우 냄새 분자는 여러 방향으로 분산되고 또 약해진다. 이처럼 냄새의 근원지를 찾아내는 탐지견에게 어렵고 혼란스러운 조건을 만들게 된다. 탐지견은 다양한 환경 조건에도 그 장소에서 곧 냄새의 근원지를 찾아내고 통보하여야 한다.

◉ 냄새의 특징

- 냄새 분자는 공기보다 가벼우며 비교적 작다.
- 냄새 분자는 물에 잘 녹지 않는다.
- 물에 삶는 것만으로 냄새가 없어지지 않는다.
- 냄새 분자는 지방에 용해된다.

  ※ 사용한 더미를 찬물에 세탁하거나 삶는 방법으로는 냄새를 제거하거나 없앨 수 없다. 냄새를 없애려면 물과 무향 세제 및 지방 분해 제품을 이용하기를 권장한다.

◉ 공기의 흐름 및 기류를 알아보는 방법

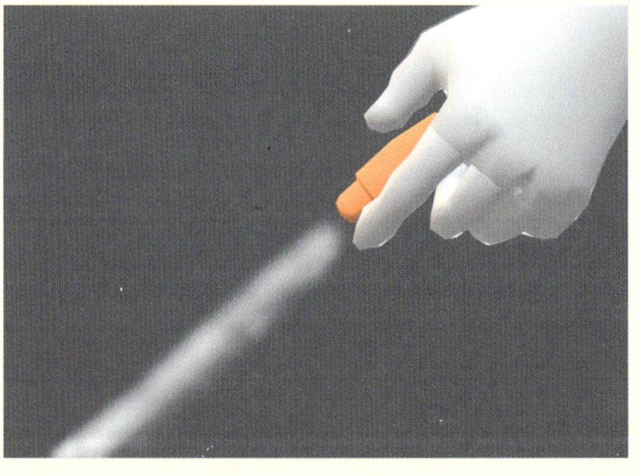

- 흰색 가루를 공기 중에 분사하여 확인할 수 있다.
- 주위에 가벼운 물질을 찾아 던진다.
- 튜브를 이용하여 확인한다.
- 활석 가루를 이용하여 확인한다.

◉ 냄새

탐지견은 특정 대상의 냄새를 발견하면 다음과 같은 냄새를 인지한다.
- 주요 대상의 냄새를 인지
- 수반되는 대상의 냄새 외의 냄새를 인지(통이나 기타 포장지)
- 사람의 냄새 또는 그 사람이 쓰던 장갑이나 대상물 취급 시 이용된 냄새 훈련

훈련장이나 실제 현장에는 다양한 냄새가 존재하고 냄새는 섞일 수 있다. 견은 대상의 냄새 대신 사람, 동물, 기타 수반되는 냄새, 즉 견이 그 냄새에 익숙해지는 것을 방지하기 위해 다양한 위치와 다양한 물체로 견을 훈련시켜야 한다. 또한 탐지견은 동일한 냄새일지라도 양의 차이에 따라 다르게 해석하므로 물질의 양을 다양하게 하여 훈련해야 한다.

◉ 적응

코의 감각 세포는 일정한 방식으로 지속적인 냄새에 노출되면 그 냄새에 반응을 멈춘다. 탐지하려는 장소에 냄새가 포화되어 있으면 탐지견은 냄새의 근원지를 찾는 것이 어렵고 혼란스러워진다. 향수로 가득 찬 공간에 처음 들어가면 사람은 그 냄새를 맡을 수 있지만 잠시 후 그 냄새에 익숙해지면 더 이상 맡지 못할 것이다. 하지만 잠시 그 장소에서 벗어나 코를 쉬게 하거나 신선한 공기를 들이마신 후 다시 그 공간으로 들어가면 향수 냄새를 다시 맡을 수 있을 것이다. 이러한 방식으로 견을 운용한다면 탐지견에게 도움을 줄 수 있다.

* 주의: 탐지업무 수행 시 위 내용을 고려하여 검색 방법을 조정하고 현장의 환기 및 창문을 개방할 것

◉ 날씨

날씨는 추적, 수색, 탐지에서 아주 중요한 역할을 하므로 비, 눈, 바람, 습기의 기상 조건을 고려해야 한다.
더운 날씨는 족적에 큰 영향을 주지 않으나 지표의 건조가 빠르고 햇빛으로 말라 굳어진 토양은 냄새를 잘 간직할 수 없으며, 건조로 인한 견의 피로감이 빨라 불리한 조건을 만든다. 이와 반대로 습한 날씨에는 토양에 습기가 많아져 탐지견에게 유리한 조건을 만든다.

2. 탐지견이 보내는 신호

1) 정확한 반응, 부정확한 반응

정확한 반응(Classic Alert)

대상물을 인식하면
바로 앉거나 엎드려로 표현

부정확한 반응(NonClassic Alert)

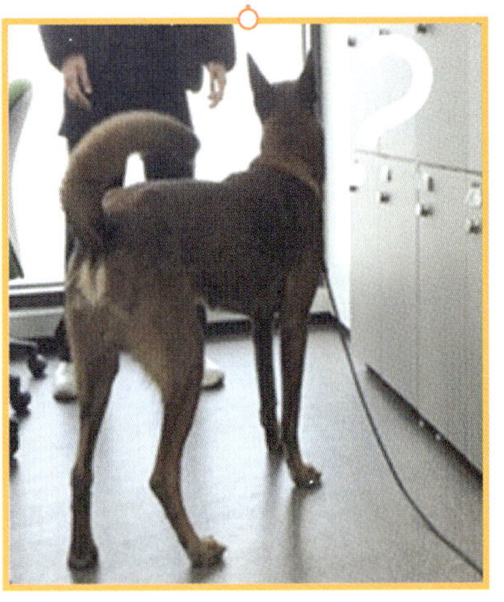

목표물 인식은 했으나 확신하지 못하고
핸들러의 주의를 살피거나
엉거주춤 반응을 보이는 경우

2) 꼬리, 머리

(1) 꼬리

① 견의 꼬리는 감정의 상태를 나타낸다.

② 수색 및 검색에 자신이 있을 때 꼬리를 수평으로 만족의 의사를 전달하며 때로는 좌우로 움직인다.

(2) 머리

 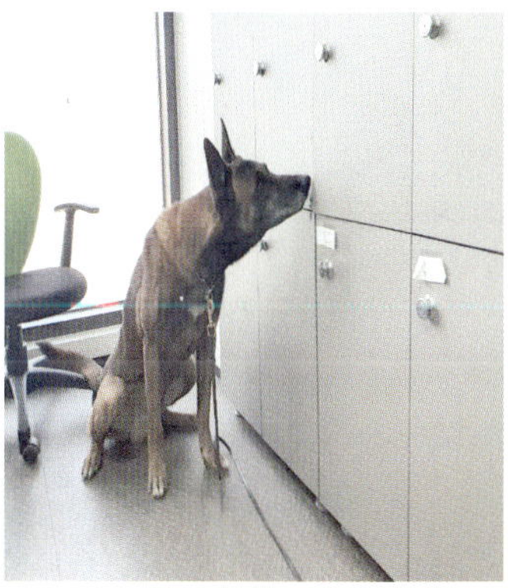 

① 수색 및 열정적인 모습을 보이는 탐지견의 머리는 좌우로 헤매지 않으며 관심 분야를 향해 머리를 집중한다.

② 바람이나 공기의 이동으로 떠도는 대상의 물질(냄새)을 감지하면 머리를 들고 머리의 방향을 바꾸거나 고개를 돌린다.

◉ 수색 시 탐지견이 보내는 동작

- 한 방향으로 수색하다 갑자기 방향을 전환한다.
- 머리를 들고 냄새를 맡는 동작을 취한다.
- 수색 속도의 변화가 나타난다.
- 때로는 보고 동작 중 정확한 동작이 아닌 불완전한 자세를 취하기도 한다.
- 자기보다 대상물이 높게 은닉되었거나 근원지를 찾지 못했을 때 그 자리를 선회하거나 물체를 밟고서 시선을 고정한다.

3. 반응기법에 따른 탐지견의 분류

- 반응기법에 따른 탐지견의 분류
  - 적극적 통보 (Aggressive)
  - 수동적 통보 (Passive)
    - 핸들러(Handler) 주시형
    - 타깃(Target) 주시형

통보 방법

- 탐지견이 보내는 신호는 정확한 반응과 비정상적인 반응(오반응)으로 나눈다.
- 반응기법은 적극적 통보 방법과 수동적 통보 방법으로 나눈다.
- 사용 목적과 견의 특성에 맞는 훈련을 함으로써 효율적인 탐지견 양성에 한 걸음 다가갈 것이다.

1) 적극적인 통보 방법(Aggressive)

견이 대상인 근원지를 긁는 이유는 견의 포획 본능에서 찾아볼 수 있다. 보이지 않는 대상을 찾아 땅을 파헤치는 모습은 곧 은닉처를 감싸고 덮고 있는 대상물을 획득하기 위함이다. 탐지견이 대상물을 긁거나 건드리면 약물을 취급하는 경우 섭취하여 위험할 수 있고, 폭발물인 경우에는 폭발의 위험으로 생명과 재산상의 피해를 초래한다. 따라서 목적과 용도에 적합한 견종으로 목적하는 훈련을 교육할 필요가 있으며 견의 특성을 잘 이해하여 정확한 통보를 표현할 수 있도록 가르쳐야 한다.

또 다른 방법은 짖음으로써 핸들러에게 통보하는 방법이다. 탐지견은 대상물 앞에서 짖음, 긁음으로 표현한다. 핸들러의 회수 명령 전까지 탐지견은 열정적으로 통보해야 한다. 그 대표적인 예로 각종 재난, 산악사고 등 위급 상태로 인하여 실종된 구조 대상자를 수색하는 인명구조견이 있다.

2) 수동적인 통보 방법(Passive)

수동적인 통보 방법은 핸들러(Handler) 주시형과 타깃(Target) 주시형으로 표현한다.

수동적인 반응에서 견이 근원지에서 앉거나, 서거나 엎드리거나, 핸들러를 주시하는 수동적 행동 표현 반응으로 통보한다.

※ 유의 사항
공항, 지하철역 등 공공장소에서 사람을 대상으로 탐지하는 경우 핸들러 주시형으로 통보한다면 목표물(혐의자)을 놓치게 될 가능성이 매우 높으므로 타깃 주시형이 유리하다.

수동적인 통보 방법을 이해하고 적용함으로써 핸들러가 의도하는 목적에 적합한 훈련 방법을 체계적으로 계획을 수립하여 견의 수준에 맞게 훈련 프로그램을 구성한다.

4. 탐지 훈련

탐지작업의 유형

탐지견 훈련 및 탐지 운영은 운영 검색, 블라인드 검색, 계획 탐지의 3가지 범주 중 하나에 해당한다.

1. 운영 검색

핸들러가 대상물의 위치를 알고 있는 유형(기초 훈련 단계)

① 장점

- 적절한 순간에 동기부여를 할 수 있다.
- 탐지견이 실수하면 바로 교정이 가능하다.
- 탐지견의 움직임을 제어, 통제할 수 있다.
- 핸들러는 탐지견의 반응을 배우고 인식할 수 있다.

② 단점

- 목적물 근처에서 의도치 않게 탐지견에게 도움을 줄 수 있다.
- 독립적 수색과 체계적인 탐색을 배우지 못할 것이다. 이를 방지하기 위해 핸들러는 한곳에 머무르지 말고 개의 뒤에서 탐지견과 호흡을 맞추어 이동한다.

2. 블라인드 검색

핸들러가 대상물의 위치를 모르고 있는 경우(실전, 훈련 모두 블라인드 검색)

① 장점

- 탐지 구역을 계획적이고 체계적으로 검색한다.
- 탐지견에 대한 신뢰가 형성된다.
- 산만하지 않고 집중력이 향상된다.

② 단점

- 탐지견이 통보 시 핸들러의 오인으로 오반응을 통보할 수 있다.
- 동일한 지역을 여러 번 반복 수색할 수 있다.
- 탐지견에게 적절한 동기부여가 불가하여 즉각적인 교정이 어렵다.
- 오반응에 격려하여 탐지견에게 혼란을 야기한다.

3. 계획 탐지

핸들러는 목적물의 위치, 수량을 알지 못한다. 사실 없을 수 있다.

① 장점

- 탐지견을 믿고 신뢰한다.
- 탐지 구역을 세밀하고 계획적으로 탐지해야 한다.
- 탐지 시간이 증가하여 탐지견의 집중력과 통제력에 도움이 된다.

② 단점

- 핸들러의 심리가 불안정하여 체계적인 탐지 및 임무수행이 어렵다.
- 탐지 시간의 증가로 인해 내구력이 약해지고 수색 드라이브가 감소한다.

1) 수색 및 회수 훈련

• **훈련 목표**

견과 수색 및 회수 훈련을 통하여 자연스럽게 대상의 냄새를 연상

• **훈련 원리**

파블로프의 고전적 조건화(대상물 + 콩) 대상물과 강화물 연합

• **준비물**: 콩

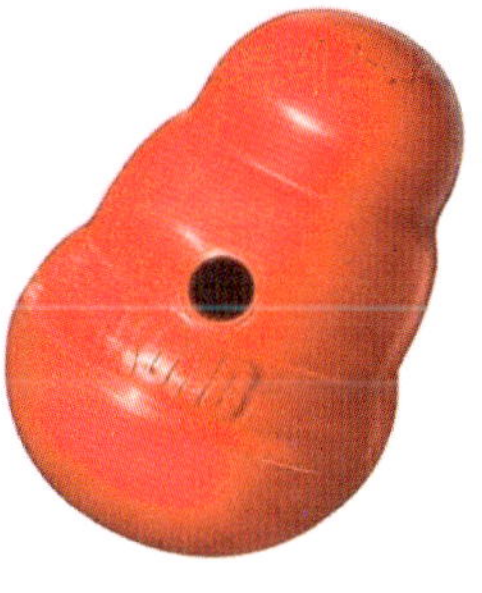

• **훈련 방법**

1. 낙엽, 풀이 우거진 장소에서 실시한다. (후각)
2. 핸들러는 출발하고자 하는 위치에서 견을 격려하며 수색 드라이브를 높인다.
3. 헬퍼는 견과 이격된 곳에서 콩을 흔들어 견을 유혹한 후 은닉한다. 때로는 견의 흥미를 유도하기 위해서 하늘로 높이 던져 은닉한다. (견의 반응을 읽는다.)

4. 핸들러는 은닉한 위치로 견과 함께 뛰어가며 경쟁의식을 심어주고, 견이 독립적이고 자유롭게 대상을 찾아 회수할 수 있도록 한다.
5. 핸들러는 견의 반응을 읽어 견이 포기하기 전에 찾을 수 있도록 도움을 준다. (견은 항상 승자)
6. 견이 대상의 냄새를 인지하고 수색, 회수 드라이브가 강렬해질 때까지 훈련을 반복 실행한다.

2) 인지 훈련

• 훈련 목표

주위 환경이 어수선하지 않은 조용한 장소에서 시료(대상물)와 공이 든 탐지 박스를 이용하여 목표물 인지 및 올바른 통보 방법을 교육한다.

• 훈련 원리

- 조형: 목표물 인지 후 보고 동작 시 '앉아, 엎드려'를 조형한다.
- 스키너의 조작적 조건화: 대상물 인지 후 보고 동작을 취하면 보상한다.

• **준비물**: 탐지 박스

• 1단계(훈련 방법)

1. 탐지 박스 안에 있는 시료와 공을 탐지견이 볼 수 있도록 넣는다.
2. 탐지 박스 전방에 탐지견을 '앉아' 시킨 후 드라이브를 높여준다.
3. 핸들러는 견을 놓아주며 '찾아' 명령한다.
4. 탐지견이 탐지 박스 앞에 바로 가서 긁지 않도록 제지하며 '엎드려'나 '앉아' 보고 동작을 완성한다. (통보 방법을 용도에 맞게 교육한다. - 타깃, 핸들러 주시형)
5. 보상은 탐지견이 통보하는 즉시 탐지 박스 구멍(탐지견이 주시하고 있는 방향)에 정확하게 던져 보상한다. 만약, 탐지견이 목표물이 아닌 핸들러에게 더 많은 관심을 보인다면 탐지 박스를 통해 보상이 이루어진다는 원리를 이해시킨다.
6. 핸들러의 어떠한 도움 없이 탐지견이 목적물이 든 탐지 박스 앞에서 정확한 통보 방법으로 인식할 때까지 훈련을 반복한다. (공과 시료를 점점 분리해 최종적으로 탐지 박스 안에 공이 없어도 대상물을 인지하도록 훈련)
7. 핸들러의 어떠한 도움 없이 탐지견이 목표물을 정확히 통보한다면 변별력을 높이기 위해 탐지 박스의 개수를 늘린다.

• 2단계(새로운 향기 추가)

1 인지한 대상과 두 번째 새롭게 인지한 대상을 짝지어 준다
2. 1단계를 거친다.

3) 탐지 박스 훈련(매회 구조물 위치 변경)

• **훈련 목표**

조건화된 대상을 감지하면 통보하게 한다.

• **훈련 원리**

조건화, 조형(통보 방법) - 냄새 인지 후 통보로 반응해야 한다는 개념

• **훈련 방법**

1. 탐지 박스를 1m 간격으로 일렬 배치한다.
2. 첫 번째 탐지 박스 앞에 탐지견을 '앉아' 또는 '엎드려' 시킨 후 '찾아'라는 명령어와 함께 탭(Tap)을 친다.
3. 탐지견은 독립적이고 적극적인 모습으로 앉거나 엎드려 통보하면 탐지견의 뒤에서 보상물을 던져 견에게 보상한다.
4. 보상을 주는 동시에 칭찬하며 탐지견과 함께 밀고 당기기 게임을 하여 탐지견을 즐겁게 한다.
5. 탐지 박스 위치 변경 후 반복 훈련하여 탐지견이 목적물(취)에만 반응하도록 변별 능력을 높인다.
6. 대상물의 중량을 바꿔가며 핸들러의 도움 없이 대상물을 인지하고 최종적으로 탐지 능력을 완성할 때까지 반복 훈련한다.

★ 교정: 통보 시 포커스(Focus)가 흐트러지고 산만해지면 탐지견의 정확한 통보 자세를 유지함과 동시에 헬퍼가 견의 앞에서 보상물을 준다.

[그림 1]

[그림 2]

[그림 3]

[그림 4]

★ TIP: 탐지 훈련 과정에서 탐지견이 혼란스럽고 수색에 어려움을 보인다면 [그림 3]과 같이 뚜껑을 열어 도움을 줄 수 있다.

★ 탐지견은 항상 승자가 되어야 하고 포기하는 법을 배우면 안 된다. 그러므로 핸들러는 적절한 타이밍에 동기부여를 해야 한다.

4) 인지판 훈련

• 훈련 목표

1. 목적취 조건화, 대상물의 중량 변화, 대상물의 변별력 강화
2. 통보 방법: 동작 표현, 타깃(Target) 주시형

• 훈련 원리

조형, 목적취 탐지 후 통보하면 보상 인지(은닉된 곳에서 보상이 나온다는 인식 확립), 자극 암시, 연쇄, 변별

• 훈련 방법

1. 핸들러는 출발하고자 하는 위치에서 탐지견을 '앉아' 또는 '엎드려' 시킨 후 견의 드라이브를 높인다. (약 10m 전방)
2. 헬퍼는 인지판 뒤에 위치하여 콩을 흔들어 탐지견을 유혹한 후 은닉한다.
3. 핸들러는 '찾아'라는 명령과 함께 견의 줄을 잡고 탐지견이 자유롭게 수색할 수 있도록 한다. 이때 견줄은 항상 U자를 유지한다.
4. 탐지견이 목적취를 인지하고 정확한 포인트(Point)를 찾으면 핸들러는 탐지견의 통보 동작을 완성시키고 헬퍼는 인지판 뒤에서 정확한 타이밍(Timing)에 맞춰 임팩트(Impact) 있는 보상을 한다.
5. 핸들러는 칭찬과 함께 보상물로 밀고 당기기 게임을 하여 탐지견에게 즐거움을 준다.
6. 은닉장소의 위치와 목적물을 바꿔가며 핸들러의 도움 없이 대상물을 인지하고 최종적으로 탐지 능력을 완성할 때까지 반복 훈련한다.

5) 벽면 탐지 훈련

- **훈련 목표**

1. 목적취를 감지하고 통보하면 보상 받는다는 개념을 확립시킨다.
2. 변별력을 높인다.

- **훈련 원리**

조형, 일반화, 자극 암시, 변별

- **훈련 방법**

1. 탐지 박스 앞에 탐지견을 '앉아' 또는 '엎드려' 시킨 후 '찾아'라는 명령어와 함께 탭(Tap)을 친다.
2. 탐지견이 독립적이고 적극적인 모습으로 대상을 탐지한 후 통보한다면 핸들러는 탐지견의 뒤에서 즉시 보상한다. 탐지견의 통보 시간을 천천히 늘린다.
3. 더 많은 탐지 박스를 준비하고 탐지 박스는 정기적으로 위치를 변경하여 대상물을 인식하도록 훈련한다.

❖ 유의 사항

핸들러가 탐지견 뒤에서 보상을 줄 때 그 모습이 노출된다면 탐지견의 포커스(Focus)가 흐트러지므로 주의해야 한다. 따라서 보상은 탐지 박스에서의 직접 보상과 핸들러의 보상 빈도를 적절히 배분하여 보상한다.

5-1) 벽면 탐지 심화 훈련

• 훈련 목표

1. 유혹 및 잘못된 자극에 반응하지 않는다.
2. 목적물과 다른 냄새 물질에 반응하지 않는다.

• 훈련 원리

변별 (목적취에만 반응하도록 한다.)

• 훈련 방법

1. 탐지 박스 2개를 준비한다. (Ⓐ 유혹 강화물, 음식 Ⓑ 목적취)
2. 탐지 박스 앞에 탐지견을 '앉아' 또는 '엎드려' 시킨 후 '찾아'라는 명령어와 함께 탭(Tap)을 친다.

   ★ '앉아'는 흥분도가 낮은 견에게, '엎드려'는 흥분도가 높은 견에게 유리하다.
3. 탐지견은 독립적이고 적극적인 탐지 후 통보한다.
4. 구조물의 위치 변경 후 반복 훈련하여 탐지견이 목적물(취)에만 반응하도록 변별 능력을 기른다.

03

Chapter

탐지견의 수의학적 관리

학습목표

1. 탐지견(견)에서 발생하는 질병에 대한 전반적인 지식을 습득하고 활용도를 이해할 수 있다.
2. 생리학적인 지식을 바탕으로 탐지견의 건강관리 예방 및 치료 방법을 이해할 수 있다.

1. 증상으로 알 수 있는 질병

① 의식이 없으면 일사병, 열사병, 중독(배기가스, 독약, 농약 등)을 의심해 봐야 한다.

② 갑자기 호흡곤란이 왔을 경우 기관지염이나 폐렴, 심장사상충 증상을 의심해 봐야 한다.

③ 갑자기 피를 토할 경우 금속이나 유리, 딱딱한 플라스틱 등과 같은 이물질을 먹었을 경우가 높다.

④ 갑자기 심하게 토할 경우 식중독, 약물이나 독극물 중독을 의심해 봐야 한다.

⑤ 악취가 심한 혈변을 배설할 때는 급성 전염병일 수도 있다.

⑥ 몸을 만지면 울거나 물려 할 경우 골절이나 탈구를 의심해 봐야 한다.

⑦ 몸을 구부리고 잘 경우 잠자리가 춥거나 장내 기생충, 소화기나 간장, 췌장, 비뇨기 쪽에 문제가 있을 수도 있다.

⑧ 외음부, 항문 주위 등 몸의 어딘가를 자꾸 핥으면 외상이나 피부병을 의심해 봐야 한다.

⑨ 귀에 병이 있거나 머리에 충격을 가한 좌상이 있으면 머리를 흔들거나 한쪽으로

기울어진다.

⑩ 갑자기 식욕이 없어지면 급성형의 열성 전염병, 급성 중독, 소화기 쪽에 문제가 있을 수도 있다.

⑪ 잘 먹어도 발육이 나쁘고 마를 경우 음식이 고르지 않거나 장내 기생충, 만성 신염이나 만성 간염, 소화기 기능 저하, 환경 불량과 수면 부족, 내분비기관의 병일 수도 있다.

⑫ 음식을 토할 경우 식후에 쉬지 않고 운동을 시켰거나 위를 자극하는 통과하기 어려운 음식물 섭취, 회충 기생, 상기도 감염, 기관지염, 천식의 기침 증상을 의심해 봐야 한다.

⑬ 물을 많이 먹을 경우 소금기가 너무 많은 음식을 주었던가, 요붕증, 만성 신염에 의한 신장 위축, 높은 열을 나타내는 병, 당뇨병 증상을 의심해 봐야 한다.

2. 탐지견의 관리

1) 그루밍 하는 이유

① 견의 이상 유무를 확인할 수 있다.

② 스킨십을 통하여 핸들러와의 유대감 형성 및 신뢰하는 법을 배운다.

③ 모질 개선 및 혈액 순환에 도움을 준다.

2) 목욕

① 미지근한 물(36~38℃)로 수압에 주의하며 다리 → 등 → 복부 → 머리 순으로 적신다.

② 샴푸는 등 → 목 → 가슴 → 복부 → 허리 → 꼬리 → 다리 → 얼굴 순으로 진행한다.

3) 타월 마사지 및 위생관리

① 탐지견의 건강관리 및 이상 유무를 확인하기 위해 실시한다.
② 타월로 탐지견의 몸을 닦아주고 빗질을 하여 모질 개선 및 혈액 순환을 도와준다.
③ 등 → 목 → 가슴 → 복부 → 허리 → 꼬리 → 다리 → 얼굴 순으로 진행한다.

4) 귀 청소

① 귀의 이상 유무를 확인한다. (이상이 있을 시 평상시에 비해 귀의 모양이 차이가 나고 자주 발로 귀를 긁고 턴다.)
② 오염도가 심한 경우 고름 및 악취가 난다.
- 건강한 경우: 탈지면에 귀 세정제를 충분히 적셔 내부를 닦아 준다.
- 귀에 이상이 있을 경우: 귀 세정제를 귀 내부에 다량으로 넣은 후 귀를 마사지한다. 견이 스스로 귀를 털게 한다. 마른 탈지면으로 귀를 닦아 준다.

※ 어디까지나 응급처치일 뿐 전문가의 도움을 받아야 한다.

5) 사료 급여

모든 업무가 종료한 후에 사료를 급여하고 견의 체중과 활동성에 따라서 사료를 제공한다. 식후 부득이하게 임무 수행 시 적어도 3~4시간이 경과한 후에 임무 수행이 가능하다. 그러지 않을 경우 복부팽창의 위험과 장이 꼬일 수 있다.

복부팽창의 원인으로는 과격한 운동을 하거나 견에게 제한 없이 물 또는 음식 제공 후 운동시키는 경우가 일반적이다.

◉ 복부팽창의 예방

- 과격한 운동 후 물은 목만 축일 수 있을 정도의 소량만 준다. 이후 호흡이 평정해지면 신선한 물을 제공한다.
- 사료 급여도 호흡이 평정해지면 제공한다. (약 1시간 후)
- 사료 급여 이후 바로 운동시키지 않는다. (적어도 3~4시간이 지난 후 시킨다. 그렇지 않으면 장이 꼬일 수 있으므로 소화될 수 있는 시간이 필요하다.)

※ 탐지견의 적정한 체형은 늑골이 2~3개 보일 정도가 적정하다. 따라서 각각의 개체별 균형에 맞게 사료의 양을 조절한다.

3. 탐지견의 응급처치

견이 약물 및 이물질을 섭취한 것을 일찍 발견했을 때 일반적으로 구토를 유발하여 오염물질을 제거한다.

과산화수소와 물을 1:1로 희석하여 견의 체중에서 1kg당 1~2mL를 사용하여 구토를 유도할 수 있고, 소금으로도 구토를 유도할 수 있다. 하지만 이러한 처치는 견의 위벽을 헐게 하고 식도염 등 부작용을 유발할 수 있다. 또한 인위적인 힘을 가하여 사람의 손가락을 견의 혀 뒷부분에 깊이 넣어 구토를 유도할 수 있다.

만약, 섭취한 물질이 이미 장내로 흡수가 진행됐다면 활성탄을 추가로 투여한다.

❖ 주의사항

견이 섭취한 물질이 날카로운 물질, 산성, 부식성 물질인 경우 구토를 유발해서는 안된다. 구토를 할 경우 물질로 인하여 식도를 손상시키는 2차 피해를 줄 수 있다.

1) 하임리히법

목에 음식이나 이물질이 걸려 호흡이 곤란한 경우 실시하는 응급조치이다. 이물질이 목에 걸린 견은 어깨를 올리고 머리를 낮춘 자세로 구토를 시도하거나 기침, 발로 입과 목 주위를 긁고 바닥에 얼굴을 비비는 행동을 보인다.

(1) 소형견 하임리히법

견의 입을 위아래로 벌린 후 이물질의 유무를 확인한다. 손이 닿는 부위에 있다면 꺼내되 견의 저항이 심할 경우 억지로 빼내지 않는다. 이 과정에서 흥분한 견이 손을 물 수 있다.

견의 머리가 아래로 향하도록 들어 올린다. 견의 허벅지 부분을 잡아 올린 상태로 4-5회 털어주며 이물질이 나오는지 확인한다. 소형견은 슬개골 탈구의 위험성이 높기 때문에 주의해야 한다.

※ 후지 관절 및 척추 질환이 있는 견, 혹은 견의 저항이 심하거나 이물질이 나오지 않는다면 다음 방법을 사용한다.

- 견의 배를 보이게 눕혀 안는다.
- 손가락 또는 손바닥으로 견의 복부를 흉곽 방향으로 4-5회, 위에서 아래로 누르듯 세게 민다.
- 견의 입에서 이물질이 나오는지 확인하며 반복한다.
- 장기 손상에 유의하며 한 세트에 5회 이상 반복하지 않는다.

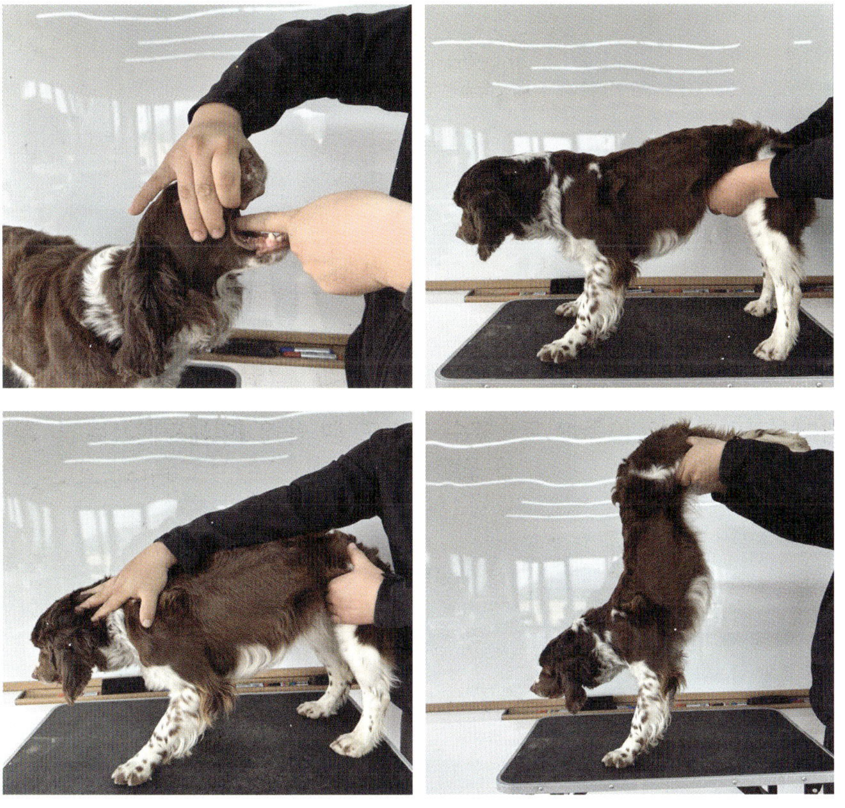

(2) 중 · 대형견 하임리히법

소형견과 마찬가지로 입을 위아래로 벌린 후 이물질의 유무를 확인한다. 견이 네 발로 선 상태에서 고개를 낮추도록 돕는다. 뒷다리를 들어 견의 뒤 측면에서 배를 팔로 둘러 안고, 한 손은 주먹을 쥔 상태에서 엄지 부분을 뾰족하게 내민다. 견의 배와 흉곽 사이를 밑에서 위로 끌어올리는 느낌으로 4-5회 세게 압박한다. 압력에 이물이 밀려 나오는지 확인하며 반복한다. 장기 손상에 유의하며 한 세트에 5회 이상 진행하지 않는다.

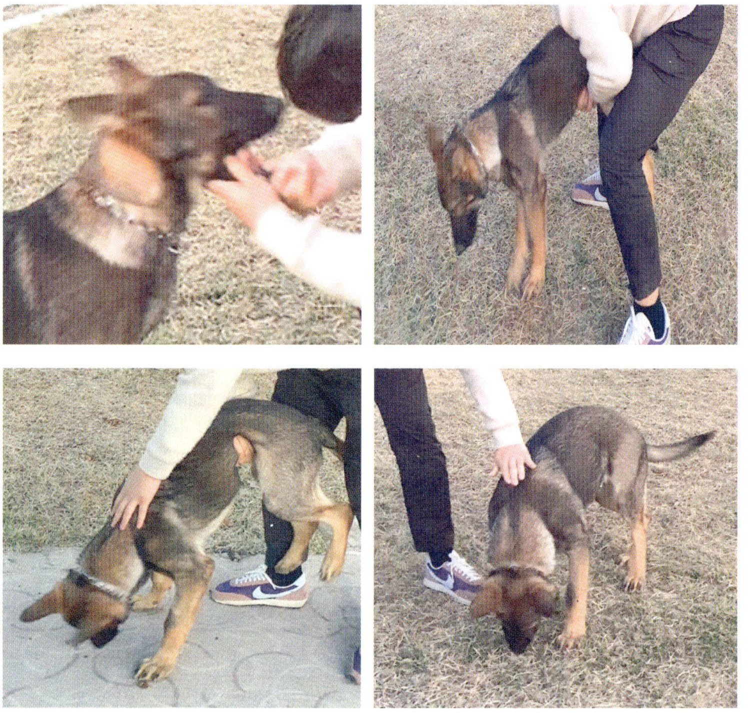

2) 심폐소생술(C.P.R)

견의 심장이나 호흡이 멈추었을 때 실시하는 응급조치이다. 견의 심장이 뛰고 있는지, 숨을 쉬는지, 의식은 있는지 확인한 후 시행한다. 심폐소생술은 심장이 멈춘 4분 이내 실시되어야 한다. 의식이 없는 견은 눈을 뜨고 있으므로 견이 눈을 감고 있다면 의식이 있는 상태로 판단한다. 견의 체온이 떨어지지 않도록 주의한다.

견을 편평한 곳에 눕힌 후 혀가 말려 들어가지 않도록 당겨낸다. 이때 견의 왼쪽 다리가 위로 향하도록 한다. 토사물, 침 등 이물질을 제거하여 기도를 확보한다. 견의 입을 닫은 상태에서 코에 호흡을 불어넣으며 흉부가 팽창하는지 확인한다. 코에서 입을 떼고 견의 폐에서 공기가 빠져나오도록 한다. 인공호흡 2회, 심장 압박 30회를 한 세트로 반복한다. 심장 압박은 분당 100-120회의 속도로 실시한다. 강한 압박은 늑골에 손상을 미치므로 견의 체구에 맞는 방법과 강도를 사용한다.

(1) 소형견 심폐소생술

한 손을 심장 부위에 올려 손바닥 또는 손가락으로 심장 부위를 압박한다. 체구가 작은 자견과 초소형견은 두 엄지의 압박으로 충분하므로, 양손으로 견의 흉부를 감싸안은 상태에서 엄지를 사용해 심장 부위를 압박한다.

(2) 대형견 심폐소생술

쓰러진 견의 뒤편에 위치해 앉는다. 한 손의 손가락을 모두 펴고 손등 위로 다른 손의 손바닥을 겹쳐 깍지 끼듯 잡는다. 양팔을 곧게 편 상태로 체중을 실어 견의 심장 부위를 압박한다. 견의 팔꿈치를 굽혔을 때 흉부에 닿는 곳이 심장 부근이며, 압박 시 팔이 굽혀지지 않도록 주의한다.

4. 약물 투약

1) 캡슐 또는 알약

캡슐이나 알약을 주는 경우 음식물과 함께 섭취해서 먹이거나 입안에 직접 약을 투약해 삼키도록 하는 방법이 있다.

핸들러는 왼손으로 견의 코 위를 누르고, 왼손 검지와 엄지 손가락을 위턱과 아래턱 견의 치아 사이 입술 아래로 넣는다. 견이 통증을 느껴 저항할 수 있으므로 입술을 치아 쪽으로 억지로 누르지 않는다.

왼손 엄지 손가락으로 입 안쪽을 누르면 견은 자연스럽게 입을 열게 된다. 오른손으로 약을 혀의 가장 안쪽까지 밀어 넣고 견이 뱉어내지 않게 한 다음 오른손을 신속하게 입에서 뺀 후 왼손으로는 입을 벌리지 못하도록 위, 아래 턱을 같이 잡는다.

살며시 목을 어루만져서 약을 삼킬 수 있도록 유도한다. 이 방법은 최대한 빨리 부드럽게 한다. 입을 쓸데없이 만지작거리거나 우물쭈물하면 견이 스트레스를 받아 화를 돋을 수 있다.

2) 물약

물약을 줄 때 가장 좋은 방법은 2명의 사람이 같이하는 것이다. 한 명의 핸들러가 왼손으로 위, 아래 턱을 함께 눌러 견의 얼굴이 위로 향하게 한 다음, 다른 한 명이 입술을 치아에서 떨어지게 끌어당기면 입술이 깔때기 모양으로 되어 그 틈으로 액체를 흘려 넣으면 된다.

주의해야 할 점은 첫 번째, 물약을 입으로 넣을 때 견의 머리를 수평보다 약간 위로 향하게 해야 하는데 만약 너무 위로 향하게 하면 견이 약을 삼키지 못한다. 두 번째, 물약을 너무 빨리 견의 입에 넣으면 기관이나 폐로 흘러 들어가기 때문에 견은 고통스러울 뿐만 아니라 해를 끼칠 수 있다. 따라서 물약을 입에 넣을 때는 천천히 넣고, 삼킬 시간을 주어야 한다. 세 번째, 유성 액을 줄 때 더욱 조심해야 한다. 통틀어 견이 기침하거나 발버둥치거나, 괴로워하면 견의 머리를 숙이게 만들어서 쉴 수 있는 시간을 준다. 견이 의식이 없을 경우나 약을 삼키지 못할 때는 입으로 투약해서는 안 된다.

5. 주사 놓는 방법 및 위치

1) 피하 주사

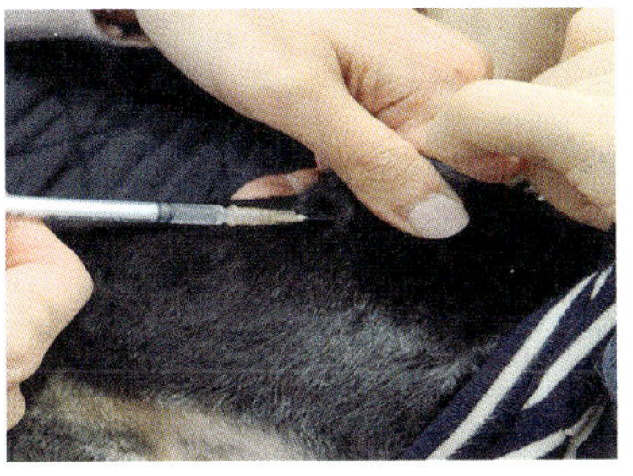

피하 주사는 피부층이 비교적 얇고 신축성이 좋은 견갑부, 목 부위 등의 얇은 피부 부위에 주사한다.

피하 주사 시 바늘을 피하에 놓고 주사기 밀대(Plunger)를 당겨 압력이 확인되면 주사한다.

2) 근육 주사

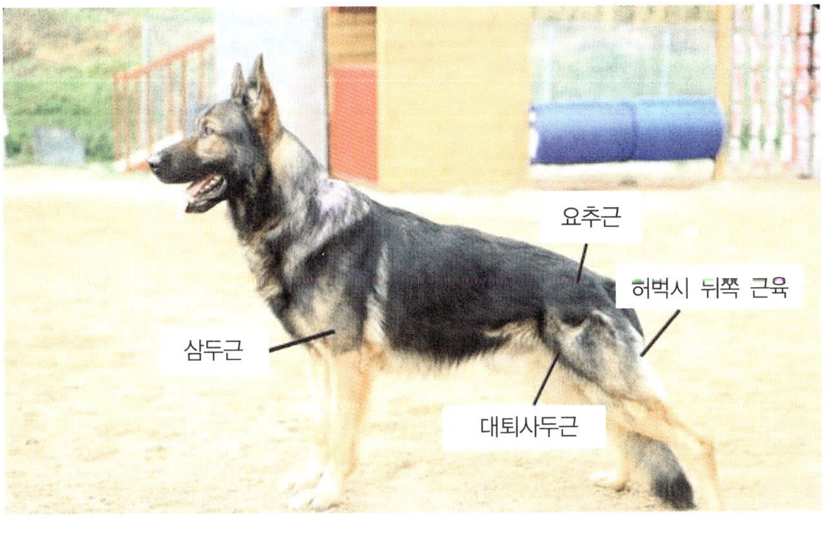

요추 근육에 약물을 주사한다면 척추에서 멀리 주사해야 한다.

허벅지 뒤쪽 근육 주사 시 신경을 손상할 가능성이 있으므로 항상 주의해야 한다. 근육에 바늘을 놓고 밀대(Plunger)를 약간 당겨 음압을 만든다. 혈액이 빨려 들어오지 않으면 적당한 속도로 약물을 주입한다. (이는 약물이 혈관 내에 한번에 다량으로 들어가게 되면 쇼크 등 부작용이 생기는 것을 방지하기 위함)

◉ 주사 요령

1. 주사기에 필요한 약품을 미리 뽑아 바늘이 오염되지 않도록 준비한다.
2. 소독용 알코올 솜을 이용하여 주사할 부위의 피부를 문질러 소독한다.
3. 피하 또는 근육 주사한다.
4. 주사기 피스톤을 후퇴시켜 혈액이 빨려 들어오지 않으면 적당한 속도로 약물을 주입한다. (만일 피가 주사기에 스미면 주사기를 빼어 다른 곳을 선택하여야 하는데 이는 약물이 혈관 내에 한번에 다량 들어가 쇼크 등 부작용이 생기는 것을 막기 위함이다.)
5. 주삿바늘을 빼고 알코올 스펀지를 이용하여 주사 부위를 부드럽고 가능한 오랫동안 문질러 약물의 확산과 통증을 감소시켜 준다.

참고자료: 한국수의내과학교수협의회.

부록

1. 훈련대회 도식 및 평가
2. 훈련 명령어
3. 개의 교합

1. 훈련대회 도식 및 평가

1) 복종훈련(CD, Companion Dog)

◆ **시험 규정**

✓ KKC 각종 경기와 경연대회는 본 협회 회원하에 참가할 수 있다.
✓ 동물보호법, 규정 위반, 스포츠정신에 반하는 행위는 실격 처리한다.
✓ 전염성 질환을 앓고 있는 견은 테스트에 응시할 수 없다.
✓ 견의 성격이 매우 예민하여 물림 사고 위험 시 실격 처리한다.
✓ 견의 테스트 중 시험장소 밖으로 이탈하면 실격 처리한다.
✓ 테스트 진행 중에 배뇨 및 배설 시 진행과목은 0점 처리한다.
✓ 테스트 중 3번의 명령 불응 시 더 채점 없이 다음 과목을 진행한다.
✓ 실격 또는 퇴장 조치한 견의 채점은 일체 비공개로 한다.
✓ 심사위원의 평가에 이의를 제기할 때는 영구히 참가를 불허한다.
✓ 시험 전, 후 견이 보호자로부터 방치되어 있다고 판단될 시 심사위원은 출진 정지를 명령할 수 있다. (더위, 목마름, 과도한 스트레스 노출 등)
✓ 발정 중인 암컷 견은 가장 마지막 순서로 출진할 수 있다.
✓ 천재지변 또는 환경의 여건에 따라 심사위원의 판단으로 장소는 변경될 수 있다.
✓ 체인 목줄(타원형의 지름 약 4cm)을 착용한다.
✓ 목줄이 조임 상태로 있어서는 안 된다.
✓ 리드줄은 왼손으로 잡으며 느슨하게 늘어져 있어야 한다.

◆ 채점 기준

✓ KKC 복종훈련 과목 배점은 100점 만점제로 한다.

✓ 채점 방식은 각 과목당 배점을 기준으로 체크한다.

✓ 평가는 채점 기준 점수에 근거하여 인정한다.

◆ 훈련 채점 평가 부호 규정

최대 점수	V (Vorzueglicg) 완벽하다	SG (Sehrgut) 매우 우수하다	G (Gut) 우수하다	B (Befridgend) 만족하다	M (Mangelhafr) 부족하다	O 실격
100점	100~90	89~80	79~70	69~60	59점 이하	시험 규정/ 동물보호법/ 스포츠정신 위반 시

◆ 준비물

✓ 훈련 수첩 지참 (신규 신청자는 현장에서 20,000원에 발급 가능)

✓ 인수공통 전염병 예방주사 접종 확인 (광견병, 종합 백신)

✓ 마이크로칩이 있는지 확인

✓ 훈련 경기대회 개인 휴대품 (가방/리드줄/공/덤벨/먹이=간식 등)

수험장의 각종 시설물 장비 일체, 보조심사위원, 도우미 등 체크는 해당 시험관이 점검한다.

◆ CD 1

I. 줄 메고 따라 및 속도 전환

수행 절차

❖ 음성신호: '따라'

❖ 자신의 견과 함께 대기 장소로 이동한 두 번째 지도수가 "장시간 대기" 과목을 위해 기본자세를 취할 때 첫 번째 지도수도 기본자세를 취하고 있어야 한다. 기본자세로 정립 후부터 2마리의 견에 대한 평가가 시작된다.

❖ 음성신호는 시작할 때 그리고 속도 변환 시 보행방식의 변경에서만 지도수에게 허용된다.

❖ 리드줄은 왼손, 늘어진 상태로 진행한다.

① 지도수는 견에게 리드줄을 채운 상태로 기본자세를 취한다.
② 심사위원의 지시에 따라 음성신호(따라)와 함께 50보 전진한다.
③ 50보 전진 이후 180° 턴을 진행한 후 10~15보 상보로 전진한다.
④ 음성신호(따라)와 함께 속보로 전환하여 10~15보 전진한다.
⑤ 음성신호(따라)와 함께 완보로 전환하여 10~15보 전진한다.
⑥ 음성신호(따라)와 함께 상보로 전환하여 출발지점까지 전진하여 180° 턴을 진행한다.

• 감점 사유 (15점)

✓ 앞서감, 측면 이탈, 뒤처짐, 수동적인 따라 동작 = 0~3점 감점
✓ 집중력 부족, 완만한 동작, 산만할 때 = 0~3점 감점
✓ 지도수의 사인이나 의도적 도움이 있을 때 = 0~4점 감점
✓ 상보, 속보, 완보의 완급조절이 불가능할 때 = 0~5점 감점

II. 앉아

수행 절차

❖ 음성신호: '앉아'

❖ 정해진 장소: 출발에서부터 15보

① 지도수는 1과목을 마친 후 정지하지 않고 15보 전진한다.

② 15보 전진한 후 정지하며 음성신호(앉아)와 함께 견은 즉각적이며 올바른 자세로 앉은 동작을 취한다.

③ 심사위원의 지시에 따라 음성신호(따라)와 함께 15보 전진한 후 좌측으로 90° 턴을 진행한다.

• 감점 사유(15점)

✓ 견이 산만하며 침착성이 결여될 때 = 0~3점 감점

✓ 견의 앉는 속도 및 흐트러진 자세를 취할 때 = 0~3점 감점

✓ 지도수가 명령 3회 이상 반복 지시할 때 = 0~4점 감점

✓ 견이 명령과 상반된 자세를 취할 때 = 0~5점 감점

III. 엎드려

수행 절차

❖ 음성신호: '엎드려'

❖ 정해진 장소: 출발에서부터 15보

① 15보 전진한 후 정지하며 음성신호(엎드려)와 함께 견은 즉각적이고 올바른 자세로 엎드려 동작을 취한다.

② 심사위원의 지시에 따라 음성신호(따라)와 함께 15보 전진한 후 좌측으로 90° 턴을 진행한다.

• 감점 사유 (10점)

✓ 명령에 완만하게 엎드리며 동작이 불안할 때 = 0~3점 감점
✓ 견의 엎드리는 자세가 옆으로 기울어져 있을 때 = 0~2점 감점
✓ 지도수가 명령 3회 이상 반복 지시할 때 = 0~3점 감점
✓ 견이 명령과 상반된 자세를 취할 때 = 0~2점 감점

IV. 서

수행 절차

❖ 음성신호: '서'

❖ 정해진 장소: 출발에서부터 15보

① 15보 전진한 후 정지하며 음성신호(서)와 함께 견은 즉각적이고 올바른 자세로 서 동작을 취한다.

② 심사위원의 지시에 따라 음성신호(따라)와 함께 15보 전진한 후 좌측으로 90° 턴을 진행한다.

• 감점 사유 (10점)

✓ 명령에 즉시 서 동작을 취하지 않을 때 = 0~3점 감점

✓ 견의 서 있는 자세가 불안하며 움직일 때 = 0~2점 감점

✓ 지도수가 명령 3회 이상 반복 지시할 때 = 0~2점 감점

✓ 견이 명령과 상반된 자세를 취할 때 = 0~3점 감점

V. 앉아 / 기다려 (줄 해지)

수행 절차

❖ 음성신호: '앉아 - 기다려'

❖ 리드줄은 반드시 왼쪽 어깨에서 오른쪽 아래 사선으로 메거나 오른쪽 주머니에 넣어야 한다.

① 지도수는 5과목 진입과 동시에 음성신호(앉아)와 함께 견은 즉각적이고 올바른 자세로 앉아 동작을 취한다.

② 심사위원의 지시에 따라 지도수는 줄을 해지한다.

③ 음성신호(기다려)와 함께 지도수는 견에게서 약 5m 이격하며 견은 침착하며 집중력 있는 모습으로 자세를 유지한다.

• 감점 사유 (15점)

✓ 기다리는 동안 불안해하거나 침착성이 결여될 때 = 0~3점 감점

✓ 견이 집중력을 잃고 움직일 때 = 0~3점 감점

✓ 지도수가 명령 3회 이상 반복 지시할 때 = 0~4점 감점

✓ 견이 명령과 상반된 자세를 취할 때 = 0~5점 감점

VI. 와 / 따라

수행 절차

❖ 음성신호: '와'

① 심사위원의 지시에 따라 음성신호(와)와 함께 견은 즉시 지도수에게 신속하게 달려와 정면에 바로 앉는다.

② 심사위원의 지시에 따라 음성신호(따라)와 함께 견은 기본자세를 취한다.

• 감점 사유(15점)

✓ '와' 명령에 의해 신속하게 뛰어오지 않을 때 = 0~3점 감점

✓ 명랑한 태도를 보이지 않고 집중력이 결여될 때 = 0~3점 감점

✓ 지도수가 명령 3회 이상 반복 지시할 때 = 0~4점 감점

✓ 견이 명령과 상반된 자세를 취할 때 = 0~5점 감점

VII. 장시간 대기

수행 절차

❖ 음성신호: '엎드려'

❖ 정해진 장소: 약 15~20m

① 지도수는 견에게서 리드줄을 해지한 채로 기본자세를 취한다.

② 심사위원의 지시에 따라 음성신호(엎드려)와 함께 견은 엎드려 자세를 취한다.

③ 지도수는 엎드려 있는 견을 두고 약 15~20m 이격한다.

④ 테스트 실행 중인 견이 모든 과목을 마칠 때까지 대기한다.

⑤ 심사위원의 지시에 따라 대기 중인 견에게 돌아가 견을 좌측에 위치하여 선다.

⑥ 심사위원의 지시에 따라 음성신호(앉아)와 함께 견은 기본자세를 취한다.

• 감점 사유 (20점)

✓ 대기 자세가 바르지 않고 산만할 때 = 0~5점 감점

✓ 대기 중 지도수가 사인 또는 재차 명령할 때 = 0~5점 감점

✓ 대기 중 움직이거나 1m 이내 이탈할 때 = 0~5점 감점

✓ 견이 명령과 상반된 자세를 취할 때 = 0~5점 감점

★ 쉬어 진행 중 일어서서 1m 이상 움직이거나 대기 장소에서 3분 이내 이탈하면 20점 모두 감점

◆ CD 1 심사표

복종훈련 시험 (CD.1)

■ 일시 : 년 월 일

참가번호:	견명:	견종:	성별:
일시:	장소:	기타:	
핸드폰:	E-mail:	지도수:	

■ 과목 및 요령

No.	과목	요령	배점	채점
1	따라 (줄 착용, 50보)	(턴과 동시) 상보, 속보, 완보	15	
2	앉아 (줄 착용)	상보 진행 중, 앉아	15	
3	엎드려 (줄 착용)	상보 진행 중, 1회 실시	10	
4	서 (줄 착용)	상보 중, 1회 실시	10	
5	앉아/기다려 (줄 해지)	거리 약 5M	15	
6	와/앉아 (불러오기)	정면과 좌측 앉아	15	
7	쉬어 (대기) 약 5분	No.6과목 종료까지	20	
합계			100	
평가	100~90 V, 89~80 SG, 79~70 G, 69~60 B, (59점 M, 이하 불합격)			

※ 시험관 소견:

▣ 시험관 서명: ▣ 감독관 서명:

◆ CD 1 코스

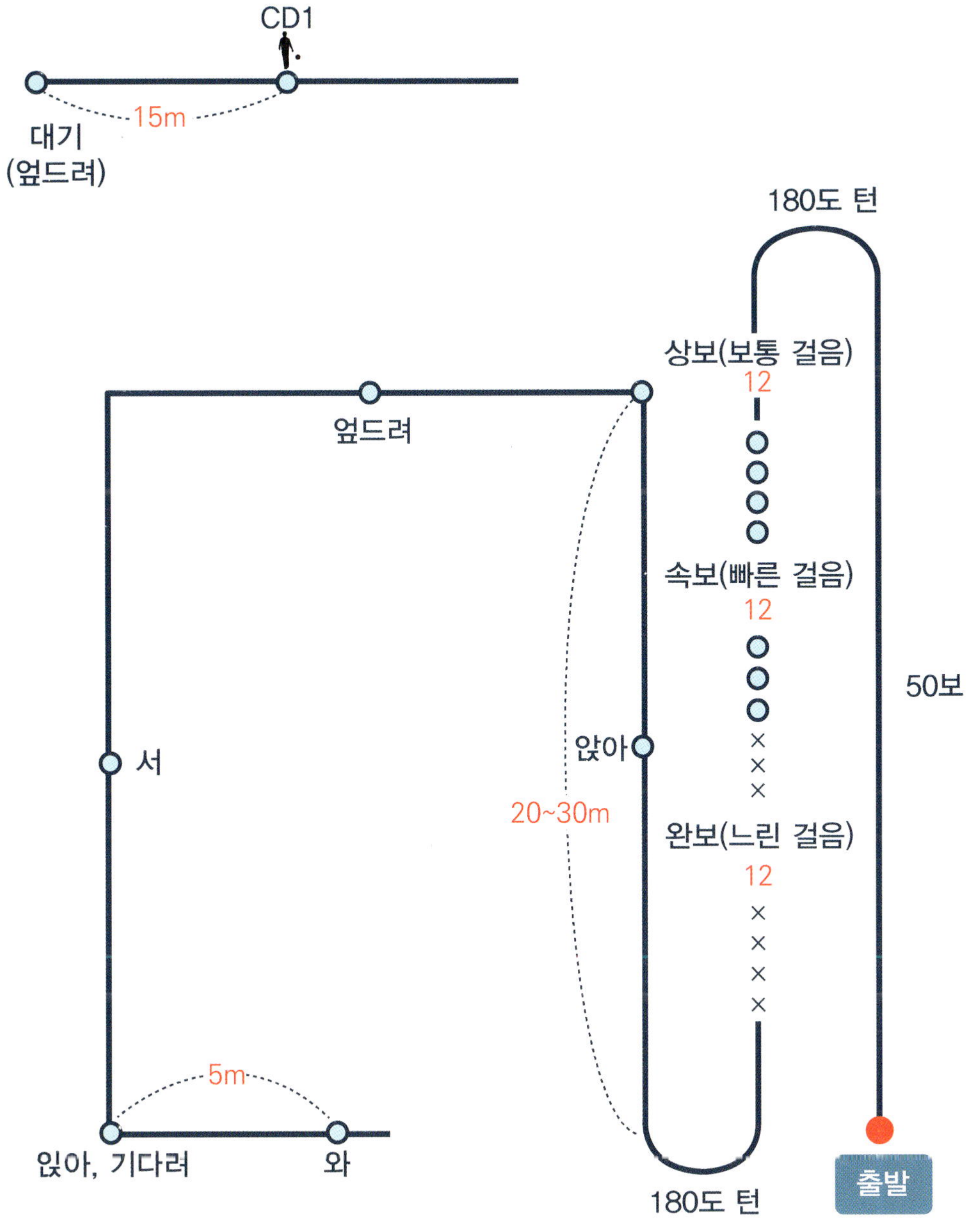

CD1
15m
대기
(엎드려)
180도 턴
상보(보통 걸음)
12
엎드려
속보(빠른 걸음)
12
50보
서
앉아
20~30m
완보(느린 걸음)
12
5m
잎아, 기다려
와
180도 턴
출발

2) 동반견 훈련(BH, Begleit Hund – 15개월)

20세기 초 독일에서 시작한 동반견 훈련은 사람과 함께 살아가는 과정에서 기본적인 예절과 필수적인 규칙을 갖추어야 하는 복종 및 사회성을 검증하는 시험 규정이다.

모든 시험과 경기대회는 스포츠 정신에 따라 실행되어야 하며 동반견 훈련의 구성은 A 파트 복종훈련(줄 매고 따라 걷기, 줄 없이 따라 걷기, 이동 중 앉아, 이동 중 엎드려 및 와, 장시간 대기), B 파트 사회성 훈련(낯선 사람, 자동차, 자전거, 조깅, 인라인스케이트, 낯선 견, 홀로 남겨진 견의 반응) 등 혼란한 상황에서 심리적 · 행동적 안정감의 평가로 실행된다. 복종훈련(A 파트)은 총 60점 중 70% 이상, 42점 이상 획득해야 사회성 테스트(B 파트)에 응시할 자격이 주어지며 B 파트는 6개 영역 모두를 합격해야 최종 합격이 된다.

◆ 복종훈련 실행 규칙

✓ 과목별 시험은 기본자세로 시작하여 기본자세로 종료한다. (기본자세 지도수의 왼쪽 무릎에 견의 견갑부가 밀착한 상태로 조용히 가만히 '앉아' 자세를 취한다.)

✓ 지도수는 강화물(공, 먹이, 기타 등)을 휴대하는 것이 금지되어 있으며 적발 시 실격된다.

✓ 지도수의 신체적 장애로 시험 과목 중의 부분 영역을 정확하게 실행할 수 없을 경우 심사위원에게 시험 전에 이에 대한 보고를 해야 한다.

✓ 회전, 멈춤, 보행방식 변경 등의 기타 모든 것은 심사위원의 지시 없이 실행한다.

✓ 각 시험 과목마다 실행이 종료된 후 견을 칭찬할 수 있다.

✓ 칭찬과 새로운 과목의 시작 사이에는 분명한 시간 간격(약 3초)이 엄수되어야 한다.

✓ 180° 회전은 지도수에 의해 왼편으로 (한 자리에서 180° 회전) 이루어져야 한다. 이때 2가지 방식으로 허용된다.

- 견은 오른편 회전과 함께 지도수의 뒤를 돌아서 간다.
- 견은 그 자리에서 왼편으로 180° 회전을 실행한다.

시험 중에는 상기 2개의 방식 중 1개만이 가능하다.

• 테스트 결과의 평가

최대점수	V(Vorzueglicg) 탁월함	SG(Sehrgut) 매우 좋은	G(Gut) 좋은	B(Befridgend) 만족할 만한	M(Mangelhafr) 부족함
60점	60~58	57~54	53~48	47~42	41~0

I. 줄 매고 따라 (15점)

수행 절차

❖ 12보 (10~15보 범위 내에서 가능)

❖ 음성신호: '따라'

❖ 속도 변환 시마다 명령어(따라)를 사용한다.

❖ 목줄(느슨하게), 하네스에 리드줄이 연결되어야 한다.

❖ 리드줄을 느슨하게 하여 왼손에 쥐어야 한다.

① 기본자세(견은 견갑을 지도수의 왼쪽 무릎 높이에 밀착한 채 집중적으로 지도수 주시)를 취한다.

② 심사위원의 지시에 따라 음성신호(따라)와 함께 50보 전진한다. (각측 보행)

③ 50보 전진 이후 180° 턴을 진행한 후 10~15보 상보로 전진한다.

④ 속보 12보 (10~15보)

⑤ 완보 12보 (10~15보)

⑥ 다시 상보로 변환하여 출발점까지 각측 보행한다.

⑦ 오른쪽으로 90° 턴, 15~20보 전진한다.

⑧ 오른쪽으로 90° 턴, 15~20보 전진한다.

⑨ 180° 턴, 직선으로 10~15보 이동한다.

⑩ 멈춘 후 기본자세를 취한다. (명령어 사용 금지)

⑪ 심사위원의 지시에 따라 음성신호(따라)와 함께 출발선 근처까지 이동한다.

⑫ 왼쪽으로 90° 턴, 군중으로 들어간다.

⑬ 움직이고 있는 최소 4명의 사람으로 구성된 군중으로 이동한다. 이때 지도수는 자신의 견과 함께 군중 구성원 1명의 왼편, 다른 구성원 1명의 오른편으로 돌아 나온 후 군중 이내에서 최소 한번 구성원 1명에 근접해서 멈추어야 한다.

⑭ 심사위원의 지시에 따라 음성신호(따라)와 함께 군중을 벗어난다.

* 견의 뒤처짐, 앞서감, 측면으로 벗어나거나 방향 전환에서 지도수가 주저하거나 머뭇거림은 실점의 사유가 된다.

II. 줄 없이 따라 (15점)

수행 절차

❖ 12보 (10~15보 범위 내에서 가능)

❖ 음성신호: '따라'

❖ 심사위원의 지시에 따라 기본자세에서 견의 리드줄을 제거한다.
(리드줄을 왼쪽 어깨에 걸거나 견의 반대쪽 주머니에 집어넣는다.)

① 줄은 해지한 상태에서 기본자세(견은 견갑을 지도수의 왼쪽 무릎 높이에 밀착한 채 집중적으로 지도수 주시)를 취한다.

② 심사위원의 지시에 따라 음성신호(따라)와 함께 50보 전진한다. (각측 보행)

③ 50보 전진 이후 180° 턴을 진행한 후 10~15보 상보로 전진한다.

④ 속보 12보 (10~15보)

⑤ 완보 12보 (10~15보)

⑥ 다시 상보로 변환하여 출발점까지 각측 보행한다.

⑦ 멈춘 후 기본자세를 취한다. (명령어 사용 금지)

III. 이동 중 앉아, 기다려 (10점)

수행 절차

❖ 12보 (10~15보 범위 내에서 가능)

❖ 음성신호: '앉아 - 따라'

① 기본자세를 취한다.

② 심사위원의 지시에 따라 음성신호(따라)와 함께 직선으로 10~15보 이동한다. (각측 보행)

③ 10~15보 이동 후 정지한 상태에서 '앉아' 명령과 동시에 지도수는 직선으로 15보 이동한다.

④ 180° 턴 후 견을 바라본다.

⑤ 심사위원의 지시에 따라 지도수는 견에게 돌아가 기본자세를 취한다.

* 견이 앉아 있지 않고 엎드려 있거나 서 있을 경우 5점 감점

Ⅳ. 이동 중 엎드려 및 와 (10점)

수행 절차

❖ 12보 (10~15보 범위 내에서 가능)

❖ 음성신호: ‘엎드려 - 와 - 따라’

① 기본자세를 취한다.

② 심사위원의 지시에 따라 음성신호(따라)와 함께 직선으로 10~15보 이동한다. (각측 보행)

③ 10~15보 이동 후 정지한 상태에서 ‘엎드려’ 명령과 동시에 지도수는 직선으로 30보 이동한다.

④ 180° 턴 후 견을 바라본다.

⑤ 심사위원의 지시에 따라 지도수는 ‘와’ 또는 견명을 부른다.

⑥ 견은 ‘와’ 명령 이후 지도수 방향으로 신속히 달려와 전면에 밀착하여 앉는다.

⑦ 약 3초 후 지도수는 ‘따라’ 명령을 내려 견과 기본자세를 취한다.

V. 산만한 상황에서 대기 (10점)

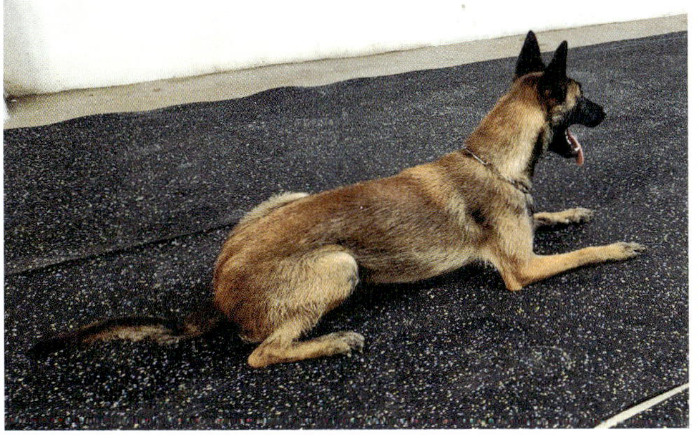

수행 절차

❖ 음성신호: '따라 - 엎드려 - 앉아'

① 다른 견의 시험 시작 시에 지정된 장소에서 심사위원의 지시에 따라 견을 기본자세에서 '엎드려' 명령을 통해 대기시킨다.

② 지도수는 대기 장소(견과 최소 30보 떨어진 거리)로 이동 후 다른 견이 시험 과목을 실행하는 동안 견은 지도수의 어떠한 영향 없이 조용히 '엎드려' 있어야 한다.

③ 심사위원의 지시에 따라 지도수는 자신의 견에게 이동하여 견의 오른편에 정립한다.

④ 약 3초 후 견은 심사위원의 지시에 따라 '앉아' 명령으로 신속하게 기본자세를 취해야 한다.

* 지도수의 불안정한 자세, 은폐된 상황에서의 도움, 견의 불안정한 엎드려 대기, 지도수가 견에게 돌아갈 때 견이 일어서거나 앉을 경우 감점이 된다.
* 견이 서거나 혹은 앉았지만 대기 장소를 이탈하지 않았을 경우 부분평가만이 이루어진다.
* 테스트 중인 견이 시험 과목 2를 종료하기 전에 대기 장소로부터 3m 이상 이탈했을 경우 본 과목은 0점으로 평가된다. 시험을 실행 중인 대기견이 시험 과목 2를 종료한 후에 대기 장소를 이탈했을 경우 부분평가만이 이루어진다. 지도수가 견에게 돌아갈 때 견이 마주 오는 경우 최대 3점이 감점된다.

◆ BH 도식

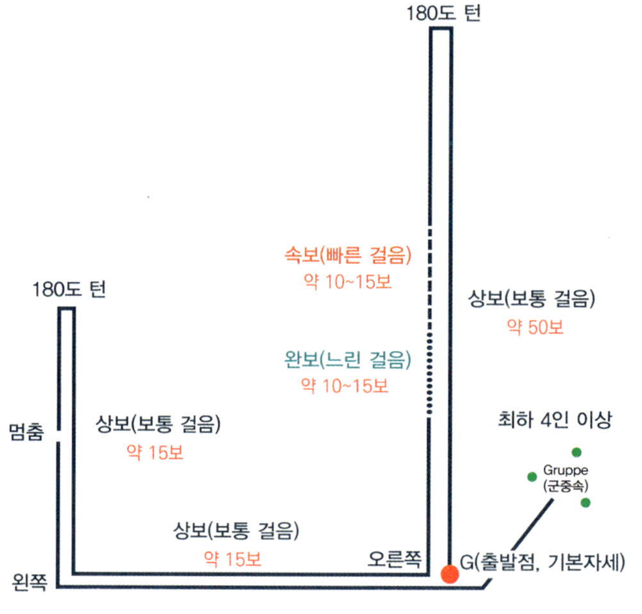

줄매고 따라걷기

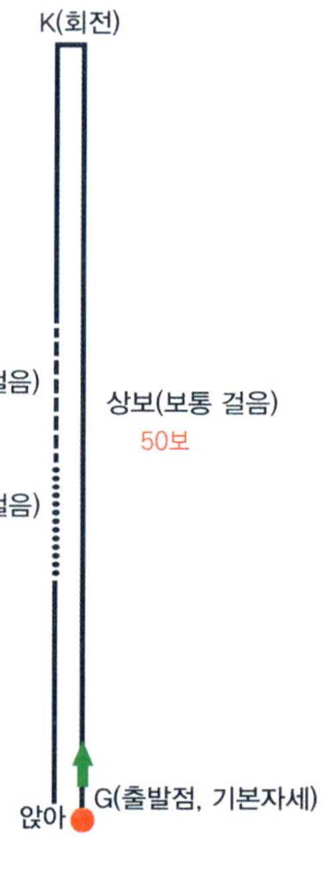

줄없이 따라걷기

★ 시작 기본자세는 '앉아' 동시에 또한 종료 기본자세의 '엎드려'이다.

★ 군중에서 지도수는 자신의 견과 함께 군중 구성원 1인의 왼편 그리고 다른 구성원 1인의 오른편으로 돌아서 진행해야 한다.

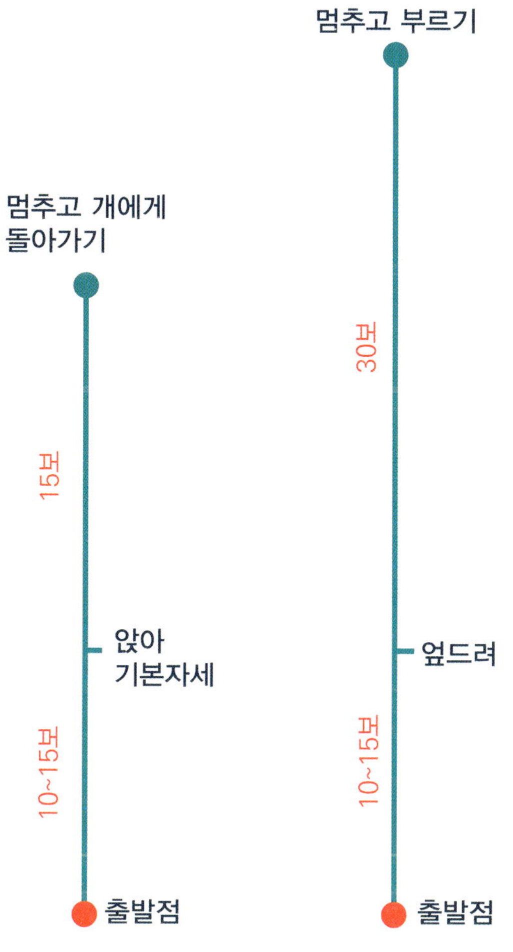

이동 중 앉아　　　이동 중 엎드려 및 와

◆ BH 심사표 (A파트)

BegleitHundPrufung – Ortsgruppe(반려견 훈련 검정 테스트)	
심사위원 :	소 유 자 :
지 도 수 :	일 시 :
견 명 :	핸 드 폰 :
견 종 :	Email :

Temparament Test/shot command 코맨드로 개의 특성을 기록, 리드줄을 하고 평상시의 모습을 관찰하여 평가함.

Ergebnis der Unbefangenheitsuberprufung(성격테스트)	합격 ☐ / 불합격 ☐ / 실격 ☐

A – Part(파트)

순위	과목	요령	배점	평가
1	Heeling on leash 줄 맨 상보, 군중 통과	BP straight 1st180 속보 완보 상보 1stRT 2ndRT 2nd180 Halt BU LT 군중 1stT2ndT Fin V15–14.5 SG 14–13.5 G 13–12 B 11.5–10.5 M10–0	15	
2	Heeling off leash 줄 없이 따라	BP straight 1st180 속보 완보 Halt Fin V15–14.5 SG 14–13.5 G 13–12 B 11.5–10.5 M10–0	15	
3	Sit on move 이동 중 앉아 기다려	BP BU Sitz during Hback Fin V:10 SG:9.5–9 G:8.5–8 B:7.5–7 M:6.5–0	10	
4	Down and Recall 이동 중 엎드려, 와	BP BU Platz during Recall FS Fin V:10 SG:9.5–9 G:8.5–8 B:7.5–7 M:6.5–0	10	
5	Long Down 쉬어(대기)	Heelig~ BP Platz during Hback sitz Fin V:10 SG:9.5–9 G:8.5–8 B:7.5–7 M:6.5–0	10	
GESAMT (60점)		V:60–57.5 SG:57–54 G:53.5–48 B:47.5–42 M:41.5–0		
60점의 70% 즉, 42점 이상 견들만 B–Part로 참가한다.				

◆ BH 심사표 (B파트)

BegleitHundPrufung - Ortsgruppe
동반견 사회성 테스트(지회, 클럽)

B - Part : 태도, 행동과 문제성 판단

※ 네모 안에 알맞은 평가(숫자) 표시　　Ex) 1 : 침착하다.　2 : 조금 신경을 쓴다.　3 : 매우 긴장한다.

1	사람들로 구성된 군중과 만남	가) 리드줄의 상태, 밀착된 각측 보행 시	
		나) 보행자, 차량 통행에 대한 대담성	
		다) 지나쳐 가는 행인에 대한 무관심 태도	
		라) 최소 6명의 군중 통과 시의 행동, 자세	
		마) 군중 1명과 지도수의 인사 및 악수 시	
		바) 앉아 또는 엎드려에 의한 대기동작 시	
2	자전거와의 만남(반응)	가) 뒤쪽에서의 자전거 벨소리에 반응	
		나) 앞쪽에서의 자전거 벨소리에 반응	
		다) 스쳐 지나가면서 울리는 벨소리 반응	
3	자동차와의 만남(반응)	가) 자동차가 시동을 걸 때의 반응, 태도	
		나) 주위 자동차가 문을 크게 닫을 때 반응	
		다) 자동차가 문을 내리고 지도수가 길 안내 시	
4	조깅, 인라인 스케이트를 하는 사람들과의 만남	가) 최소 2인 이상의 조깅하는 사람에 대한 반응	
		나) 빠른 속도로 조깅하는 사람에 대한 반응	
		다) 조깅하는 사람들이 테스트견의 옆을 지나갈 때	
		라) 앉아 또는 엎드려 명령 후 반응	
		마) 1~2인의 인라인 스케이트들의 왕복 접근 시	
5	다른 견들과의 만남(반응)	가) 다른 견과 지도수가 지나쳐 가거나 마주 올 때	
		나) 지도수가 '따라' 음성신호 반복 시 반응	
		다) 타견과 타지도수가 지나칠 때 앉아, 엎드려	
6	줄에 맨 상태로 보도에 홀로 남겨진 견의 행동, 타 동물들에 대한 반응	가) 울타리 또는 담장에 묶어둔 후 견의 반응	
		나) 묶어 둔 상태에서 타인이 지나쳐 갈 때 태도	
		다) 홀로 남겨진 상태에서의 침착성	
URTEIL(평가)		Bestanden (합격) ☐ / Nicht bestanden (불합격) ☐	
순위	과목	요령 및 해설	평가

3) IGP 국제 사역견 시험규정

(Internationale 국제, Gebrauchshunde 사역견, Prüfungsordnung 시험규정)

20세기 초 유럽에서 시작하여 사역견 본질인 견의 복종성, 대담성, 내구력 테스트의 훈련을 목적으로 시행되었으며 한국은 1960년대 후반 훈련대회를 시작하였다.

◆ 훈련 심사위원의 분류

- National Judge(**국내심사위원**)
  - 자국 소속 단체의 심사위원 자격취득 심사의 범위, 결과인정 (국내로 제한)
- International Judge(**국제심사위원**)
  - 국제적으로 인증된 단체의 심사위원 자격취득 심사의 범위, 결과인정 (전 세계 모든 소속 단체)

훈련의 구성은 다음의 시험영역으로 세분화

시험	파트	점수
추적	A	100
복종	B	100
방위	C	100
합계		300

◆ 심사위원에 의한 페널티(IGP 1, 2, 3 공통사항)

테스트 전, 후 또는 테스트 과정 중 규정과 원칙에 위반되는 행위를 할 때 받게 되는 벌칙

- 경고
- 중지
- 실격

• 경고 사항

✓ 심사위원의 지시 불응

✓ 판정에 대한 이의 제기 또는 불만

✓ 1회 경고 → 2회 실격 (중단 X)

- **테스트 실격**

✓ 시험규정 위반
✓ 동물보호 규정 위반
✓ 품성 결여
✓ 스포츠 정신 위배
✓ 동기부여를 위한 물품 지참
✓ 미풍양속에 반하는 행위 - 불법적 금전 공여 행위 등

- **테스트 결과의 평가**

✓ 출진팀의 행동에 근거한 명확한 평가
✓ 추측이나 상상에 의한 평가 금지 - 출진팀의 행동 근거만 평가
✓ 전체적인 평가 → 개별적인 평가
✓ 세부적인 평가 / 단순평가 - WUSV, FCI
✓ 테스트 실행 중 나타난 결함과 오류는 분명하고 정확히 지적 - 출진팀의 미래의 발전을 위하여
✓ 각 과목별 평가는 점수가 아닌 성적으로 평가 설명되어야 한다.
✓ 성적평가: 독일어(V, SG, G, B, M). 영어(EX, VG, G, S, U)
✓ 종합점수 평가 시 정수로만 평가해야 하며 소수점은 출진팀의 수행 능력에 대한 전체 인상에 따라 반올림되거나 버려진다.

최대점수	V(Vorzueglicg) 탁월함	SG(Sehrgut) 매우 좋은	G(Gut) 좋은	B(Befridgend) 만족할 만한	M(Mangelhafr) 부족함
10점	10	9.5~9	8.5~8	7.5~7	6.5~0
100점	100~96	95~90	89~80	79~70	69~0

◉ 훈련 심사위원 4대 평가 기준

- 희구성: 훈련에 대한 열정적 의지와 즐거움
- 집중력: 전체 시험 도중 지도수와 작업에 대한 집중성
- 신속성: 지도수의 지시에 신속 정확한 동작으로 요구하는 행동의 실행
- 정확도: 시험 규정에 따른 요구 동작의 실행

◆ IGP 1

● 추적 – A파트 (Tracking) (100점)

과목	작업시간	배점(100점)		족적			
IGP 1	15분	진로 유지	유류품 (아티클 개수 3개)	족적 작성 후 작업 시작 시간	굴절 및 코스 (90°)	수사선 길이 (보)	취선 구성자
		79점	21(7+7+7) 유류품 3개	최소 20분	2굴절 3코스	300보	지도수

수행 절차

❖ 시험 시작 보고 (추적줄이 매어져 있지 않은 상태)

❖ 기본자세 "지도수 (한지수) 견명 (마리) 아티클 인지 방법 추적 준비 끝"

❖ 악수 (성격테스트)

❖ 음성신호: '찾아'

• 추적 시험 규정

✓ 추적줄을 검사한다. (10m의 정확한 길이가 맞는지 심사위원 또는 보조 심사위원이 검증한다.)

✓ 추적줄은 등 뒤, 측면 또는 다리 사이로 매서 실행한다.

✓ 견이 유류품(아티클)을 습득하거나 혹은 인지하면 지도수는 수색줄을 바닥에 놓고 자신의 견에게로 이동하여 유류품(아티클)을 높이 들어 올려 심사위원에게 알려준다.

✓ 그리고 지도수는 수색줄을 다시 잡고 수색작업을 이어나간다.

✓ 수색작업이 완료되면 지도수는 발견한 유류품(아티클)을 심사위원에게 제시한다.

• 아티클 통보 방법(인지) 3가지

1. INDICATE(지시): 아티클 인지 후 앉아, 서, 엎드려
2. PICK UP(입으로 물기): 아티클을 물고 서서 대기하거나 앉는다. (엎드리거나, 이동은 허용되지 않음)
3. BRING(물고 지도수에게 가져오기): 지도수는 견이 통보한 직후 제자리에서 견을 기다려야 하며 재시작은 아티클을 받은 장소

• 이상적인 유류품(아티클) 통보 방법

✓ INDICATE(지시) - 추적 시 견은 유류품(아티클) 인지 시 자신감 있는 동작으로 빠르게 표현해야 한다.

• 아티클 심사 포인트

✓ 가장 이상적인 아티클 'INDICATE' 자세 및 위치는 견이 엎드린 상태에서 몸 안쪽에 위치하며 코로 터치해서는 안 된다.

✓ 몸 밖에 위치한 아티클 = 0.5~1점 감점

✓ 몸으로 깔고 덮은 아티클 = 0.5~1점 감점

✓ 다리 앞쪽에 위치한 아티클 = 0.5~1점 감점

◆ 페널티

• 경고

✓ 심사위원 지시 불응

✓ 판정에 대한 이의 제기 및 불만

✓ 1회 경고 2회 실격 (경기중단 X)

• 중지

✓ 추적견이 트랙에서(수사선) 10m 이상 이탈 시

✓ 3회 출발 명령에도 견이 출발하지 못할 시

✓ 작업시간 초과 (15분)

• 실격

✓ 시험장소 또는 지도수 이탈 후 3회의 소환 명령에 불응 시
✓ 견이 유류품(아티클) 물고 건네주지 않을 때
✓ 야생동물 출현으로 통제 불능 시
✓ 시작 종료 보고 시 심사위원에 대한 견의 공격적 또는 적대적 태도

• 감점 사유

✓ 심사위원한테 'INDICATE(지시)' 보고하면 지시하는 견의 자세가 뒤섞여도 무방함
(세 번 모두 다른 방식으로 통보해도 무방)
1) SITZ (앉아)
2) PLATZ (엎드려)
3) STEH (서)
✓ 아티클 앞에서 머뭇거리는 견을 음성, 리드 컨트롤 기타 도움 = 7점 감점
✓ 오통보 또는 지도수가 접근할 때 물체의 물음 = 4점 감점
✓ 야생동물 출현 시 '엎드려' 명령 후 견을 제어하여 다시 추적을 할 경우 = 최대 8점 감점
✓ Gegenstand verxeisen
1) 유류품이 몸 밖에 있을 때 = 0.5 혹은 1점 감점
2) 코로 밀었을 때 = 0.5점 감점
3) 정확히 지시는 했지만, 지도수 도착 전까지 코로 밀 때 = 0.5점 감점
✓ 출발 시
1) 1회의 추가명령어 = 2.5점 감점
2) 2회의 추가명령어 = 5점 감점
3) 3회의 명령에도 출발 못 하면 = 시험 중지

◆ IGP 1 추적 코스

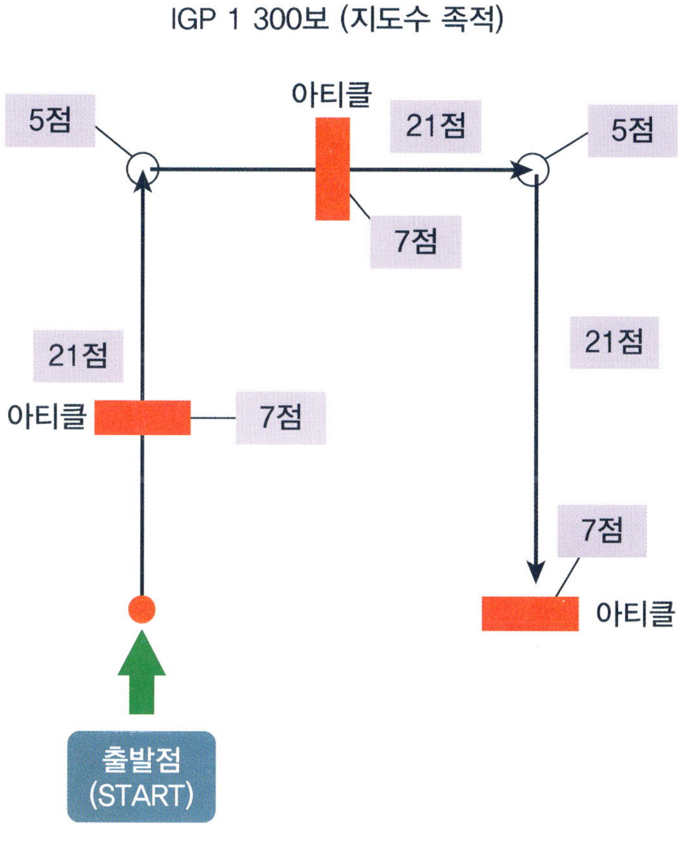

◆ IGP 1 추적 심사표

IGP1 단체: 한국애견협회		
시험감독관:	심사위원:	시험날짜:
시험출진자:	소속단체:	회원번호-Nr
소유자:	소속단체:	회원번호-Nr
출진견 이름:		출진번호:
협회등록-Nr	MIC-Nr:	생년월일:

성격테스트 결과:	합격( ) / 불합격( )

1A - 추적작업

족적작성자:	수색시작 추첨번호 :	
족적작성시간:	수색작업시간:	
아티클작업:	인지(엎드려, 앉아, 서)	입으로 물기:

지도수 족적 300보 , 족적 작성 후 20분 후 시작
3코스 2굴절 (약90°), 3아티클 (작업시간 15분)

수색코스 스케치:

심사위원평가

0-13.5M 14-15.5B 16-17.5G 18-19SG 19.5-20V
0-55.5M 56-63.5B 64-71.5G 72-75.5SG 76-80V

	점수	평가	점수
진로유지	79		
3Gegenstände:7+7+7	21		
종합점수	100		

● 복종 - B파트 (Obedience) (100점)

지도수는 견과 함께 심사위원에게 이동하여 기본자세에서 보고한다.
ex) "지도수 (한지수) 견명 (마리) IGP 1 복종 준비 끝."

I. 줄 없이 따라 (15점)

수행 절차

❖ 음성신호. '따라'

❖ 음성신호는 시작 시, 보행 방식(상보, 속보, 완보)이 변경 시에만 허용한다.

1. 기본자세(견은 견갑을 지도수의 왼쪽 무릎 높이에 밀착한 채 집중적으로 지도수 주시)를 취한다.
2. 심사위원의 지시에 따라 음성신호(따라)와 함께 50보 전진한다. (각측 보행)
   이동 중에 2번의 총성 테스트 (5초의 시간 간격 및 최소 15보 떨어진 거리에서 발사)
3. 50보 전진 이후 180° 턴을 진행한 후 10~15보 상보로 전진한다.

4. 속보 12보(10~15보)
5. 완보 12보(10~15보)
6. 다시 상보로 변환하여 출발점까지 각측 보행한다.
7. 오른쪽으로 90° 턴, 15~20보 전진한다.
8. 오른쪽으로 90° 턴, 15~20보 전진한다.
9. 180° 턴, 직선으로 10~15보 이동한다.
10. 멈춘 후 기본자세를 취한다. (명령어 사용 금지)
11. 심사위원의 지시에 따라 음성신호(따라)와 함께 출발선 근처까지 이동 후 왼쪽으로 90° 턴, 군중으로 들어간다.
12. 견과 함께 군중(4명으로 구성)의 중앙으로 진입하여 군중을 좌, 우로 한 바퀴씩 돈다. (명령어 사용 금지)
13. 심사위원의 지시에 따라 음성신호(따라)와 함께 군중을 벗어난다.

• 평가 감점 요소

✓ 기본자세 결함
✓ 앞서감, 측면 이탈, 뒤처짐
✓ 기본자세를 할 때 머뭇거리거나 동작이 느린 경우
✓ 부가적인 명령어 사용

• 도움 제공 불가

✓ 보행 변경 및 턴 동작 시의 견의 산만함
✓ 총성 테스트 중 견은 태연한 자세를 유지

II. 이동 중 앉아 (10점)

수행 절차

❖ 음성신호: ‘따라 - 앉아’

1. 기본자세를 취한다.
2. 심사위원의 지시에 따라 음성신호(따라)와 함께 직선으로 10~15보 이동한다. (각측 보행)
3. 10~15보 안에 ‘앉아’ 명령과 동시에 지도수는 직선으로 30보 이동한다.
4. 180° 턴 후 견을 바라본다.
5. 심사위원의 지시에 따라 지도수는 견에게 돌아가 기본자세를 취한다.

• 평가 감점 요소

✓ 기본자세 결함
✓ 전개 과정 결함
✓ 느린 ‘앉아’ 동작
✓ 불안하거나 산만한 ‘앉아’ 자세

III. 이동 중 엎드려 (10점)

수행 절차

❖ 음성신호: '따라 - 엎드려 - 와'

1. 기본자세를 취한다.
2. 심사위원의 지시에 따라 음성신호(따라)와 함께 직선으로 10~15보 이동한다. (각측 보행)
3. 10~15보 안에 '엎드려' 명령과 동시에 지도수는 직선으로 30보 이동한다.
4. 180° 턴 후 견을 바라본다.
5. 심사위원의 지시에 따라 지도수는 '와' 또는 견명을 부른다.
6. 견은 '와' 명령 이후 지도수 방향으로 신속히 달려와 전면에 밀착하여 앉는다.
7. 약 3초 후 지도수는 '따라' 명령을 내려 견과 기본자세를 취한다.

• 평가 감점 요소

✓ 기본자세 결함
✓ 전개 시 결함
✓ 느리게 엎드리기
✓ 태만한 자세로 엎드려 자세
✓ 느리게 지도수에게 오기
✓ 지도수의 발을 벌린 자세
✓ 앞에 앉기, 종료 기본자세의 느림과 부정확
✓ '엎드려' 명령 후에 견이 앉거나 서 있을 경우 5점 감점

IV. 평지 덤벨 (15점)

수행 절차

❖ 음성신호: '가져와 - 놔 - 따라'

❖ 덤벨 무게: 650g

1. 기본자세에서 지도수는 덤벨(650g)을 약 10보 앞으로 던진다.
2. '가져와' 명령을 내린다. 이때, 견은 덤벨을 즉각적으로 입에 물고 신속하게 지도수에게 가져와 전면에 밀착하여 앉는다.
3. 지도수는 약 3초 후 '놔' 명령, 양손으로 덤벨을 받아 오른편에 소지한다.
4. '따라' 명령을 따라 견은 신속히 똑바르게 기본자세를 취한다.

• 평가 감점 요소

✓ 기본자세 결함
✓ 태만한 자세로 달려가기
✓ 입으로 습득 시 결함
✓ 태만한 자세로 돌아오기
✓ 덤벨 떨어뜨림
✓ 덤벨과 놀이를 하거나 혹은 물어뜯을 경우
✓ 지도수의 발을 벌린 자세
✓ 앞에 앉기, 종료 기본자세의 결함

V. 1m 허들 덤벨 (15점)

수행 절차

❖ 음성신호: '뛰어 - 가져와 - 놔 - 따라'

❖ 덤벨 무게: 650g

1. 지도수는 견과 함께 최소 5보 이상 떨어진 허들 전면에서 기본자세를 취한다.
2. 덤벨(650g)을 1m 높이의 허들 너머로 던진다.
3. '뛰어' 그리고 '가져와' ('가져와' 명령어는 점프 중에 내려져야 한다.) 명령에 따라 견은 신속하게 허들을 넘어 덤벨이 있는 방향으로 가야 하며, 덤벨을 즉각적으로 입에 물고 다시 허들을 넘어 신속하게 지도수에게 가져와 전면에 밀착하여 앉는다.
4. 지도수는 약 3초 후 '놔' 명령, 양손으로 덤벨을 받아 오른편에 소지한다.
5. '돌아' 명령에 따라 견은 신속히 똑바르게 기본자세를 취한다.

• 평가 감점 요소

✓ 기본자세 결함
✓ 나약한 뛰어넘기
✓ 입으로 습득 시 결함
✓ 덤벨 떨어뜨림
✓ 덤벨과 놀이를 하거나 혹은 물어뜯을 경우
✓ 지도수의 발을 벌린 자세
✓ 앞에 앉기, 종료 자세의 결함

VI. A판벽(덤벨 없이 한쪽 넘기) (15점)

수행 절차

❖ 음성신호: '앉아 - 뛰어 - 따라'

❖ A판벽 높이: 180cm

1. 지도수는 견과 함께 최소 5보 이상 떨어진 판벽 전면에서 기본자세를 취한다.
2. '앉아' 명령 후 지도수는 판벽 반대 방향으로 이동하여 판벽으로부터 약 5보 떨어진 전면에서 기본자세를 취한다.
3. 심사위원의 지시에 따라 음성신호(뛰어)와 함께 견은 신속하게 판벽을 넘어 지도수에게 정확한 자세로 전면에 밀착하여 앉는다.
4. 약 3초 후 음성신호(따라)와 함께 견은 기본자세를 취한다.

• 평가 감점 요소

✓ 기본자세 결함

✓ 나약한 뛰어넘기

✓ 지도수의 발을 벌린 자세

✓ 앞에 앉기, 종료 자세이 결함

VII. 멀리 보내기 (10점)

수행 절차

❖ 음성신호: ‘앞으로 - 엎드려 - 앉아’

1. 기본자세를 취한다.
2. 견과 함께 직선으로 10~15보 이동 중 ‘앞으로’ 명령과 수신호를 동시에 내리고 지도수는 그 자리에서 정지한다.
3. 심사위원의 지시에 따라 지도수는 ‘엎드려’ 명령과 동시에 견은 즉각적으로 동작을 취해야 한다.
4. 심사위원의 지시에 따라 지도수는 자신의 견에게 이동하여 견의 오른편에 정립한다.
5. 심사위원의 지시에 따라 약 3초 후 ‘앉아’ 명령에 따라 기본자세를 취한다. (‘따라’ 명령어 절대 사용 금지)

• **평가 감점 요소**

✓ 기본자세 결함
✓ 전개 시 결함
✓ 느린 앞으로 뛰기
✓ 측면으로 이탈
✓ 너무 짧은 거리
✓ 머뭇거리거나 너무 이른 엎드리기
✓ 불안한 엎드려 자세
✓ 지도수가 근접할 때 일어나기 혹은 너무 빨리 앉기

VIII. 장시간 대기 (10점)

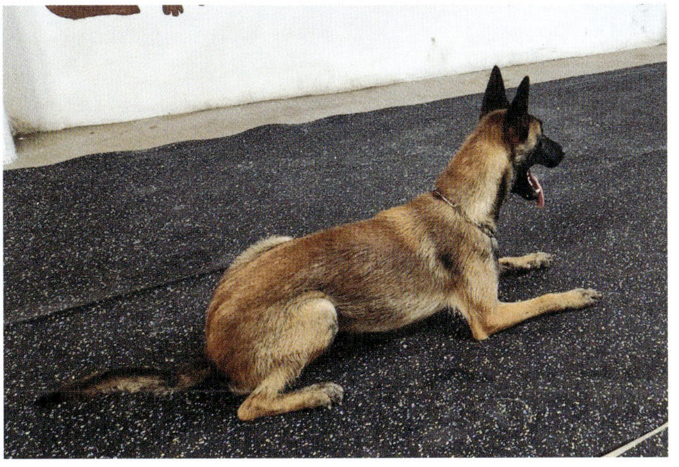

수행 절차

❖ 음성신호: '엎드려 - 앉아'

❖ 상대 견의 복종 B파트 시행 중 진행

1. 다른 견의 시험 시작 시에 지정된 장소에서 심사위원의 지시에 따라 견을 기본자세에서 '엎드려' 명령을 통해 대기시킨다.
2. 지도수는 대기 장소(견과 최소 30보 떨어진 거리)로 이동 후 다른 견이 시험 과목 1~7을 실행하는 동안 견은 지도수의 어떠한 영향 없이 조용히 '엎드려' 있어야 한다.
3. 심사위원의 지시에 따라 지도수는 자신의 견에게 이동하여 견의 오른편에 정립한다.
4. 약 3초 후 견은 심사위원의 지시에 따라 '앉아' 명령으로 신속하게 기본자세를 취해야 한다.

• 평가 감점 요소

✓ 지도수의 불안한 자세

✓ 지도수의 도움(신체, 음성)

✓ 불안한 견의 엎드리기

✓ 데리러 갈 때 마중 나오기

✓ 너무 빨리 앉기

◆ 각측 보행 평가

✓ 기본자세(과목 1~9): 모든 훈련의 시작(시작 기본자세)과 끝(종료 기본자세)
✓ 모든 시작과 끝은 오직 한 번의 기본자세로만 이루어져야 한다.
✓ 전개과정: 상보, 속보, 완보
✓ 턴: 180° 턴, 90° 우측 턴, 90° 좌측 턴
✓ 멈춤

◆ 페널티

• 중지 (전체 중지, 개별과목 중지)

✓ 심각한 훈련 의욕 부족
✓ 테스트 중 심각한 부상
✓ 이동 중 엎드려 및 부르기 / 이동 중 서 및 부르기
✓ 3회의 명령에 오지 않을 시 해당 과목만 중지

• 실격

✓ 시험장소 또는 지도수 이탈 후 3회의 소환 명령에 불응 시
✓ 총성 도주 시 - 각측 보행 중 / 대기
✓ 덤벨을 3회의 명령에도 건네주지 않을 시
✓ 지도수가 테스트 도중 체인 목줄을 손으로 잡았을 때
✓ 시작 종료 보고 시 심사위원에 대한 견의 공격적 또는 적대적 태도

◆ 감점 사유

✓ 기본자세에서 심사위원의 지시에 바로 출발하지 않으면 = 0.5점 감점
✓ 견이 한 평가의 시작을 3회의 명령에도 실행하지 않을 시 = 0점
✓ 견이 평가 과목 중의 한 부분을 3회의 명령에 미실행 시 = 3.5점 감점
★ ex) 종료 부분: 덤벨 회수 후 3회의 명령에 정면 앉기에서 종료 기본자세 미실행
✓ 추가 명령
1) 2회 명령: G (Gut)
2) 3회 명령: B (Befridigend)
✓ 대기 중 지도수 접근 시 견이 지도수에게 일어나 다가올 때: B (Befridigend)
★ 블라인드
1) 근처 = 3점 감점
2) 중간 = 2점 감점
3) 근접 = 1점 감점

✓ 이동 중 엎드려, 이동 중 서에서 요구되는 동작 미실행 시 = 5점 감점
✓ 이동 중 앉아에서 앉아 동작 미실행 시 = 2.5점 감점
✓ 대기 중인 견이 0점 처리되는 경우: 평가 중인 견이 과목 3(이동 중 엎드려) 종료 전 대기 장소 이탈
✓ 대기 작업 시 '앉아' 추가 명령
  1) 1회 추가 명령 = 2점 감점
  2) 2회 추가 명령 = 3점 감점
✓ 덤벨 회수 작업이 종료되기 전 지도수의 기본자세 이탈 M 평가
  1) 평지 덤벨 작업 = 3.5점 감점
  2) 1m 허들 / A판벽 = 5점 감점
✓ 1m 허들 작업 시
  1) 허들 터치 = 1점 감점
  2) 허들 밟고 넘음 = 2점 감점
✓ 허들을 넘으며 쓰러뜨린 경우 = 4점 감점
✓ 1m 허들 / A판벽 작업 시 점수 분할
  1) 넘어가기 5점 + 넘어오기 5점 + 덤벨 회수 5점 = 총 15점
    ★ A판벽 과목의 부분평가는 3개의 과정 중 최소 2개 부분이 충족되었을 때만 가능하다.
    ★ 덤벨이 이탈하거나 혹은 견에게 잘 보이지 않게 놓여 있으면 지도수는 심사위원에게 문의하여 심사위원의 지시에 따라 덤벨을 한 번 더 던질 기회를 얻는다. 이때, 견은 앉아 있어야 한다.
  2) 덤벨을 가져오지 않으면 = 0점 / 3개 중 1가지만 하면 = 0점
✓ 허들 작업 시 → 넘어가다 허들 넘어지면 다시 시도
  ★ 넘어가기 = 4점 감점 (넘어오기와 덤벨 가져오기 평가를 위하여)
✓ 덤벨 3회 잘못 던지면 = 0점 (세 번의 기회)
  ★ 다시 던질 때 견한테 '돌아와' 명령 절대 금지
  ★ 견의 포지션 변경 금지: '앉아', '따라'
✓ 덤벨을 던질 때 견의 엉덩이가 들썩이면 = 0.5점 감점
✓ 덤벨을 가지러 갈 때 지도수를 따라오는 경우 중지 = 0점
✓ 덤벨츄잉 = 1점 감점
✓ 덤벨 회수
  1) 2회 명령에 놓기 = 2.5점 감점
  2) 3회 명령에 놓기 = 3점 감점
  3) 3회의 명령에 놓지 않으면 = 실격

- ✓ 덤벨 회수 중 떨어뜨렸을 때 = 3.5점 감점
- ✓ 덤벨의 끝을 물고 올 때 = 3점 감점
- ✓ 견이 지도수 명령 전 스스로 덤벨을 물러 갔을 때 = 3점 감점
- ✓ '가져와' 2회 명령 실행 = 2점 감점, 3회 명령 실행 = 3점 감점
- ✓ 덤벨을 물고 와서 지도수 앞에 앉지 않을 때 = 3점 감점
- ✓ 덤벨 회수 시 지도수의 발을 벌린 자세 = 1점 감점
- ✓ 멀리 보내기 점수 분할: 보내기 5점 + 엎드리기 5점 = 총 10점
- ✓ 2회 '엎드려' 명령 = 1.5점 감점, 3회 '엎드려' 명령 = 2점 감점, 3회의 명령 거부 시 = 5점 감점 (모두 삭감)
- ✓ 3회의 '엎드려' 명령에 엎드리지 않고 지도수에게 돌아오면 = 10점 감점
- ✓ 목적지 근처에서 지도수 명령 전에 스스로 엎드릴 때 = 3.5점 감점
- ✓ 약 10~20m 전진 중 견이 스스로 엎드릴 때 = 6점 또는 7점 감점
- ✓ 지도수 3회 명령에 엎드리지 않고 앉거나, 서 있을 때 = 3.5점 감점

◆ IGP 1 복종 심사표

IGP1 B-복종

1	Frifolgen 줄메고 따라 걷기 1.zusatzHZ: befriedigend für teilübung 2.zusatzHZ: mangelhaft für teilübung	GS Schuß allen Gangarten wendungen halten in der Gruppe Kehrtwendung 0-7M 7-8B 8-9G 9-9.5SG 10V		15	
2	Sitz aus der Bewegung 이동중 앉아	GS Entwicklung setzt sich auf HZ Sitzt? Zeigt HF Zurückkommt? EGS 0-7M 7-8B 8-9G 9-9.5SG 10V		10	
3	Ablegen in verbindung mit Herankommen 이동중 엎드려	GS Entwicklung Legt sich auf HZ? Liegt? Kommt auf HZ? Setzt sich Vor? Auf HZ geht G/H ? nei EGS 0-7M 7-8B 8-9G 9-9.5SG 10V		10	
4	Bringen aug ebener Erde 평지 덤벨 회수	GS Geht Schnell zu Holz zeigt sicher aufnehmen Schnell zurück VS Abgebe Schnell gerade AB 0-7M 7-8B 8-9G 9-9.5SG 10V		15	
5	Bringen über die Hürde 1M허들 넘어 가져오기	GS ein kraftvoll hin spring sicheres aufnehmen das Holz kraftvoll rück spring sicher vor sitzen Schnell gerade AB 0-10M 10.5-11.5B 12-13G 13.5-14.SG 14.5-15V		15	
6	Schrägwand A판벽 넘기	GS ein kraftvoll hin spring sicher vor sitzen Schnell gerade AB 0-10M 10.5-11.5B 12-13G 13.5-14.SG 14.5-15V		15	
7	Voraussenden mit Hinlegen 멀리 보내 엎드리기	GS Entwicklung zielgerichtet und gerade voraus machat schnell platz schnell und gerade EGS 0-7M 7-8B 8-9G 9-9.5SG 10V		10	
8	Ablegen unter Ablenkung 장시간 대기	GS Legt sich R/H auf HZ? hin Legt ? bis HF zum Abholen kommt beim Abschluss sitzt er sofort und aufmerksam 0-7M 7-8B 8-9G 9-9.5SG 10V		10	
		총점 100			

● 방위 – C파트 (Protection) (100점)

I. 블라인드 수색 (5점)

수행 절차

❖ 가상 범인(헬퍼) 수색(블라인드 1개 수색)

❖ 음성신호(각 한 번씩): '찾아 - 와'

❖ '와'는 견명과 함께 복합해서 사용할 수 있다.

❖ 블라인드 수색 명령 시 단호한 음성 '찾아'

❖ '찾아' 명령 시 왼손 혹은 오른손을 수신호로 사용

❖ 가상 범인(헬퍼)은 블라인드 안에 위치한다.

1. 지도수는 견과 함께 출발점에 기본자세를 취한다.
2. 심사위원의 지시에 따라 음성신호(찾아)와 함께 견은 블라인드 수색을 시작한다.

   * 견은 신속하고 집중력 있게 의욕적으로 엄폐물(블라인드)로 달려가야 한다.

• **평가 감점 요소**

✓ 신속하고 집중력 있게 의욕적으로 뛰어가는가

✓ 조종성에 있어서

II. 금족(Hold) & 포효(Bark) (15점)

수행 절차

❖ 음성신호: '와 - 앉아'

1. 견은 가상 범인(헬퍼)의 전면부(중앙)에서 집중하여 의욕적으로 금족하고 약 20초 동안 지속해서 짖어야 한다. (이때, 헬퍼에게 뛰어오르거나 터치해서는 안 된다.)
2. 심사위원의 지시에 따라 지도수는 블라인드 정면, 지정된 자리로 이동하여 정립한다. (이때, 견은 계속해서 헬퍼에게 금족 & 포효 중이며 지도수가 다가와도 흐트러짐 없이 집중력 있게 경계해야 한다.)
3. 심사위원의 지시에 따라 음성신호(와, 따라) 명령 후 기본자세를 취하게 한다.

• 평가 감점 요소

✓ 심사위원, 지도수가 접근 시 집중력 있게 지속해서 경계 및 의욕적으로 짖어야 한다.
✓ 명령이 내려질 때까지 지속적이고 의욕적인 모습을 보여야 한다.
✓ 헬퍼에게 뛰어오르거나 터치해서는 안 된다.
✓ 지도수에게 중간선을 이탈하라는 심사위원의 지시가 내려지기 전 견이 경계위치를 이탈하면 견은 다시 한번 헬퍼에게 보낼 수 없다.

III. 도주 시도 저지 (20점)

수행 절차

❖ 음성신호(각 한 번씩): '따라 - 엎드려 - 물어'

1. 심사위원의 지시에 따라 지도수는 헬퍼를 블라인드에서 나오도록 명령한다. (헬퍼 아웃) 이때, 가상 범인(헬퍼)은 상보로 도주 시도를 하기 위한 표시된 장소로 이동한다.
2. 심사위원의 지시에 따라 지도수는 줄 없이 견과 함께 도주 시도를 저지하기 위한 표시된 대기 장소로 이동한다. (헬퍼와 견 사이의 거리는 약 5보)
3. 도주 시도를 저지하기 위한 표시된 대기 장소에서 지도수는 견을 '엎드려' 명령 후 블라인드로 이동한다.
4. 심사위원의 지시에 따라 가상 범인은 도주 시도를 감행하고 가상 범인의 도주와 동시에 지도수는 견에게 '물어' 명령을 내린다. 이때, 견은 머뭇거리지 않고 가상 범인의 도주 시도를 독자적으로 열정적이고 강한 물음을 통해 효과적으로 가상 범인을 좌절시켜야 한다.
5. 가상 범인의 도주 시도가 중단되면 지도수는 '놔'라는 명령을 적합한 시간에 맞추어 독자적으로 내릴 수 있다. 이때, 견은 즉각적으로 놓아야 한다.

• 평가 감점 요소

✓ 신속하고 열정적인 반응도 대처
✓ 강한 물음과 효과적 도주 시도의 괴멸
✓ 놓을 때까지 꽉 찬 그립
✓ 조용한 상태의 물음
✓ 가상 범인에게 밀착해서 집중적인 경계

IV. 경계단계에서 공격의 방어 (30점)

수행 절차

❖ 음성신호 (각 한 번씩): '놔 - 앉아'

1. 지도수는 블라인드에 위치한다.
2. 약 5초의 경계 단계 후에 가상 범인은 심사위원의 지시에 따라 견에 대한 공격을 감행한다.
3. 견은 의욕적이고 강한 물음과 꽉 찬 그립으로 가상 범인(헬퍼)의 방어소매만을 공격해야 한다.
4. 심사위원의 지시에 따라 가상 범인이 공격을 중단하면 지도수는 '놔'라는 명령을 적합한 시간에 맞추어 독자적으로 내릴 수 있다. 이때, 견은 즉각적으로 놓아야 한다.
5. 심사위원의 지시에 따라 지도수는 경계하고 있는 자신의 견에게 상보로 접근하여 견의 오른쪽에 가 '앉아' 명령 후 기본자세를 취하게 한다.

• 평가 감점 요소

✓ 신속하고 열정적인 물음
✓ 놓을 때까지 꽉 찬 바이트
✓ 조용히 문 상태
✓ 그립의 안정감
✓ 가상 범인에게 밀착해서 집중적인 경계

V. 이동 중 견에 대한 공격(롱어택) (30점)

수행 절차

❖ 음성신호 (각 한 번씩): '물어 - 놔 - 앉아 - 따라 - 호송(Trans Port) - 정지'

1. 지도수는 견과 함께 1번, 2번 블라인드 수색 시작점 위치로 이동한다.
2. 심사위원의 지시에 따라 지도수는 견에게 '물어' 명령을 내린다.
   (이때, 지도수는 위치를 이탈해서는 안 된다.)
3. 가상 범인이 공격을 중단하면 지도수는 '놔'라는 명령을 적합한 시간에 맞추어 독자적으로 내릴 수 있다. 이때, 견은 즉각적으로 놓아야 한다.
4. 심사위원의 지시에 따라 지도수는 경계하고 있는 자신의 견에게 상보로 접근하여 견의 오른쪽에 가서 '앉아' 명령으로 기본자세를 취하게 한다.
5. 가상 범인에게 뒤로 요구 후 견과 함께 가상 범인의 오른쪽에 이동하여 명령어 없이 견이 앉으면 가상 범인에게서 소프트 스틱을 수령한다.
6. 심사위원에게로 가상 범인의 측면 호송이 이루어진다. ('호송' 명령 허용)
7. 심사위원 앞에서 '정지' 명령, 정지 후 소프트 스틱을 심사위원에게 인계한다.
8. 성적을 발표하기 전에 심사위원의 지시에 따라 견을 묶는다.

• 평가 감점 요소

✓ 신속하고 열정적인 물음
✓ 놓을 때까지 꽉 찬 바이트
✓ 조용한 상태의 물음
✓ 가상 범인에게 밀착해서 집중적인 경계

◆ **페널티**

• **중지**

✓ 블라인드 수색 시 6번까지 못 갈 때

✓ 블라인드 수색 중 견을 불러 기본자세를 취할 때

✓ 금족 & 포효 중 심사위원이 지도수에게 리콜 포지션으로 오라는 지시 전에 견이 스스로 지도수에게 돌아갈 때 (한 번 더 기회를 주고 두 번째도 돌아가면 중지)

✓ 도주 시 20m 이내에서 헬퍼 도주 저지의 실패 시

✓ 경계 단계에서 심사위원의 지시 전에 견이 지도수에게 돌아갈 때

✓ 리어택 도중 헬퍼의 스틱 압박에 견이 도주할 경우

✓ 롱어택에서 물지 못하거나 놓친 후 헬퍼의 재압박에 견이 물지 못할 때

✓ 테스트 중 심각한 부상

• **실격**

✓ 시험장소 또는 지도수 이탈 후 3회의 소환 명령에 불응 시

✓ 금족 & 포효 과목에서 3회의 리콜 거부

✓ 백, 사이드 호송에서 통제가 안 될 때

✓ 3회의 '놔' 명령에 불응 시

✓ 방어소매 이외 다른 부분 공격 시

✓ 지도수가 테스트 도중 체인 목줄을 손으로 잡았을 때

• **감점 사유**

✓ 금족 & 포효

1) 완벽했으나 리콜 시 천천히 오면 = 0.5점 감점

2) 지도수를 괴롭히면 최대 = 2점 감점

★ 약간 터치(한 번 정도의 터치) = 0.5점 감점

3) 지도수가 은폐 장소 접근 시 견이 마중 오면 = 3.5점 감점

4) 지도수가 부르기 전에 견이 올 경우 = 3.5점 감점

5) 금족 & 포효 중 이탈하지만 2번째 투입에서 머무를 경우 = 3.5점 감점

6) 약하고 지속적이지 않은 짖음 = 2점 감점

✓ aus

1) 1번째 '놔' 명령에 대한 반응의 늦음 = 2.5점 감점

2) 2번째 '놔' 명령에 대한 즉각적 반응 = 3점 감점

3) 2번째 '놔' 명령에 대한 반응의 늦음 = 5.5점 감점

4) 3번째 '놔' 명령에 대한 즉각적 반응 = 6점 감점

5) 3번째 '놔' 명령에 대한 반응의 늦음 = 6~9점 감점

✓ 도주 - platz 위치까지의 각측 보행을 평가하며

1) 빨리 엎드리는지

2) 헬퍼 도주 시까지 잘 엎드려 있는지

3) 헬퍼의 도주를 확실히 저지하는지

★ '놔'를 하게 하기 위해 엎드려 명령 = 'mangelhaft'

✓ 경계

1) 산만하거나 혹은 헬퍼를 건드리는 경계 = 최대 'sehr gut'

2) 아주 심하게 산만하거나 혹은 헬퍼를 건드리는 경계 = 'gut'

3) 경계는 하지 않지만, 헬퍼에게 머무를 경우 = B

4) 지도수가 근접할 때 견이 마중 올 경우 = M

✓ 헬퍼를 물었을 경우

1) 스스로 놓지 않을 경우 심사위원의 지시에 따라 견을 회수하여야 함

2) 견이 회수 명령에 불응할 시 실격

3) 견이 회수되는 경우 최하위 평가

✓ 리콜 후 정확한 포지션, 그러나 약간 앞서 앉은 경우 = 0.5점 감점

✓ 리콜 기본자세 시 핸들러가 아닌 심사위원에게 가는 경우 = 2점 감점

★ 두 번 이상 명령에 불응 시 실격

✓ 헬퍼 도주 시 명령어 없이 반응한 경우 = 한 단계 낮은 점수 V

✓ 사이드 트랜스 포팅

1) 측면 호송 시 헬퍼의 왼쪽으로 걸을 때 = 1.5점 감점

2) 측면 호송 중 헬퍼를 물었을 경우 → 1회 aus 명령에 불응 시 실격

✓ 헬퍼가 멈추자마자 슬리브를 놓는 경우 감점

★ 헬퍼가 멈추고 난 후 약간의 텀을 가지고 놓을 것

✓ 롱어택 시 최초 체크포인트 (시작점까지 각측 보행)

★ no control 또는 목줄(체인)을 잡으면 = 실격

◆ IGP 1 방위 심사표

IGP1 C-방위작업

1	Revieren nach dem helfer 블라인드 써치	1 2 0-3M 3.5B 4G 4.5SG 5V		5	
2	Stellen und verbellen 홀드 앤 박	0-7M 7-8B 8-9G 9-9.5SG 10V		15	
3	Verhinderung eines fluchtversuches des helfer 범인의 도주시도 저지	führig zur ablage dieflucht wird sofort Verhinder griff Lasst auf HZ sofort ab Bewech aufmerksam 0-13.5M 14-15.5B 16-17.5G 18-19SG 19.5-20V		20	
4	Abwehr eines Angriff aus der Bewechungsphase 경계단계에서 공격에 대한 방어	Die Angriff sofort Verhindert Setzt einen Ruhig Griff Lasst auf HZ sofort ab Bewech aufmerksam 0-24M 24.5-27.5B 28-30.5G 31.5-32.5SG 33-35V		30	
5	Angriff aus dem Hund aus der Bewegung 롱어택	führig zum lauerplatz Ruhiges sitzen Auf HZ gehter direkt, energisch die Angriff wird Verhindert Setzt einen Ruhig Griff Lasst auf HZ sofort ab Bewech aufmerksam 0-20.5M 21-23.5B 24-26.5G 27-28.5SG 29-30V		30	
합계 100					

핸들러에 대한 평가	TSB - 평가	심사위원의 종합평가		
	"a"	수색 100		
	"vh"	복종 100		
	"ng"	방위 100		
		종합점수 300		

◆ IGP 2

● 추적 – A파트 (Tracking) (100점)

과목	작업시간	배점(100점)		족적			
IGP 2	15분	진로유지	유류품 (아티클 개수 3개)	족적 작성 후 작업 시작 시간	굴절 및 코스 (90°)	수사선 길이 (보)	취선 구성자
		79점	21(7＋7＋7) 유류품 3개	최소 30분	2굴절 3코스	400보	타인 족적

수행 절차

❖ 시험 시작 보고 (추적줄이 매어져 있지 않은 상태)

❖ 기본자세 "지도수 (한지수) 견명 (마리) 아티클 인지 방법 추적 준비 끝"

❖ 악수 (성격테스트)

❖ 음성신호: '찾아'

• 추적 시험 규정

✓ 추적줄 검사 (10m의 정확한 길이가 맞는지 심사위원 또는 보조 심사위원이 검증한다.)

✓ 추적줄은 등 뒤, 측면 또는 다리 사이로 매서 실행한다.

✓ 견이 유류품(아티클)을 습득하거나 혹은 인지하면 지도수는 수색줄을 바닥에 놓고 자신의 견에게로 이동하여 유류품(아티클)을 높이 들어 올려 심사위원에게 알려준다.

✓ 그리고 지도수는 수색줄을 다시 잡고 수색작업을 이어나간다.

✓ 수색작업이 완료되면 지도수는 발견한 유류품(아티클)을 심사위원에게 제시한다.

✓ 견이 찾지 못한 아티클을 족적 구성자가 찾지 못할 경우 점수는 감점되지 않는다.

• 아티클 통보 방법(인지) 3가지

1. INDICATE(지시): 아티클 인지 후 '앉아', '서', '엎드려'
2. PICK UP(입으로 물기): 아티클을 물고 서서 대기하거나 앉는다. (엎드리거나, 이동은 허용되지 않음)
3. BRING(물고 지도수에게 가져오기): 지도수는 견이 통보한 직후 제자리에서 견을 기다려야 하며 재시작은 아티클을 받은 장소

• 이상적인 유류품(아티클) 통보 방법

✓ INDICATE(지시) - 추적 시 견은 유류품(아티클) 인지 후 자신감 있는 동작으로 빠르게 표현해야 한다.

• 아티클 심사 포인트

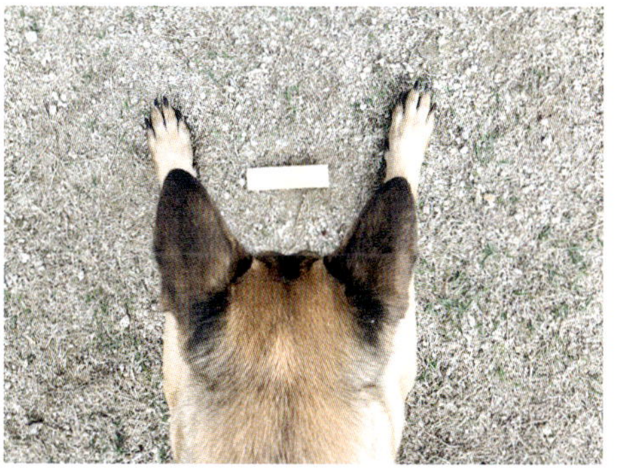

✓ 가장 이상적인 아티클 'INDICATE' 자세 및 위치는 견이 엎드린 상태에서 몸 안쪽에 위치하며 코로 터치해서는 안 된다.
✓ 몸 밖에 위치한 아티클 = 0.5~1점 감점
✓ 몸으로 깔고 덮은 아티클 = 0.5~1점 감점
✓ 다리 앞쪽에 위치한 아티클 = 0.5~1점 감점

◆ 페널티

• 경고

✓ 심사위원 지시 불응
✓ 판정에 대한 이의 제기 및 불만
✓ 1회 경고 2회 실격 (경기중단 X)

• 중시

✓ 추적견이 트랙에서 (수사선) 10m 이상 이탈 시
✓ 3회 출발 명령에도 견이 출발하지 못할 시
✓ 작업시간 초과 (15분)

• 실격

✓ 시험장소 또는 지도수 이탈 후 3회의 소환 명령에 불응 시

✓ 견이 유류품(아티클) 물고 건네주지 않을 때

✓ 야생동물 출현으로 통제 불능 시

✓ 시작 종료 보고 시 심사위원에 대한 견의 공격적 또는 적대적 태도

• 감점 사유

✓ 심사위원한테 'INDICATE(지시)' 보고하면 지시하는 견의 자세가 뒤섞여도 무방함 (세 번 모두 다른 방식으로 통보해도 무방)

1) SITZ (앉아)

2) PLATZ (엎드려)

3) STEH (서)

✓ 아티클 앞에서 머뭇거리는 견을 음성, 리드 컨트롤 기타 도움 = 7점 감점

✓ 야생동물 출현 시 '엎드려' 명령 후 견을 제어하여 다시 추적을 할 경우 = 최대 8점 감점

✓ Gegenstand verxeisen

1) 유류품이 몸 밖에 있을 때 = 0.5점 혹은 1점 감점

2) 코로 밀었을 때 = 0.5점 감점

3) 정확히 지시는 했지만, 지도수 도착 전까지 코로 밀 때 = 0.5점 감점

✓ 출발 시

1) 1회의 추가명령어 = 2.5점 감점

2) 2회의 추가명령어 = 5점 감점

3) 3회의 명령에도 출발 못 하면 = 시험 중지

◆ IGP 2 추적 코스

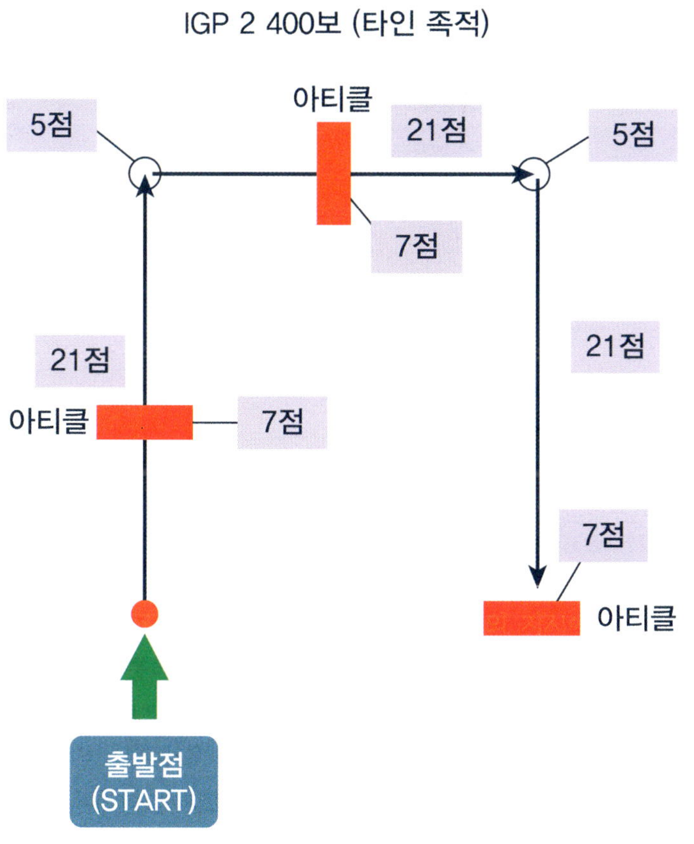

◆ IGP 2 추적 심사표

IGP-2 단체:한국애견협회		
시험 감독관:	심사위원:	시험날짜:
지도수:	소속단체:	회원번호-Nr
소유자:	소속단체:	회원번호-Nr
출진견 이름:		출진번호
협회 등록-Nr	Mic-Nr:	생년월일:

성격테스트 결과:	합격/불합격

IGP2 A-수색작업

족적 작성자:	수색시작번호:
족적작성시간:	작업시간:
아티클 인지(엎드려. 서, 앉아) / 입으로 물기	
400보 타인족적, 족적 작성 후 30분 후 시작 3코스 2굴절(약90°), 3개 아티클(작업시간 15분)	
수색코스 스케치:	심사위원 평가

0-13.5M 14-15.5B 16-17.5G 18-19SG 19.5-20V
0-55.5M 56-63.5B 64-71.5G 72-75.5SG 76-80V

평가항목	점수	평가	점수
진로유지	79		
3아티클:7+7+7	21		
합계	100		

● 복종 – B파트 (Obedience) (100점)

지도수는 견과 함께 심사위원에게 이동하여 기본자세에서 보고한다.

ex) “지도수 (한지수) 견명 (마리) IGP 2 복종 준비 끝.”

I. 줄 없이 따라 (15점)

수행 절차

❖ 음성신호: ‘따라’

❖ 음성신호는 시작 시, 보행 방식(상보, 속보, 완보)이 변경 시에만 허용

1. 기본자세(견은 견갑을 지도수의 왼쪽 무릎 높이에 밀착한 채 집중적으로 지도수 주시)를 취한다.
2. 심사위원의 지시에 따라 음성신호(따라)와 함께 50보 전진한다. (각측 보행)

   ★ 이동 중에 2번의 총성 테스트 (5초의 시간 간격 및 최소 15보 떨어진 거리에서 발사)
3. 50보 전진 이후 180° 턴을 진행한 후 10~15보 상보로 전진한다.
4. 속보 12보 (10~15보)
5. 완보 12보 (10~15보)
6. 다시 상보로 변환하여 출발점까지 각측 보행한다.
7. 오른쪽으로 90° 턴, 15~20보 전진한다.
8. 오른쪽으로 90° 턴, 15~20보 전진한다.
9. 180° 턴, 직선으로 10~15보 이동한다.
10. 멈춘 후 기본자세를 취한다. (명령어 사용 금지)
11. 심사위원의 지시에 따라 음성신호(따라)와 함께 출발선 근처까지 이동 후 왼쪽으로 90° 턴, 군중으로 들어간다.
12. 견과 함께 군중(4명으로 구성)의 중앙으로 진입하여 군중을 좌, 우로 한 바퀴씩 돈다. (명령어 사용 금지)
13. 심사위원의 지시에 따라 음성신호(따라)와 함께 군중을 벗어난다.

• 평가 감점 요소

✓ 기본자세 결함

✓ 앞서감, 측면 이탈, 뒤처짐

✓ 기본자세를 할 때 머뭇거리거나 동작이 느린 경우

✓ 부가적인 명령어 사용

- **도움 제공 불가**

✓ 보행 변경 및 턴 동작 시의 견의 산만함

✓ 총성 테스트 중 견은 태연한 자세를 유지

II. 이동 중 앉아 (10점)

수행 절차

❖ 음성신호: '따라 - 앉아'

1. 기본자세를 취한다.
2. 심사위원의 지시에 따라 음성신호(따라)와 함께 직선으로 10~15보 이동한다. (각측 보행)
3. 10~15보 안에 '앉아' 명령과 동시에 지도수는 직선으로 30보 이동한다.
4. 180° 턴 후 견을 바라본다.
5. 심사위원의 지시에 따라 지도수는 견에게 돌아가 기본자세를 취한다.

- **평가 감점 요소**

✓ 기본자세 결함

✓ 전개 과정 결함

✓ 느린 '앉아' 동작

✓ 불안하거나 산만한 '앉아' 자세

III. 이동 중 엎드려 (10점)

수행 절차

❖ 음성신호: '따라 - 엎드려 - 와 - 따라'

1. 기본자세를 취한다.
2. 심사위원의 지시에 따라 음성신호(따라)와 함께 직선으로 10~15보 이동한다. (각측 보행)
3. 10~15보 안에 '엎드려' 명령과 동시에 지도수는 직선으로 30보 이동한다.
4. 180° 턴 후 견을 바라본다.
5. 심사위원의 지시에 따라 지도수는 '와' 또는 견명을 부른다.
6. 견은 '와' 명령 이후 지도수 방향으로 신속히 달려와 전면에 밀착하여 앉는다.
7. 약 3초 후 지도수는 '따라' 명령을 내려 견과 기본자세를 취한다.

• **평가 감점 요소**

✓ 기본자세 결함
✓ 전개 시 결함
✓ 느리게 엎드리기
✓ 태만한 자세로 엎드려 자세
✓ 느리게 지도수에게 오기
✓ 지도수의 발을 벌린 자세
✓ 앞에 앉기, 종료 기본자세의 느림과 부정확
✓ '엎드려' 명령 후에 견이 앉거나 서 있을 경우 5점 감점

IV. 이동 중 서 (5점)

수행 절차

❖ 음성신호: '따라 - 서 - 앉아'

1. 기본자세를 취한다.
2. 심사위원의 지시에 따라 음성신호(따라)와 함께 직선으로 10~15보 이동한다. (각측 보행)
3. 10~15보 안에서 '서' 명령과 동시에 지도수는 직선으로 30보 이동한다.
4. 180° 턴 후 견을 바라본다.
5. 심사위원의 지시에 따라 지도수는 자기 견에게로 돌아가며 견의 오른편에 정립한다.
6. 심사위원의 지시에 따라 지도수는 견에게 '앉아' 명령을 내린다.

• **평가 감점 요소**

✓ 기본자세 결함
✓ 전개 과정 결함
✓ 지도수 뒤를 쫓아감
✓ 불안한 '서' 자세
✓ 지도수 접근 시 불안한 자세
✓ 종료 시 태만한 자세로 앉기
✓ '서' 명령 후에 견이 앉거나 엎드릴 경우 5점 감점

V. 평지 덤벨 (10점)

수행 절차

❖ 음성신호: '가져와 - 놔 - 따라'

❖ 덤벨 무게: 1kg

1. 기본자세에서 지도수는 덤벨(1kg)을 약 10보 앞으로 던진다.
2. '가져와' 명령을 내린다. 이때, 견은 덤벨을 즉각적으로 입에 물고 신속하게 지도수에게 가져와 전면에 밀착하여 앉는다.
3. 지도수는 약 3초 후 '놔' 명령, 양손으로 덤벨을 받아 오른편에 소지한다.
4. '따라' 명령을 따라 견은 신속히 똑바르게 기본자세를 취한다.

• 평가 감점 요소

✓ 기본자세 결함
✓ 태만한 자세로 달려가기
✓ 입으로 습득 시 결함
✓ 태만한 자세로 돌아오기
✓ 덤벨 떨어뜨림
✓ 덤벨과 놀이를 하거나 혹은 물어뜯을 경우
✓ 지도수의 발을 벌린 자세
✓ 앞에 앉기, 종료 기본자세의 결함

VI. 1m 허들 덤벨 운반 (15점)

수행 절차

❖ 음성신호: '뛰어 - 가져와 - 놔 - 따라'

❖ 덤벨 무게: 650g

1. 지도수는 견과 함께 최소 5보 이상 떨어진 허들 전면에서 기본자세를 취한다.
2. 덤벨(650g)을 1m 높이의 허들 너머로 던진다.
3. '뛰어' 그리고 '가져와' ('가져와' 명령어는 점프 중에 내려져야 한다.) 명령에 따라 견은 신속하게 허들을 넘어 덤벨이 있는 방향으로 가야 하며, 덤벨을 즉각적으로 입에 물고 다시 허들을 넘어 신속하게 지도수에게 가져와 전면에 밀착하여 앉는다.
4. 지도수는 약 3초 후 '놔' 명령, 양손으로 덤벨을 받아 오른편에 소지한다.
5. '따라' 명령에 따라 견은 신속히 똑바르게 기본자세를 취한다.

• 평가 감점 요소

✓ 기본자세 결함

✓ 나약한 뛰어넘기

✓ 입으로 습득 시 결함

✓ 덤벨 떨어뜨림

✓ 덤벨과 놀이를 하거나 혹은 물어뜯을 경우

✓ 지도수의 발을 벌린 자세

✓ 앞에 앉기, 종료 자세의 결함

VII. A판벽 덤벨 운반(왕복 점프) (15점)

수행 절차

❖ 음성신호: '뛰어 - 가져와 - 놔 - 따라'

❖ 덤벨 무게: 650g

❖ A판벽 높이: 180cm

1. 지도수는 견과 함께 최소 5보 이상 떨어진 판벽 전면에서 기본자세를 취한다.
2. 덤벨(650g)을 A판벽(180cm) 너머로 던진다.
3. '뛰어' 그리고 '가져와' ('가져와' 음성신호는 점프 중에 내려져야 한다) 명령에 따라 견은 판벽을 넘어 덤벨이 있는 방향으로 가야 하며, 덤벨을 신속하게 즉각적으로 입에 물고 다시 판벽을 넘어 신속하게 지도수에게 가져와 전면에 밀착하여 앉는다.
4. 지도수는 약 3초 후 '놔' 명령, 양손으로 덤벨을 받아 오른편에 소지한다.
5. '따라' 명령에 따라 견은 신속히 똑바르게 기본자세를 취한다.

• 평가 감점 요소

✓ 기본자세 결함

✓ 나약한 뛰어넘기

✓ 입으로 습득 시 결함

✓ 덤벨 떨어뜨림

✓ 덤벨과 놀이를 하거나 혹은 물어뜯을 경우

✓ 지도수의 발을 벌린 자세

✓ 앞에 앉기, 종류 자세의 결함

VIII. 멀리 보내기 (10점)

수행 절차

❖ 음성신호: '앞으로 - 엎드려 - 앉아'

1. 기본자세를 취한다.
2. 견과 함께 직선으로 10~15보 이동 중 '앞으로' 명령과 수신호를 동시에 내리고 지도수는 그 자리에서 정지한다.
3. 심사위원의 지시에 따라 지도수는 '엎드려' 명령과 동시에 견은 즉각적으로 동작을 취해야 한다.
4. 심사위원의 지시에 따라 지도수는 자신의 견에게 이동하여 견의 오른편에 정립한다.
5. 심사위원의 지시에 따라 약 3초 후 '앉아' 명령에 따라 기본자세를 취한다. ('따라' 명령어 절대 사용 금지)

• **평가 감점 요소**

✓ 기본자세 결함
✓ 전개 시 결함
✓ 느린 앞으로 뛰기
✓ 측면으로 이탈
✓ 너무 짧은 거리
✓ 머뭇거리거나 너무 이른 엎드리기
✓ 불안한 엎드려 자세
✓ 지도수가 근접할 때 일어나기 혹은 너무 빨리 앉기

IX. 장시간 대기 (10점)

수행 절차

❖ 음성신호: '엎드려 - 앉아'
❖ 상대 견의 복종 B파트 시행 중 진행

1. 다른 견의 시험 시작 시에 지정된 장소에서 심사위원의 지시에 따라 견을 기본자세에서 '엎드려' 명령을 통해 대기시킨다.
2. 지도수는 대기 장소(견과 최소 30보 떨어진 거리)로 이동 후 다른 견이 시험 과목 1~7을 실행하는 동안 견은 지도수의 어떠한 영향 없이 조용히 '엎드려' 있어야 한다.
3. 심사위원의 지시에 따라 지도수는 자신의 견에게 이동하여 견의 오른편에 정립한다.
4. 약 3초 후 견은 심사위원의 지시에 따라 '앉아' 명령으로 신속하게 기본자세를 취해야

한다.

• **평가 감점 요소**

✓ 지도수의 불안한 자세
✓ 지도수의 도움(신체, 음성)
✓ 불안한 견의 엎드리기
✓ 데리러 갈 때 마중 나오기
✓ 너무 빨리 앉기

◆ **각측 보행 평가**

✓ 기본자세(과목 1~9): 모든 훈련의 시작(시작 기본자세)과 끝(종료 기본자세)
✓ 모든 시작과 끝은 오직 한 번의 기본자세로만 이루어져야 한다.
✓ 전개과정: 상보, 속보, 완보
✓ 턴: 180° 턴, 90° 우측 턴, 90° 좌측 턴
✓ 멈춤

◆ **페널티**

• **중지 (전체 중지, 개별과목 중지)**

✓ 심각한 훈련 의욕 부족
✓ 테스트 중 심각한 부상
✓ 이동 중 엎드려 및 부르기 / 이동 중 서 및 부르기
✓ 3회의 명령에 오지 않을 시 해당 과목만 중지
✓ 덤벨을 가지러 갈 때 지도수를 따라오는 경우 중지

• **실격**

✓ 시험장소 또는 지도수 이탈 후 3회의 소환 명령에 불응 시
✓ 총성 도주 시 - 각측 보행 중 / 대기
✓ 덤벨을 3회의 명령에도 건네주지 않을 시
✓ 지도수가 테스트 도중 체인 목줄을 손으로 잡았을 때
✓ 시작 종료 보고 시 심사위원에 대한 견의 공격적 또는 적대적 태도

◆ **감점 사유**

✓ 기본자세에서 심사위원의 지시에 바로 출발하지 않으면 = 0.5점 감점
✓ 견이 한 평가의 시작을 3회의 명령에도 실행하지 않을 시 = 0점

✓ 견이 평가 과목 중의 한 부분을 3회의 명령에 미실행 시 = 3.5점 감점

★ ex) 종료 부분: 덤벨 회수 후 3회의 명령에 정면 앉기에서 종료 기본자세 미실행

✓ 추가 명령

1) 2회 명령: G (Gut)

2) 3회 명령: B (Befridigend)

✓ 대기 중 지도수 접근 시 견이 지도수에게 일어나 다가올 때: B (Befridigend)

★ 블라인드

1) 근처 = 3점 감점

2) 중간 = 2점 감점

3) 근접 = 1점 감점

✓ 이동 중 엎드려, 이동 중 서에서 요구되는 동작 미실행 시 = 5점 감점

✓ 이동 중 앉아에서 앉아 동작 미실행 시 = 2.5점 감점

✓ 대기 중인 견이 0점 처리되는 경우: 평가 중인 견이 과목 4(이동 중 서) 종료 전 대기 장소 이탈

✓ 대기 작업 시 '앉아' 추가 명령

1) 1회 추가 명령 = 2점 감점

2) 2회 추가 명령 = 3점 감점

✓ 덤벨 회수 작업이 종료되기 전 지도수의 기본자세 이탈 M 평가

1) 평지 덤벨 작업 = 3.5점 감점

2) 1m 허들 / A판벽 = 5점 감점

✓ 1m 허들 작업 시

1) 허들 터치 = 1점 감점

2) 허들 밟고 넘음 = 2점 감점

✓ 1m 허들 / A판벽 작업 시 점수 분할

1) 넘어가기 5점 + 넘어오기 5점 + 덤벨 회수 5점 = 총 15점

★ A판벽 과목의 부분평가는 3개의 과정 중 최소 2개 부분이 충족되었을 때만 가능하다.

★ 덤벨이 이탈하거나 혹은 견에게 잘 보이지 않게 놓여 있으면 지도수는 심사위원에게 문의하여 심사위원의 지시에 따라 덤벨을 한 번 더 던질 기회를 얻는다. 이때, 견은 앉아 있어야 한다.

2) 덤벨을 가져오지 않으면 = 0점 / 3개 중 1가지만 하면 = 0점

✓ 허들 작업 시 → 넘어가다 허들 넘어지면 다시 시도

★ 넘어가기는 = 4점 감점 (넘어오기와 덤벨 가져오기 평가를 위하여)

✓ 덤벨 3회 잘못 던지면 = 0점 (세 번의 기회)

★ 다시 던질 때 견한테 '돌아와' 명령 절대 금지

★ 견의 포지션 변경 금지: '앉아', '따라'

✓ 덤벨 던질 때 견의 엉덩이가 들썩이면 = 0.5점 감점

✓ 덤벨을 가지러 갈 때 지도수를 따라오는 경우 중지 = 0점

✓ 덤벨츄잉 = 1점 감점

✓ 덤벨 회수

1) 2회 명령에 놓기 = 2.5점 감점

2) 3회 명령에 놓기 = 3점 감점

3) 3회의 명령에 놓지 않으면 = 실격

✓ 덤벨 회수 중 떨어뜨렸을 때 = 3.5점 감점

✓ 덤벨의 끝을 물고 올 때 = 3점 감점

✓ 견이 지도수 명령 전 스스로 덤벨을 물러 갔을 때 = 3점 감점

✓ '가져와' 2회 명령 실행 = 2점 감점, 3회 명령 실행 = 3점 감점

✓ 덤벨을 물고 와서 지도수 앞에 앉지 않을 때 = 3점 감점

✓ 덤벨 회수 시 지도수의 발을 벌린 자세 = 1점 감점

✓ 멀리 보내기 점수 분할: 보내기 5점 + 엎드리기 5점 = 총 10점

✓ 2회 '엎드려' 명령 = 1.5점 감점, 3회 '엎드려' 명령 = 2점 감점, 3회의 명령 거부 시 = 5점 감점 (모두 삭감)

✓ 3회의 '엎드려' 명령에 엎드리지 않고 지도수에게 돌아오면 = 10점 감점

✓ 목적지 근처에서 지도수 명령 전에 스스로 엎드릴 때 = 3.5점 감점

✓ 약 10~20m 전진 중 견이 스스로 엎드릴 때 = 6점 또는 7점 감점

✓ 지도수 3회 명령에 엎드리지 않고 앉거나, 서 있을 때 = 3.5점 감점

◆ IGP 2 복종 심사표

IGP2 B-복종작업

			note	punkte	
1	Frifolgen 줄메고 따라걷기 1.zusatzHZ: befriedigend für teilübung 2.zusatzHZ: mangelhaft für teilübung	GS Schuß allen Gangarten wendungen halten in der Gruppe Kehrtwendung 0-7M 7-8B 8-9G 9-9.5SG 10V		15	
2	Sitz aus der Bewegung 이동중 앉아	GS Entwicklung setzt sich auf HZ Sitzt? Blieibt? Zeigt HF Zurückkommt? EGS 0-7M 7-8B 8-9G 9-9.5SG 10V		10	
3	Ablegen in verbindung mit Herankommen 이동중 엎드려 및 와	GS Entwicklung Legt sich auf HZ? Liegt? Kommt auf HZ? Setzt sich Vor? Auf HZ geht G/H ? nei EGS 0-7M 7-8B 8-9G 9-9.5SG 10V		10	
4	Stehen aus dem Bewegung 이동중 서	GS Entwicklung Stehtt sich auf HZ? Blieibt? Zeigt HF Zurückkommt? EGS (Sitzt) 0-7M 7-8B 8-9G 9-9.5SG 10V		5	
5	Bringen aug ebener Erde 평지 덤벨 회수	GS Geht Schnell zu Holz zeigt sicher aufnehmen Schnell zurück VS Abgebe Schnell gerade AB 0-7M 7-8B 8-9G 9-9.5SG 10V		10	
6	Bringen über die Hürde 1m허들 덤벨 회수	GS ein kraftvoll hin spring sicheres aufnehmen das Holz kraftvoll rück spring sicher vor sitzen Schnell gerade AB 0-10M 10.5-11.5B 12-13G 13.5-14.SG 14.5-15V		15	
7	Bringen über die Schrägwand A프레임 덤벨 회수	GS ein kraftvoll hin spring sicheres aufnehmen das Holz kraftvoll rück spring sicher vor sitzen Schnell gerade AB 0-10M 10.5-11.5B 12-13G 13.5-14.SG 14.5-15V		15	
8	Voraussenden mit Hinlegen 멀리 보내기 및 엎드리기	GS Entwicklung zielgerichtet und gerade voraus machat schnell platz schnell und gerade EGS 0-7M 7-8B 8-9G 9-9.5SG 10V		10	
9	Ablegen unter Ablenkung 장시간 대기	GS Legt sich R/H auf HZ? hin Legt ? bis HF zum Abholen kommt beim Abschluss sitzt er sofort und aufmerksam 0-7M 7-8B 8-9G 9-9.5SG 10V		10	
합계100					

● 방위 – C파트 (Protection) (100점)

I. 블라인드 수색 (5점)

수행 절차

❖ 가상 범인(헬퍼) 수색(블라인드 4개 수색)

❖ 음성신호(각 한 번씩): '찾아 - 와'

❖ '와'는 견명과 함께 복합해서 사용할 수 있다.

❖ 블라인드 수색 명령 시 단호한 음성 '찾아'

❖ '찾아' 명령 시 왼손 혹은 오른손을 수신호로 사용한다.

❖ 가상 범인(헬퍼)은 마지막 블라인드 안에 위치한다.

1. 지도수는 줄이 없는 견과 함께 2번과 3번 블라인드 사이에 위치하며 3번 블라인드 측면 수색이 가능하도록 출발점에 위치한다.
2. 심사위원의 지시에 따라 시험영역이 시작된다.
3. 3번 블라인드 쪽으로 방향 전환 후 보낼 준비를 한다.
4. '찾아' 명령과 함께 왼손 또는 오른손은 3번 블라인드를 지시하여 수색을 실시한다. 이때, 견은 신속하고 집중력 있게 의욕적으로 뛰어가야 하며 블라인드를 밀착하여 주의해서 선회한다.
5. 3번 블라인드를 선회한 견이 측면 수색을 실행했으면 '와'라는 명령으로 견을 소환하고 움직이면서 '찾아'라는 명령과 수신호로 4번 블라인드 수색을 지시한다. (견은 항상 지도수 전면에 위치해야 하고 지도수는 중간선을 따라 이동)
6. 4번 블라인드를 선회한 견이 측면 수색을 실행했으면 '와'라는 명령으로 견을 소환하고 움직이면서 '찾아'라는 명령과 수신호로 5번 블라인드 수색을 지시한다.
7. 5번 블라인드를 선회한 견이 측면 수색을 실행했으면 '와'라는 명령으로 견을 소환하고 움직이면서 '찾아'라는 명령과 수신호로 마지막 6번 블라인드 수색을 지시한다.
8. 견이 가상 범인이 엄폐되어 있는 장소(블라인드)에 도달하면 지도수는 그 자리에 멈춰야 하며 음성신호 및 수신호는 더 이상 허용되지 않는다.

• 평가 감점 요소

✓ 신속하고 집중력 있게 의욕적으로 뛰어가는가

✓ 블라인드 수색 시 밀착해서 돌았는가

✓ 조종성에 있어서

II. 금족(Hold) & 포효(Bark) (15점)

수행 절차

❖ 음성신호: '와 - 앉아'

1. 견은 가상 범인(헬퍼)의 전면부(중앙)에서 집중하여 의욕적으로 금족하고 약 20초 동안 지속해서 짖어야 한다. (이때, 헬퍼에게 뛰어오르거나 터치해서는 안 된다.)
2. 심사위원의 지시에 따라 지도수는 블라인드 정면, 지정된 자리로 이동하여 정립한다. (이때, 견은 계속해서 헬퍼에게 금족 & 포효 중이며 지도수가 다가와도 흐트러짐 없이 집중력 있게 경계해야 한다.)
3. 심사위원의 지시에 따라 음성신호(와, 따라) 명령 후 기본자세를 취하게 한다.

• **평가 감점 요소**

✓ 심사위원, 지도수가 접근 시 집중력 있게 지속해서 경계 및 의욕적으로 짖어야 한다.
✓ 명령이 내려질 때까지 지속적이고 의욕적인 모습을 보여야 한다.
✓ 헬퍼에게 뛰어오르거나 터치해서는 안 된다.
✓ 지도수에게 중간선을 이탈하라는 심사위원의 지시가 내려지기 전 견이 경계위치를 이탈하면 견은 다시 한번 헬퍼에게 보낼 수 없다.

III. 도주 시도 저지 (15점)

수행 절차

❖ 음성신호(각 한 번씩): '따라 - 엎드려 - 물어'

1. 심사위원의 지시에 따라 지도수는 헬퍼를 블라인드에서 나오도록 명령한다. (헬퍼 아웃) 이때, 가상 범인(헬퍼)은 상보로 도주 시도를 하기 위한 표시된 장소로 이동한다.
2. 심사위원의 지시에 따라 지도수는 줄 없이 견과 함께 도주 시도를 저지하기 위한 표시된 대기 장소로 이동한다. (헬퍼와 견 사이의 거리는 약 5보)
3. 도주 시도를 저지하기 위한 표시된 대기 장소에서 지도수는 견에게 '엎드려' 명령 후 블라인드로 이동한다.
4. 심사위원의 지시에 따라 가상 범인은 도주 시도를 감행하고 가상 범인의 도주와 동시에 지도수는 견에게 '물어' 명령을 내린다. 이때, 견은 머뭇거리지 않고 가상 범인의 도주 시도를 독자적으로 열정적이고 강한 물음을 통해 효과적으로 가상 범인을 좌절시켜야 한다.
5. 가상 범인의 도주 시도가 중단되면 지도수는 '놔'라는 명령을 적합한 시간에 맞추어 독자적으로 내릴 수 있다. 이때, 견은 즉각적으로 놓아야 한다.

• 평가 감점 요소

✓ 신속하고 열정적인 반응도 대처
✓ 강한 물음과 효과적 도주 시도의 괴멸
✓ 놓을 때까지 꽉 찬 그립
✓ 조용한 물음 상태
✓ 가상 범인에게 밀착해서 집중적인 경계

IV. 경계단계에서 공격의 방어 (20점)

수행 절차

❖ 음성신호 (각 한 번씩): '놔 - 앉아'

1. 지도수는 블라인드에 위치한다.
2. 약 5초의 경계단계 후에 가상 범인은 심사위원의 지시에 따라 견에 대한 공격을 감행한다.
3. 견은 의욕적이고 강한 물음과 꽉 찬 그립으로 가상 범인(헬퍼)의 방어소매만을 공격해야 한다.
4. 심사위원의 지시에 따라 가상 범인이 공격을 중단하면 지도수는 '놔'라는 명령을 적합한 시간에 맞추어 독자적으로 내릴 수 있다. 이때, 견은 즉각적으로 놓아야 한다.
5. 심사위원의 지시에 따라 지도수는 경계하고 있는 자신의 견에게 상보로 접근하여 견의 오른쪽에 가 '앉아' 명령 후 기본자세를 취하게 한다.

• 평가 감점 요소

✓ 신속하고 열정적인 물음
✓ 놓을 때까지 꽉 찬 바이트
✓ 조용한 상태의 물음
✓ 그립의 안정감
✓ 가상 범인에게 밀착해서 집중적인 경계

V. 배면 호송 (5점)

수행 절차

❖ 음성신호 (각 한 번씩): '앉아 - 호송(Trans Port)'

❖ 시험 과목 4에 연이어서 약 30보의 거리에서 가상 범인(헬퍼)의 배면 호송이 이루어진다.

❖ 배면 호송의 진행은 심사위원이 결정한다.

1. 지도수는 기본자세에서 '가상 범인(헬퍼) 뒤로' 명령 후 가상 범인이 뒤로 돌아 약 5보 거리에 정지하면 '호송' 명령과 함께 가상 범인에게 앞서서 갈 것을 요구한다.
2. 가상 범인을 주의 깊게 관찰하는 견과 함께 가상 범인의 후면에서 약 5보의 거리를 두고 가상 범인의 뒤를 쫓는다.
3. 호송 중 가상 범인이 멈춰 서면 지도수는 견과 함께 가상 범인 오른쪽에 이동하여 명령어 없이 견이 앉으면 가상 범인에게서 소프트 스틱을 수령한다.
4. 소프트 스틱 수령 이후 가상 범인과 함께 심사위원이 서 있는 위치로 이동(이때, 명령어는 '호송')하여 심사위원에게 소프트 스틱을 넘겨준다.

• **평가 감점 요소**

✓ 가상 범인에 대한 주의 깊은 관찰
✓ 정확한 각측 보행
✓ 5보의 간격의 엄수

VI. 이동 중 견에 대한 공격(롱어택) (20점)

수행 절차

❖ **음성신호**(각 한 번씩): '물어 - 놔'

1. 지도수는 견과 함께 1번, 2번 블라인드 수색 시작점 위치로 이동한다.
2. 심사위원의 지시에 따라 지도수는 견에게 '물어' 명령을 내린다.
(이때, 지도수는 위치를 이탈해서는 안 된다.)
3. 가상 범인이 공격을 중단하면 지도수는 '놔'라는 명령을 적합한 시간에 맞추어 독자적으로 내릴 수 있다. 이때, 견은 즉각적으로 놓아야 한다.

• **평가 감점 요소**

✓ 신속하고 열정적인 물음
✓ 놓을 때까지 꽉 찬 바이트
✓ 조용한 상태의 물음
✓ 가상 범인에게 밀착해서 집중적인 경계

VII. 경계단계에서 견에 대한 공격 (20점)

수행 절차

❖ 음성신호 (각 한 번씩): '놔 - 앉아 - 따라 - 호송 - 정지'

1. 약 5초의 경계단계 후에 가상 범인은 심사위원의 지시에 따라 견에 대한 공격을 감행한다.
2. 견은 의욕적이고 강한 물음과 꽉 찬 그립으로 가상 범인(헬퍼)의 방어소매만을 공격해야 한다.
3. 심사위원의 지시에 따라 가상 범인이 공격을 중단하면 지도수는 '놔'라는 명령을 적합한 시간에 맞추어 독자적으로 내릴 수 있다. 이때, 견은 즉각적으로 놓아야 한다.
4. 심사위원의 지시에 따라 지도수는 경계하고 있는 자신의 견에게 상보로 접근하여 견의 오른쪽에 가 '앉아' 명령 후 기본자세를 취한다.
5. 가상 범인에게 뒤로 요구 후 견과 함께 가상 범인 오른쪽에 이동하여 명령어 없이 견이 앉으면 소프트 스틱을 수령한다.
6. 심사위원에게로 가상 범인의 측면 호송이 이루어진다. ('호송' 명령 허용)
7. 심사위원 앞에서 '정지' 명령, 정지 후 소프트 스틱을 심사위원에게 인계한다.
8. 성적을 발표하기 전에 심사위원의 지시에 따라 견을 묶는다.

• **평가 감점 요소**

✓ 신속하고 열정적인 물음
✓ 놓을 때까지 꽉 찬 안정적 그립
✓ 조용한 상태의 물음
✓ 가상 범인에게 밀착해서 집중적인 경계

◆ **감점 사유**

✓ 금족 & 포효
  1) 완벽했으나 리콜 시 천천히 오면 = 0.5점 감점
  2) 지도수를 괴롭히면 최대 = 2점 감점
     ★ 약간 터치 (한 번 정도의 터치) = 0.5점 감점
  3) 지도수가 은폐 장소 접근 시 견이 마중 오면 = 3.5점 감점
  4) 지도수가 부르기 전에 견이 올 경우 = 3.5점 감점
  5) 금족 & 포효 중 이탈하지만 2번째 투입에서 머무를 경우 = 3.5점 감점
  6) 약하고 지속적이지 않은 짖음 = 2점 감점

✓ aus

1) 1번째 '놔' 명령에 대한 반응의 늦음 = 2.5점 감점

2) 2번째 '놔' 명령에 대한 즉각적 반응 = 3점 감점

3) 2번째 '놔' 명령에 대한 반응의 늦음 = 5.5점 감점

4) 3번째 '놔' 명령에 대한 즉각적 반응 = 6점 감점

5) 3번째 '놔' 명령에 대한 반응의 늦음 = 6~9점 감점

✓ 도주 - platz 위치까지의 각측 보행을 평가하며

1) 빨리 엎드리는지

2) 헬퍼 도주 시까지 잘 엎드려 있는지

3) 헬퍼의 도주를 확실히 저지하는지

★ '놔'를 하게 하기 위해 엎드려 명령 = 'mangelhaft'

✓ 경계

1) 산만하거나 혹은 헬퍼를 건드리는 경계 = 최대 'sehr gut'

2) 아주 심하게 산만하거나 혹은 헬퍼를 건드리는 경계 = 'gut'

3) 경계는 하지 않지만, 헬퍼에게 머무를 경우 = B

4) 지도수가 근접할 때 견이 마중 올 경우 = M

✓ 헬퍼를 물었을 경우

1) 스스로 놓지 않을 경우 핸들러의 지시에 따라 견을 회수하여야 함

2) 견이 회수 명령에 불응할 시 실격

3) 견이 회수되는 경우 최하위 평가

✓ 리콜 후 정확한 포지션, 그러나 약간 앞서 앉은 경우 = 0.5점 감점

✓ 리콜 기본자세 시 핸들러가 아닌 심사위원에게 가는 경우 = 2점 감점

★ 두 번의 회수 명령에 불응 시 실격

✓ 헬퍼 도주 시 명령어 없이 반응한 경우 = 한 단계 낮은 점수 V

✓ 사이드 트랜스 포팅

1) 측면 호송 시 헬퍼의 왼쪽으로 걸을 때 = 1.5점 감점

2) 측면 호송 중 헬퍼를 물었을 경우 → 1회 aus 명령에 불응 시 실격

✓ 백 트랜스 포팅

1) 후면 호송 중 헬퍼를 물었을 경우 실격

2) 후면 호송 중 자리를 이탈했으나 돌아온 경우 = 4점 감점

✓ 헬퍼가 멈추자마자 슬리브를 놓는 경우 감점

★ 헬퍼가 멈추고 난 후 약간의 텀을 가지고 놓을 것

✓ 롱어택 시 최초 체크포인트 (시작점까지 각측 보행)

★ no control 또는 목줄(체인)을 잡으면 = 실격

◆ IGP 2 방위 심사표

IGP2 C-방위작업

1	Revieren nach dem helfer 블라인드 써치	3 4 5 6 0-7M 7-8B 8-9G 9-9.5SG 10V		5	
2	Stellen und verbellen 홀드 앤 박	0-7M 7-8B 8-9G 9-9.5SG 10V		15	
3	Verhinderung eines fluchtversuches des helfer 헬퍼의 도주시도 저지	führig zur ablage dieflucht wird sofort Verhinder griff Lasst auf HZ sofort ab Bewech aufmerksam 0-7M 7-8B 8-9G 9-9.5SG 10V		15	
4	Abwehr eines Angriff aus der Bewechungsphase 경계단계에서 공격의 방어	Die Angriff sofort Verhindert Setzt einen Ruhig Griff Lasst auf HZ sofort ab Bewech aufmerksam 0-13.5M 14-15.5B 16-17.5G 18-19SG 19.5-20V		20	
5	Rückentransport 배면 호송	führig und aufmerksam Korrekter Abstand 0-3M 3.5B 4G 4.5SG 5V		5	
6	Angriff aus dem Hund aus der Bewegung 롱어택	Der Uberfall wird sofort Verhinder Setzt einen Ruhig Griff Lasst auf HZ sofort ab Bewech aufmerksam 0-20.5M 21-23.5B 24-26.5G 27-28.5SG 29-30V		20	
7	Abwehr eines Angriff aus der Bewechungsphase 경계단계에서 공격의 방어	führig zum lauerplatz Ruhiges sitzen Auf HZ gehter direkt, energisch die Angriff wird Verhindert Setzt einen Ruhig Griff Lasst auf HZ sofort ab Bewech aufmerksam 0-13.5M 14-15.5B 16-17.5G 18-19SG 19.5-20V		20	
합계100					

핸드러에 대한 평가	TSD 평가	심사위원의 종합평가		
	"a"	수색100		
	"vh"	복종100		
	"ng"	방위100		
		종합300		

◆ IGP 3

● 추적 – A파트 (Tracking) (100점)

<table>
<tr><th>과목</th><th>작업 시간</th><th colspan="2">배점(100점)</th><th colspan="4">족적</th></tr>
<tr><td rowspan="2">IGP 3</td><td rowspan="2">20분</td><td>진로 유지</td><td>유류품 (아티클 개수 3개)</td><td>족적 작성 후 작업 시작 시간</td><td>굴절 및 코스 (90°)</td><td>수사선 길이 (보)</td><td>취선 구성자</td></tr>
<tr><td>79점</td><td>21(7+7+7) 유류품 3개</td><td>최소 60분</td><td>굴절 5코스</td><td>600보</td><td>타인 족적</td></tr>
</table>

수행 절차

❖ 시험 시작 보고 (추적줄이 매어져 있지 않은 상태)

❖ 기본자세 "지도수 (한지수) 견명 (마리) 아티클 인지 방법 추적 준비 끝"

❖ 악수 (성격테스트)

❖ 음성신호: '찾아'

• 추적 시험 규정

✓ 추적줄 검사 (10m의 정확한 길이가 맞는지 심사위원 또는 보조 심사위원이 검증한다.)

✓ 추적줄은 등 뒤, 측면 또는 다리 사이로 매서 실행한다.

✓ 견이 유류품(아티클)을 습득하거나 혹은 인지하면 지도수는 수색줄을 바닥에 놓고 자신의 견에게로 이동하여 유류품(아티클)을 높이 들어 올려 심사위원에게 알려준다.

✓ 그리고 지도수는 수색줄을 다시 잡고 수색작업을 이어나간다.

✓ 수색작업이 완료되면 지도수는 발견한 유류품(아티클)을 심사위원에게 제시한다.

✓ 견이 찾지 못한 아티클을 족적 구성자가 찾지 못할 경우 점수는 감점되지 않는다.

• 아티클 통보 방법(인지) 3가지

1. INDICATE(지시): 아티클 인지 후 앉아, 서, 엎드려
2. PICK UP(입으로 물기): 아티클을 물고 서서 대기하거나 앉는다.
   (엎드리거나, 이동은 허용되지 않음)
3. BRING(물고 지도수에게 가져오기): 지도수는 견이 통보한 직후 제자리에서 견을 기다려야 하며 재시작은 아티클을 받은 장소

• 이상적인 유류품(아티클) 통보 방법

✓ INDICATE(지시) - 추적 시 견은 유류품(아티클) 인지 후 자신감 있는 동작으로 빠르게 표현해야 한다.

• 아티클 심사 포인트

✓ 가장 이상적인 아티클 'INDICATE' 자세 및 위치는 견이 엎드린 상태에서 몸 안쪽에 위치하며 코로 터치해서는 안 된다.

✓ 몸 밖에 위치한 아티클 0.5~1점 감점

✓ 몸으로 깔고 덮은 아티클 0.5~1점 감점

✓ 다리 앞쪽에 위치한 아티클 0.5~1점 감점

◆ **페널티**

• **경고**

✓ 심사위원 지시 불응

✓ 판정에 대한 이의 제기 및 불만

✓ 1회 경고 2회 실격 (경기중단 X)

• **중지**

✓ 추적견이 트랙에서(수사선) 10m 이상 이탈 시

✓ 3회 출발 명령에도 견이 출발하지 못할 시

✓ 작업시간 초과 (30분)

• 실격

✓ 시험장소 또는 지도수 이탈 후 3회의 소환 명령에 불응 시

✓ 견이 유류품(아티클) 물고 건네주지 않을 때

✓ 야생동물 출현으로 통제 불능 시

✓ 시작 종료 보고 시 심사위원에 대한 견의 공격적 또는 적대적 태도

• 감점 사유

✓ 심사위원한테 'INDICATE(지시)' 보고하면 지시하는 견의 자세가 뒤섞여도 무방함

(세 번 모두 다른 방식으로 통보해도 무방)

1) SITZ (앉아)

2) PLATZ (엎드려)

3) STEH (서)

✓ 아티클 앞에서 머뭇거리는 견을 음성, 리드 컨트롤 기타 도움 = 7점 감점

✓ 오통보 또는 지도수가 접근할 때 물체의 물음 = 4점 감점

✓ 야생동물 출현 시 '엎드려' 명령 후 견을 제어하여 다시 추적을 할 경우 = 최대 8점 감점

✓ Gegenstand verxeisen

1) 유류품이 몸 밖에 있을 때 = 0.5 혹은 1점 감점

2) 코로 밀었을 때 = 0.5점 감점

3) 정확히 지시는 했지만, 지도수 도착 전까지 코로 밀 때 = 0.5점 감점

✓ 출발 시

1) 1회의 추가명령어 = 2.5점 감점

2) 2회의 추가명령어 = 5점 감점

3) 3회의 명령에도 출발 못 하면 = 시험 중지

◆ IGP 3 추적 코스

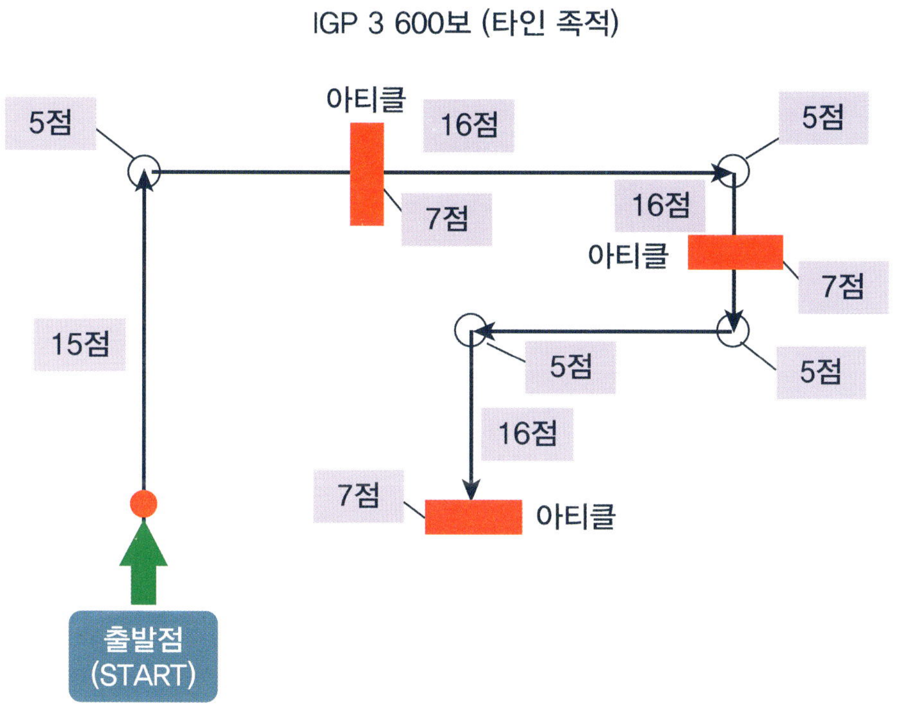
IGP 3 600보 (타인 족적)
아티클
5점
16점
5점
7점
16점
아티클
7점
15점
5점
5점
16점
7점
아티클
출발점
(START)

◆ IGP 3 추적 심사표

IGP-3 단체:한국애견협회		
시험 감독관:	심사위원:	시험날짜:
지도수:	소속단체:	회원번호-Nr
소유자:	소속단체:	회원번호-Nr
출진견 이름:		출진번호
협회 등록-Nr	Mic-Nr:	생년월일:

성격테스트 결과:	합격/불합격

IGP3 A-수색작업

족적 작성자:	수색시작번호:
족적작성시간:	작업시간 :
아티클 인지(엎드려, 서 , 앉아)	/ 입으로 물기
600보 타인족적 , 족적작성후 60분후 시작 5코스 4굴절 (약90°), 3개 아티클(작업시간 20분)	

수색코스 스케치:

심사위원 평가

0-13.5M 14-15.5B 16-17.5G 18-19SG 19.5-20V
0-55.5M 56-63.5B 64-71.5G 72-75.5SG 76-80V

평가항목	점수	평가	점수
진로유지	79		
3아티클:7+7+7	21		
합계	100		

● 복종 – B파트 (Obedience) (100점)

지도수는 견과 함께 심사위원에게 이동하여 기본자세에서 보고한다.

ex) "지도수 (한지수) 견명 (마리) IGP 3 복종 준비 끝."

I. 줄 없이 따라 (15점)

수행 절차

❖ 음성신호: '따라'

❖ 음성신호는 시작 시, 보행 방식(상보, 속보, 완보)이 변경 시에만 허용

1. 기본자세(견은 견갑을 지도수의 왼쪽 무릎 높이에 밀착한 채 집중적으로 지도수 주시)를 취한다.
2. 심사위원의 지시에 따라 음성신호(따라)와 함께 50보 전진한다. (각측 보행)
   ★ 이동 중에 2번의 총성 테스트 (5초의 시간 간격 및 최소 15보 떨어진 거리에서 발사)
3. 50보 전진 이후 180° 턴을 진행한 후 10~15보 상보로 전진한다.
4. 속보 12보 (10~15보)
5. 완보 12보 (10~15보)
6. 다시 상보로 변환하여 출발점까지 각측 보행한다.
7. 오른쪽으로 90° 턴, 15~20보 전진한다.
8. 오른쪽으로 90° 턴, 15~20보 전진한다.
9. 180° 턴, 직선으로 10~15보 이동한다.
10. 멈춘 후 기본자세를 취한다. (명령어 사용 금지)
11. 심사위원의 지시에 따라 음성신호(따라)와 함께 출발선 근처까지 이동 후 왼쪽으로 90° 턴, 군중으로 들어간다.
12. 견과 함께 군중(4명으로 구성)의 중앙으로 진입하여 군중을 좌, 우로 한 바퀴씩 돈다. (명령어 사용 금지)
13. 심사위원의 지시에 따라 음성신호(따라)와 함께 군중을 벗어난다.

• 평가 감점 요소

✓ 기본자세 결함

✓ 앞서감, 측면 이탈, 뒤처짐

✓ 기본자세를 할 때 머뭇거리거나 동작이 느린 경우

✓ 부가적인 명령어 사용

• 도움 제공 불가

✓ 보행 변경 및 턴 동작 시의 견의 산만함

✓ 총성 테스트 중 견은 태연한 자세를 유지

II. 이동 중 앉아 (5점)

수행 절차

❖ 음성신호: '따라 - 앉아'

1. 기본자세를 취한다.
2. 심사위원의 지시에 따라 음성신호(따라)와 함께 직선으로 10~15보 이동한다. (각측 보행)
3. 10~15보 안에 '앉아' 명령과 동시에 지도수는 직선으로 30보 이동한다.
4. 180° 턴 후 견을 바라본다.
5. 심사위원의 지시에 따라 지도수는 견에게 돌아가 기본자세를 취한다.

• 평가 감점 요소

✓ 기본자세 결함

✓ 전개 과정 결함

✓ 느린 '앉아' 동작

✓ 불안하거나 산만한 '앉아' 자세

III. 이동 중 엎드려 (10점)

수행 절차

❖ 음성신호: '따라 - 엎드려 - 와 - 따라'

1. 기본자세를 취한다.
2. 심사위원의 지시에 따라 음성신호(따라)와 함께 직선으로 10~15보 이동한다. (각측 보행)
3. 10~15보 안에 '엎드려' 명령과 동시에 지도수는 직선으로 30보 이동한다.
4. 180° 턴 후 견을 바라본다.
5. 심사위원의 지시에 따라 지도수는 '와' 또는 견명을 부른다.
6. 견은 '와' 명령 이후 지도수 방향으로 신속히 달려와 전면에 밀착하여 앉는다.
7. 약 3초 후 지도수는 '따라' 명령을 내려 견과 기본자세를 취한다.

• **평가 감점 요소**

✓ 기본자세 결함
✓ 전개 시 결함
✓ 느리게 엎드리기
✓ 태만한 자세로 엎드려 자세
✓ 느리게 지도수에게 오기
✓ 지도수의 발을 벌린 자세
✓ 앞에 앉기, 종료 기본자세의 느림과 부정확
✓ '엎드려' 명령 후에 견이 앉거나 서 있을 경우 5점 감점

IV. 이동 중 서 (10점)

수행 절차

❖ **음성신호**: '따라 - 서 - 와'
❖ **보행 속도**: 속보

1. 기본자세를 취한다.
2. 심사위원의 지시에 따라 음성신호(따라)와 함께 '속보'로 직선으로 10~15보 이동한다. (각측 보행)
3. 10~15보 안에서 '서' 명령과 동시에 지도수는 직선으로 '속보'로 30보 이동한다.
4. 180° 턴 후 견을 바라본다.
5. 심사위원의 지시에 따라 음성신호(와)를 견에게 명령을 내린다.
6. 견이 지도수 앞에 오면 3초 후 '따라' 명령 후 견은 신속하게 기본자세를 취한다.

• **평가 감점 요소**

✓ 기본자세 결함
✓ 전개 과정 결함
✓ 지도수 뒤를 쫓아감
✓ 불안한 '서' 자세
✓ 느리게 지도수에게 오기
✓ 지도수의 발을 벌린 자세
✓ 앞에 앉기와 종료 기본자세의 느림과 부정확
✓ '서' 명령 후에 견이 앉거나 엎드릴 경우 5점 감점

V. 평지 덤벨 (10점)

수행 절차

❖ 음성신호: '가져와 - 놔 - 따라'

❖ 덤벨 무게: 2kg

1. 기본자세에서 지도수는 덤벨(2kg)을 약 10보 앞으로 던진다.
2. '가져와' 명령을 내린다. 이때, 견은 덤벨을 즉각적으로 입에 물고 신속하게 지도수에게 가져와 전면에 밀착하여 앉는다.
3. 지도수는 약 3초 후 '놔' 명령, 양손으로 덤벨을 받아 오른편에 소지한다.
4. '따라' 명령을 따라 견은 신속히 똑바르게 기본자세를 취한다.

• 평가 감점 요소

✓ 기본자세 결함

✓ 태만한 자세로 달려가기

✓ 입으로 습득 시 결함

✓ 태만한 자세로 돌아오기

✓ 덤벨 떨어뜨림

✓ 덤벨과 놀이를 하거나 혹은 물어뜯을 경우

✓ 지도수의 발을 벌린 자세

✓ 앞에 앉기, 종료 기본자세의 결함

VI. 1m 허들 덤벨 운반 (15점)

수행 절차

❖ 음성신호: '뛰어 - 가져와 - 놔 - 따라'

❖ 덤벨 무게: 650g

❖ 허들 높이: 1m

1. 지도수는 견과 함께 최소 5보 이상 떨어진 허들 전면에서 기본자세를 취한다.
2. 덤벨(650g)을 1m 높이의 허들 너머로 던진다.
3. '뛰어' 그리고 '가져와' ('가져와' 명령어는 점프 중에 내려져야 한다) 명령에 따라 견은 허들을 넘어 덤벨이 있는 방향으로 가야 하며 덤벨을 즉각적으로 입에 물고 다시 허들을 넘어 신속하게 지도수에게 가져와 전면에 밀착하여 앉는다.
4. 지도수는 약 3초 후 '놔' 명령, 양손으로 덤벨을 받아 오른편에 소지한다.
5. '따라' 명령에 따라 견은 신속히 똑바르게 기본자세를 취한다.

• 평가 감점 요소

✓ 기본자세 결함
✓ 나약한 뛰어넘기
✓ 입으로 습득 시 결함
✓ 덤벨 떨어뜨림
✓ 덤벨과 놀이를 하거나 혹은 물어뜯을 경우
✓ 지도수의 발을 벌린 자세
✓ 앞에 앉기, 종료 자세의 결함

VIII. A판벽 덤벨 운반(왕복 점프) (15점)

수행 절차

❖ 음성신호: '뛰어 - 가져와 - 놔 - 따라'

❖ 덤벨 무게: 650g

❖ A판벽 높이: 180cm

1. 지도수는 견과 함께 최소 5보 이상 떨어진 판벽 전면에서 기본자세를 취한다.
2. 덤벨(650g)을 A판벽(180cm) 너머로 던진다.
3. '뛰어' 그리고 '가져와' ('가져와' 음성신호는 점프 중에 내려져야 한다) 명령에 따라 견은 신속하게 허들을 넘어 덤벨이 있는 방향으로 가야 하며, 덤벨을 즉각적으로 입에 물고 다시 허들을 넘어 신속하게 지도수에게 가져와 전면에 밀착하여 앉는다.
4. 지도수는 약 3초 후 '놔' 명령, 양손으로 덤벨을 받아 오른편에 소지한다.
5. '따라' 명령에 따라 견은 신속히 똑바르게 기본자세를 취한다.

• 평가 감점 요소

✓ 기본자세 결함
✓ 나약한 뛰어넘기
✓ 입으로 습득 시 결함
✓ 덤벨 떨어뜨림
✓ 덤벨과 놀이를 하거나 혹은 물어뜯을 경우
✓ 지도수의 발을 벌린 자세
✓ 앞에 앉기, 종료 자세의 결함

IX. 멀리 보내기 (10점)

수행 절차

❖ 음성신호: '앞으로 - 엎드려 - 앉아'

1. 기본자세를 취한다.
2. 견과 함께 직선으로 10~15보 이동 중 '앞으로' 명령과 수신호를 동시에 내리고 지도수는 그 자리에서 정지한다.
3. 견은 명령에 따라 속보의 빠르기로 약 30보 직선 방향으로 전진한다.
4. 심사위원의 지시에 따라 지도수는 '엎드려' 명령과 동시에 견은 즉각적으로 동작을 취해야 한다.
5. 심사위원의 지시에 따라 지도수는 자신의 견에게 이동하여 견의 오른편에 정립한다.
6. 심사위원의 지시에 따라 약 3초 후 '앉아' 명령에 따라 기본자세를 취한다.
   ('따라' 명령어 절대 사용 금지)

• 평가 감점 요소

✓ 기본자세 결함
✓ 전개 시 결함
✓ 느린 앞으로 뛰기
✓ 측면으로 이탈
✓ 너무 짧은 거리
✓ 머뭇거리거나 너무 이른 엎드리기
✓ 불안한 엎드려 자세
✓ 지도수가 근접할 때 일어나기 혹은 너무 빨리 앉기

X. 장시간 대기 (10점)

수행 절차

❖ 음성신호: '엎드려 - 앉아'

❖ 상대 견의 복종 B파트 시행 중 진행

1. 다른 견의 시험 시작 시에 지정된 장소에서 심사위원의 지시에 따라 견을 기본자세에서 '엎드려' 명령을 통해 대기시킨다.
2. 지도수는 대기 장소(견과 최소 30보 떨어진 거리)로 이동 후 다른 견이 시험 과목 1~7을 실행하는 동안 견은 지도수의 어떠한 영향 없이 조용히 '엎드려' 있어야 한다.
3. 심사위원의 지시에 따라 지도수는 자신의 견에게 이동하여 견의 오른편에 정립한다.

4. 약 3초 후 견은 심사위원의 지시에 따라 '앉아' 명령으로 신속하게 기본자세를 취해야 한다.

- **평가 감점 요소**

✓ 지도수의 불안한 자세
✓ 지도수의 도움(신체, 음성)
✓ 불안한 견의 엎드리기
✓ 데리러 갈 때 마중 나오기
✓ 너무 빨리 앉기

◆ **각측 보행 평가**

✓ 기본자세(과목 1~9): 모든 훈련의 시작(시작 기본자세)과 끝(종료 기본자세)
✓ 모든 시작과 끝은 오직 한 번의 기본자세로만 이루어져야 한다.
✓ 전개과정: 상보, 속보, 완보
✓ 턴: 180° 턴, 90° 우측 턴, 90° 좌측 턴
✓ 멈춤

◆ **페널티**

- **중지 (전체 중지, 개별과목 중지)**

✓ 심각한 훈련 의욕 부족
✓ 테스트 중 심각한 부상
✓ 이동 중 엎드려 및 부르기 / 이동 중 서 및 부르기
✓ 3회의 명령에 오지 않을 시 해당 과목만 중지
✓ 덤벨을 가지러 갈 때 지도수를 따라오는 경우 중지

- **실격**

✓ 시험장소 또는 지도수 이탈 후 3회의 소환 명령에 불응 시
✓ 충성 도주 시 - 각측 보행 중 / 대기
✓ 덤벨을 3회의 명령에도 건네주지 않을 시
✓ 지도수가 테스트 도중 체인 목줄을 손으로 잡았을 때
✓ 시작 종료 보고 시 심사위원에 대한 견의 공격적 또는 적대적 태도

◆ **감점 사유**

✓ 기본자세에서 심사위원의 지시에 바로 출발하지 않으면 = 0.5점 감점

✓ 견이 한 평가의 시작을 3회의 명령에도 실행하지 않을 시 = 0점

✓ 견이 평가 과목 중의 한 부분을 3회의 명령에 미실행 시 = 3.5점 감점

★ ex) 종료 부분: 덤벨 회수 후 3회의 명령에 정면 앉기에서 종료 기본자세 미실행

✓ 추가 명령

1) 2회 명령: G (Gut)

2) 3회 명령: B (Befridigend)

✓ 대기 중 지도수 접근 시 견이 지도수에게 일어나 다가올 때: B (Befridigend)

★ 블라인드

1) 근처 = 3점 감점

2) 중간 = 2점 감점

3) 근접 = 1점 감점

✓ 이동 중 엎드려, 이동 중 서에서 요구되는 동작 미실행 시 = 5점 감점

✓ 이동 중 앉아에서 앉아 동작 미실행 시 = 2.5점 감점

✓ 대기 중인 견이 0점 처리되는 경우: 평가 중인 견이 과목 5(평지 덤벨 작업) 종료 전 대기 장소 이탈

✓ 대기 작업 시 '앉아' 추가 명령

1) 1회 추가 명령 = 2점 감점

2) 2회 추가 명령 = 3점 감점

✓ 덤벨 회수 작업이 종료되기 전 지도수의 기본자세 이탈 M 평가

1) 평지 덤벨 작업 = 3.5점 감점

2) 1m 허들 / A판벽 = 5점 감점

✓ 1m 허들 작업 시

1) 허들 터치 = 1점 감점

2) 허들 밟고 넘음 = 2점 감점

✓ 1m 허들 / A판벽 작업 시 점수 분할

1) 넘어가기 5점 + 넘어오기 5점 + 덤벨 회수 5점 = 총 15점

★ A판벽 과목의 부분평가는 3개의 과정 중 최소 2개 부분이 충족되었을 때만 가능하다.

★ 덤벨이 이탈하거나 혹은 견에게 잘 보이지 않게 놓여 있으면 지도수는 심사위원에게 문의하여 심사위원의 지시에 따라 덤벨을 한 번 더 던질 기회를 얻는다. 이때, 견은 앉아 있어야 한다.

2) 덤벨을 가져오지 않으면 = 0점 / 3개 중 1가지만 하면 = 0점

✓ 허들 작업 시 → 넘어가다 허들 넘어지면 다시 시도

★ 넘어가기는 = 4점 감점 (넘어오기와 덤벨 가져오기 평가를 위하여)

✓ 덤벨 3회 잘못 던지면 = 0점 (세 번의 기회)

★ 다시 던질 때 견한테 '돌아와' 명령 절대 금지

★ 견의 포지션 변경 금지: '앉아', '따라'

✓ 덤벨 던질 때 견의 엉덩이가 들썩이면 = 0.5점 감점

✓ 덤벨을 가지러 갈 때 지도수를 따라오는 경우 중지 = 0점

✓ 덤벨츄잉 = 1점 감점

✓ 덤벨 회수

1) 2회 명령에 놓기 = 2.5점 감점

2) 3회 명령에 놓기 = 3점 감점

3) 3회의 명령에 놓지 않으면 = 실격

✓ 덤벨 회수 중 떨어뜨렸을 때 = 3.5점 감점

✓ 덤벨의 끝을 물고 올 때 = 3점 감점

✓ 견이 지도수 명령 전 스스로 덤벨을 물러 갔을 때 = 3점 감점

✓ '가져와' 2회 명령 실행 = 2점 감점, 3회 명령 실행 = 3점 감점

✓ 덤벨을 물고 와서 지도수 앞에 앉지 않을 때 = 3점 감점

✓ 덤벨 회수 시 지도수의 발을 벌린 자세 = 1점 감점

✓ 멀리 보내기 점수 분할: 보내기 5점 + 엎드리기 5점 = 총 10점

✓ 2회 '엎드려' 명령 = 1.5점 감점, 3회 '엎드려' 명령 = 2점 감점, 3회의 명령 거부 시 = 5점 감점 (모두 삭감)

✓ 3회의 '엎드려' 명령에 엎드리지 않고 지도수에게 돌아오면 = 10점 감점

✓ 목적지 근처에서 지도수 명령 전에 스스로 엎드릴 때 = 3.5점 감점

✓ 약 10~20m 전진 중 견이 스스로 엎드릴 때 = 6점 또는 7점 감점

✓ 지도수 3회 명령에 엎드리지 않고 앉거나, 서 있을 때 = 3.5점 감점

◆ IGP 3 복종 심사표

IGP3 B-복종작업

			note	punkte	
1	Frifolgen 줄메고 따라걷기 1.zusatzHZ: befriedigend für teilübung 2.zusatzHZ: mangelhaft für teilübung	GS Schuß allen Gangarten wendungen halten in der Gruppe Kehrtwendung 0-7M 7-8B 8-9G 9-9.5SG 10V		15	
2	Sitz aus der Bewegung 이동중 앉아	GS Entwicklung setzt sich auf HZ Sitzt? Blieibt? Zeigt HF Zurückkommt? EGS 0-7M 7-8B 8-9G 9-9.5SG 10V		5	
3	Ablegen in verbindung mit Herankommen 이동중 엎드려 및 와	GS Entwicklung Legt sich auf HZ? Liegt? Kommt auf HZ? Setzt sich Vor? Auf HZ geht G/H ? nei EGS 0-7M 7-8B 8-9G 9-9.5SG 10V		10	
4	Stehen aus dem Bewegung 이동중 서	GS Entwicklung Stehtt sich auf HZ? Blieibt? Zeigt HF Zurückkommt? EGS (Sitzt) 0-7M 7-8B 8-9G 9-9.5SG 10V		10	
5	Bringen aug ebener Erde 평지 덤벨 회수	GS Geht Schnell zu Holz zeigt sicher aufnehmen Schnell zurück VS Abgebe Schnell gerade AB 0-7M 7-8B 8-9G 9-9.5SG 10V		10	
6	Bringen über die Hürde 1m허들 덤벨 회수	GS ein kraftvoll hin spring sicheres aufnehmen das Holz kraftvoll rück spring sicher vor sitzen Schnell gerade AB 0-10M 10.5-11.5B 12-13G 13.5-14.SG 14.5-15V		15	
7	Bringen über die Schrägwand A프레임 덤벨 회수	GS ein kraftvoll hin spring sicheres aufnehmen das Holz kraftvoll rück spring sicher vor sitzen Schnell gerade AB 0-10M 10.5-11.5B 12-13G 13.5-14.SG 14.5-15V		15	
8	Voraussenden mit Hinlegen 멀리 보내기 및 엎드리기	GS Entwicklung zielgerichtet und gerade voraus machat schnell platz schnell und gerade EGS 0-7M 7-8B 8-9G 9-9.5SG 10V		10	
9	Ablegen unter Ablenkung 장시간 대기	GS Legt sich R/H auf HZ? hin Legt ? bis HF zum Abholen kommt beim Abschluss sitzt er sofort und aufmerksam 0-7M 7-8B 8-9G 9-9.5SG 10V		10	
		GASAMT 100			

● 방위 – C파트 (Protection) (100점)

I. 블라인드 수색 (10점)

수행 절차

❖ 가상 범인(헬퍼) 수색(블라인드 6개 수색)

❖ 음성신호 (각 한 번씩): '찾아 - 와'

❖ '와'는 견명과 함께 복합해서 사용할 수 있다.

❖ 블라인드 수색 명령 시 단호한 음성 '찾아'

❖ '찾아' 명령 시 왼손 혹은 오른손을 수신호로 사용한다.

❖ 가상 범인(헬퍼)은 마지막 블라인드 안에 위치한다.

1. 지도수는 줄이 없는 견과 함께 1번 블라인드 측면 수색이 가능하도록 출발점에 위치한다.
2. 심사위원의 지시에 따라 시험영역이 시작된다.
3. 1번 블라인드 쪽으로 방향 전환 후 보낼 준비를 한다.
4. '찾아' 명령과 함께 왼손 또는 오른손은 1번 블라인드를 지시하여 수색을 실시한다. 이때, 견은 신속하고 집중력 있게 의욕적으로 뛰어가야 하며 블라인드를 밀착하여 주의해서 선회한다.
5. 1번 블라인드를 선회한 견이 측면 수색을 실행했으면 '와'라는 명령으로 견을 소환하고 움직이면서 '찾아'라는 명령과 수신호로 2번 블라인드 수색을 지시한다. (견은 항상 지도수 전면에 위치해야 하고 지도수는 중간선을 따라 이동)
6. 2번 블라인드를 선회한 견이 측면 수색을 실행했으면 '와'라는 명령으로 견을 소환하고 움직이면서 '찾아'라는 명령과 수신호로 3번 블라인드 수색을 지시한다.
7. 3번 블라인드를 선회한 견이 측면 수색을 실행했으면 '와'라는 명령으로 견을 소환하고 움직이면서 '찾아'라는 명령과 수신호로 4번 블라인드 수색을 지시한다.
8. 4번 블라인드를 선회한 견이 측면 수색을 실행했으면 '와'라는 명령으로 견을 소환하고 움직이면서 '찾아'라는 명령과 수신호로 5번 블라인드 수색을 지시한다.
9. 5번 블라인드를 선회한 견이 측면 수색을 실행했으면 '와'라는 명령으로 견을 소환하고 움직이면서 '찾아'라는 명령과 수신호로 마지막 6번 블라인드 수색을 지시한다.
10. 견이 가상 범인이 엄폐되어 있는 장소(블라인드)에 도달하면 지도수는 그 자리에 멈춰야 하며 음성신호 및 수신호는 더 이상 허용되지 않는다.

• 각 블라인드당 배점

✓ 1.5점 (블라인드를 도는 속도 및 근접도)

• 평가 감점 요소

✓ 신속하고 집중력 있게 의욕적으로 뛰어가는가
✓ 블라인드 수색 시 밀착해서 돌았는가
✓ 조종성에 있어서

II. 금족(Hold) & 포효(Bark) (15점)

수행 절차

❖ 음성신호: '와 - 앉아'

1. 견은 가상 범인(헬퍼)의 전면부(중앙)에서 집중하여 의욕적으로 금족하고 약 20초 동안 지속해서 짖어야 한다. (이때, 헬퍼에게 뛰어오르거나 터치해서는 안 된다.)
2. 심사위원의 지시에 따라 지도수는 블라인드 정면에서 지정된 자리로 이동하여 정립한다. (이때, 견은 계속해서 헬퍼에게 금족 & 포효 중이며 지도수가 다가와도 흐트러짐 없이 집중력 있게 경계해야 한다.)
3. 심사위원의 지시에 따라 지도수는 견에게 '와' 그리고 '앉아' 명령 후 기본자세를 취하게 한다.

• 평가 감점 요소

✓ 심사위원, 지도수가 접근 시 집중력 있게 지속해서 경계 및 의욕적으로 짖어야 한다.
✓ 명령이 내려질 때까지 지속적이고 의욕적인 모습을 보여야 한다.
✓ 헬퍼에게 뛰어오르거나 터치해서는 안 된다.
✓ 지도수에게 중간선을 이탈하라는 심사위원의 지시가 내려지기 전 견이 경계위치를 이탈하면 견은 다시 한번 헬퍼에게 보낼 수 없다.

III. 도주 시도 저지 (10점)

수행 절차

❖ 음성신호(각 한 번씩): '따라 - 엎드려 - 물어'

1. 심사위원의 지시에 따라 지도수는 헬퍼를 블라인드에서 나오도록 명령한다. (헬퍼 아웃) 이때, 가상 범인(헬퍼)은 상보로 도주 시도를 하기 위한 표시된 장소로 이동한다.
2. 심사위원의 지시에 따라 지도수는 줄 없이 견과 함께 도주 시도를 저지하기 위한 표시된 대기 장소로 이동한다. (헬퍼와 견 사이의 거리는 약 5보)
3. 도주 시도를 저지하기 위한 표시된 대기 장소에서 지도수는 견을 '엎드려' 명령 후 블라인드로 이동한다.
4. 심사위원의 지시에 따라 가상 범인은 도주 시도를 감행하고 가상 범인의 도주와 동시에 지도수는 견에게 '물어' 명령을 내린다. 이때, 견은 머뭇거리지 않고 가상 범인의 도주 시도를 독자적으로 열정적이고 강한 물음을 통해 효과적으로 가상 범인을 좌절시켜야 한다.
5. 가상 범인의 도주 시도가 중단되면 지도수는 '놔'라는 명령을 적합한 시간에 맞추어 독자적으로 내릴 수 있다. 이때, 견은 즉각적으로 놓아야 한다.

• 평가 감점 요소

✓ 신속하고 열정적인 반응도 대처
✓ 강한 물음과 효과적 도주 시도의 괴멸
✓ 놓을 때까지 꽉 찬 그립
✓ 조용한 물음 상태
✓ 가상 범인에게 밀착해서 집중적인 경계

IV. 경계단계에서 공격의 방어 (15점)

수행 절차

❖ 음성신호(각 한 번씩): '놔 - 앉아'

1. 지도수는 블라인드에 위치한다.
2. 약 5초의 경계단계 후에 가상 범인은 심사위원의 지시에 따라 견에 대한 공격을 감행한다.
3. 견은 의욕적이고 강한 물음과 꽉 찬 그립으로 가상 범인(헬퍼)의 방어소매만을 공격해야 한다.
4. 심사위원의 지시에 따라 가상 범인이 공격을 중단하면 지도수는 '놔'라는 명령을 적합

한 시간에 맞추어 독자적으로 내릴 수 있다. 이때, 견은 즉각적으로 놓아야 한다.

5. 심사위원의 지시에 따라 지도수는 경계하고 있는 자신의 견에게 상보로 접근하여 견의 오른쪽에 가 '앉아' 명령 후 기본자세를 취하게 한다.

• **평가 감점 요소**

✓ 신속하고 열정적인 물음

✓ 놓을 때까지 꽉 찬 바이트

✓ 조용한 상태의 물음

✓ 그림의 안정감

✓ 가상 범인에게 밀착해서 집중적인 경계

V. 배면 호송 (5점)

수행 절차

❖ 음성신호(각 한 번씩): '앉아 - 가상 범인(헬퍼) 뒤로 - 호송(Trans Port)'

❖ 시험 과목 4에 연이어서 약 30보의 거리에서 가상 범인(헬퍼)의 배면 호송이 이루어진다.

❖ 배면 호송의 진행은 심사위원이 결정한다.

1. 지도수는 기본자세에서 '가상 범인(헬퍼) 뒤로' 명령 후 가상 범인이 뒤로 돌아 약 5보 거리에 정지하면 '호송' 명령과 함께 가상 범인에게 앞서서 갈 것을 요구한다.
2. 가상 범인을 주의 깊게 관찰하는 견과 함께 가상 범인의 후면에서 약 5보의 거리를 두고 가상 범인의 뒤를 쫓는다.

• **평가 감점 요소**

✓ 가상 범인에 대한 주의 깊은 관찰

✓ 정확한 각측 보행

✓ 5보의 간격의 엄수

VI. 배면 호송 중 견에 대한 공격 (15점)

수행 절차

❖ 음성신호 (각 한 번씩): '놔 - 앉아 - 따라 - 호송 - 정지'

1. 배면 호송이 완료되면 연이어서 가상 범인(헬퍼)은 견에게 공격이 이루어지도록 하여 지도수의 명령어 없이 견은 머뭇거리지 않고 의욕적이고 강한 물음을 통해 방어한다.
2. 견이 가상 범인의 방어소매를 확실하게 물었다면 지도수는 현재 위치에 멈춰 서 있어야 한다.
3. 심사위원의 지시에 따라 가상 범인이 공격을 중단하면 지도수는 '놔'라는 명령을 적합한 시간에 맞추어 독자적으로 내릴 수 있다. 이때, 견은 즉각적으로 놓아야 한다.
4. 심사위원의 지시에 따라 지도수는 경계하고 있는 자신의 견에게 상보로 접근하여 견의 오른쪽에 정립, '앉아' 명령 후 기본자세를 취한다.
5. 심사위원에게로 가상 범인의 측면 호송이 이루어진다. ('호송' 명령 허용)
6. 심사위원 앞에서 '정지' 명령, 정지 후 소프트 스틱을 심사위원에게 인계한다.

VII. 이동 중 견에 대한 공격(롱어택) (15점)

수행 절차

❖ 음성신호 (각 한 번씩): '물어 - 놔'

1. 지도수는 견과 함께 1번, 2번 블라인드 수색 시작점 위치로 이동한다.
2. 심사위원의 지시에 따라 지도수는 견에게 '물어' 명령을 내린다.
   (이때, 지도수는 위치를 이탈해서는 안 된다.)
3. 가상 범인이 공격을 중단하면 지도수는 '놔'라는 명령을 적합한 시간에 맞추어 독자적으로 내릴 수 있다. 이때, 견은 즉각적으로 놓아야 한다.

• 평가 감점 요소

✓ 신속하고 열정적인 물음
✓ 놓을 때까지 꽉 찬 바이트
✓ 조용한 상태의 물음
✓ 가상 범인에게 밀착해서 집중적인 경계

VIII. 경계단계에서 견에 대한 공격 (15점)

수행 절차

❖ 음성신호(각 한 번씩): '놔 - 앉아 - 따라 - 호송 - 정지'

1. 약 5초의 경계단계 후에 가상 범인은 심사위원의 지시에 따라 견에 대한 공격을 감행한다.
2. 견은 의욕적이고 강한 물음과 꽉 찬 그립으로 가상 범인(헬퍼)의 방어소매만을 공격해야 한다.
3. 심사위원의 지시에 따라 가상 범인이 공격을 중단하면 지도수는 '놔'라는 명령을 적합한 시간에 맞추어 독자적으로 내릴 수 있다. 이때, 견은 즉각적으로 놓아야 한다.
4. 심사위원의 지시에 따라 지도수는 경계하고 있는 자신의 견에게 상보로 접근하여 견의 오른쪽에 가 '앉아' 명령 후 기본자세를 취한다.
5. 가상 범인에게 뒤로 요구 후 견과 함께 가상 범인 오른쪽에 이동하여 명령어 없이 견이 앉으면 소프트 스틱을 수령한다.
6. 심사위원에게로 가상 범인의 측면 호송이 이루어진다. ('호송' 명령 허용)
7. 심사위원 앞에서 '정지' 명령, 정지 후 소프트 스틱을 심사위원에게 인계한다.
8. 성적을 발표하기 전에 심사위원의 지시에 따라 견을 묶는다.

• 평가 감점 요소

✓ 신속하고 열정적인 물음
✓ 놓을 때까지 꽉 찬 안정적 그립
✓ 조용한 상태의 물음
✓ 가상 범인에게 밀착해서 집중적인 경계

◆ 감점 사유

✓ 금족 & 포효

1) 완벽했으나 리콜 시 천천히 오면 = 0.5점 감점
2) 지도수를 괴롭히면 최대 = 2점 감점
★ 약간 터치(한 번 정도의 터치) = 0.5점 감점
3) 지도수가 은폐 장소 접근 시 견이 마중 오면 = 3.5점 감점
4) 지도수가 부르기 전에 견이 올 경우 = 3.5점 감점
5) 금족 & 포효 중 이탈하지만 2번째 투입에서 머무를 경우 = 3.5점 감점
6) 약하고 지속적이지 않은 짖음 = 2점 감점

✓ aus

1) 1번째 '놔' 명령에 대한 반응의 늦음 = 2.5점 감점

2) 2번째 '놔' 명령에 대한 즉각적 반응 = 3점 감점

3) 2번째 '놔' 명령에 대한 반응의 늦음 = 5.5점 감점

4) 3번째 '놔' 명령에 대한 즉각적 반응 = 6점 감점

5) 3번째 '놔' 명령에 대한 반응의 늦음 = 6~9점 감점

✓ 도주 - platz 위치까지의 각측 보행을 평가하며

1) 빨리 엎드리는지

2) 헬퍼 도주 시까지 잘 엎드려 있는지

3) 헬퍼의 도주를 확실히 저지하는지

★ '놔'를 하게 하기 위해 엎드려 명령 = 'mangelhaft'

✓ 경계

1) 산만하거나 혹은 헬퍼를 건드리는 경계 = 최대 'sehr gut'

2) 아주 심하게 산만하거나 혹은 헬퍼를 건드리는 경계 = 'gut'

3) 경계는 하지 않지만, 헬퍼에게 머무를 경우 = B

4) 지도수가 근접할 때 견이 마중 올 경우 = M

✓ 헬퍼를 물었을 경우

1) 스스로 놓지 않을 경우 핸들러의 지시에 따라 견을 회수하여야 함

2) 견이 회수 명령에 불응할 시 실격

3) 견이 회수되는 경우 최하위 평가

✓ 리콜 후 정확한 포지션, 그러나 약간 앞서 앉은 경우 = 0.5점 감점

✓ 리콜 기본자세 시 핸들러가 아닌 심사위원에게 가는 경우 = 2점 감점

★ 두 번의 회수 명령에 불응 시 실격

✓ 헬퍼 도주 시 명령어 없이 반응한 경우 = 한 단계 낮은 점수 V

✓ 사이드 트랜스 포팅

1) 측면 호송 시 헬퍼의 왼쪽으로 걸을 때 = 1.5점 감점

2) 측면 호송 중 헬퍼를 물었을 경우 → 1회 aus 명령에 불응 시 실격

✓ 백 트랜스 포팅

1) 후면 호송 중 헬퍼를 물었을 경우 실격

2) 후면 호송 중 자리를 이탈했으나 돌아온 경우 = 4점 감점

✓ 헬퍼가 멈추자마자 슬리브를 놓는 경우 감점

★ 헬퍼가 멈추고 난 후 약간의 텀을 가지고 놓을 것

✓ 롱어택 시 최초 체크포인트 (시작점까지 각측 보행)

★ no control 또는 목줄(체인)을 잡으면 = 실격

◆ IGP 3 방위 심사표

IGP3 C-방위작업

1	Revieren nach dem helfer 블라인드 써치	1 2 3 4 5 6 0-7M 7-8B 8-9G 9-9.5SG 10V		10	
2	Stellen und verbellen 홀드 앤 박	0-7M 7-8B 8-9G 9-9.5SG 10V		15	
3	Verhinderung eines fluchtversuches des helfer 헬퍼의 도주시도 저지	führig zur ablage dieflucht wird sofort Verhinder griff Lasst auf HZ sofort ab Bewech aufmerksam 0-7M 7-8B 8-9G 9-9.5SG 10V		10	
4	Abwehr eines Angriff aus der Bewechungsphase 경계단계에서 공격의 방어	Die Angriff sofort Verhindert Setzt einen Ruhig Griff Lasst auf HZ sofort ab Bewech aufmerksam 0-13.5M 14-15.5B 16-17.5G 18-19SG 19.5-20V		15	
5	Rückentransport 배면 호송	führig und aufmerksam Korrekter Abstand 0-3M 3.5B 4G 4.5SG 5V		5	
6	Überfall auf den Hund aus den Rückentransport 배면호송 중 공격	Der Uberfall wird sofort Verhinder Setzt einen Ruhig Griff Lasst auf HZ sofort ab Bewech aufmerksam 0-20.5M 21-23.5B 24-26.5G 27-28.5SG 29-30V		15	
7	**Angriff aus dem Hund aus der Bewegung** **롱어택**	führig zum lauerplatz Ruhiges sitzen Auf HZ gehter direkt, energisch die Angriff wird Verhindert Setzt einen Ruhig Griff Lasst auf HZ sofort ab Bewech aufmerksam 0-13.5M 14-15.5B 16-17.5G 18-19SG 19.5-20V		15	
	Abwehr eines Angriff aus der Bewechungsphase **경계단계에서 공격의 방어**			**15**	
합계100					

핸드러에 대한 평가	TSB -평가	심사위원의 종합평가			
	"a"	수색100			
	"vh"	복종100			
	"ng"	방위100			
		종합300			

● 엄폐물

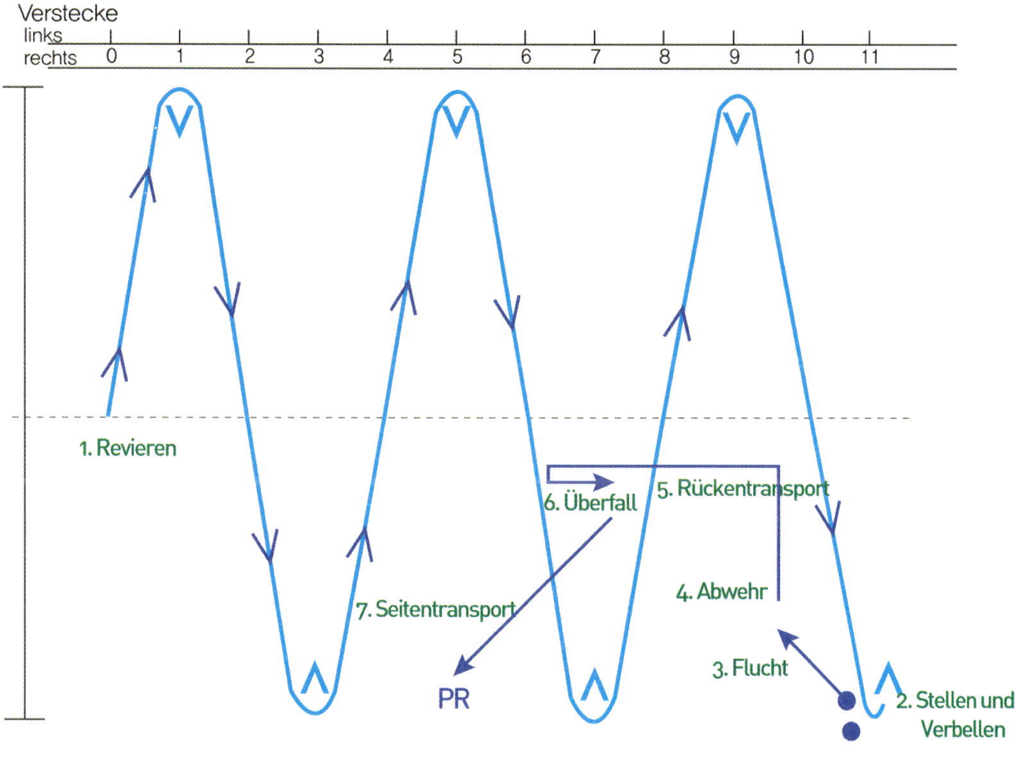
Verstecke
links
rechts
0
1
2
3
4
5
6
7
8
9
10
11
1. Revieren
6. Überfall
5. Rückentransport
4. Abwehr
7. Seitentransport
3. Flucht
PR
2. Stellen und
Verbellen

2. 훈련 명령어

순서	한국어	영어	독일어
1	앉아	sit	sitz
2	엎드려	down	platz
3	기다려	wait	bleib
4	서	stay	halten
5	물어(물건 물릴 때)	hold it	fass
6	넘어(장애물 넘을 때)	hop	sprung
9	놔	out	aus
10	이리와	come	hier
11	들어가	house	treten
12	짖어	bark	gib laut
13	가져와	bring	bringen
14	안돼	no	nein
15	돌아	turn	kreisen
16	찾아	find	such
17	따라	heel	fuss

3. 개의 교합

1) 치아

유치	위턱(상악)	아래턱(하악)	성장 기간
앞니(문치)	6	6	3~4주
송곳니(견치)	2	2	3주
작은 어금니(소구치)	6	6	4~11주
큰 어금니(대구치)	0	0	없음
합계	14개	14개	28개

영구치	위턱(상악)	아래턱(하악)	성장 기간
앞니(문치)	6	6	3~5개월
송곳니(견치)	2	2	4~6개월
작은 어금니(소구치)	8	8	4~6개월
큰 어금니(대구치)	4	6	5~8개월
합계	20개	22개	총 42개

2) 교합

① 시저바이트(scissors bite): 정상교합(협상교합)이라고도 하며, 위턱(상악)의 앞니(절치)와 아래턱(하악)의 앞니(절치)가 조금 접촉되어 맞물린 것을 말한다.

② 레벨바이트(level bite): 절단교합이라고도 하며, 아래턱(하악)이 살짝 앞으로 나와서 위치아와 아래 치아가 반듯하게 만나는 모습을 말한다.

③ 언더샷(undershot): 오버샷과 반대로 하악의 절치가 상악의 절치보다 앞쪽으로 지나치게 나온 교합을 말한다.

④ 오버샷(overshot): 입을 다물었을 때 상악의 절치가 하악의 절치보다 앞쪽으로 지나치게 나온 교합을 말한다.

참고문헌

교육부(2020). NCS 학습모듈, 반려동물행동교정.

김민철(2021). 경찰견 종합훈련센터 활성화 방안에 관한 연구. 동의대학교 대학원 박사학위논문.

김병부(2022). **반려견 훈련학**. 서울: ㈜피와이메이트.

김병부, 김일권(2008). **애견훈련학: IPO이론과 실습**. 서울: 펫미디어.

김병부, 김현주, 변성수, 송영한, 이진홍(2024). **반려동물행동지도사 필기한권완전정복**. 서울: (주)피와이메이트.

김병석(2020). **강아지는 산책하고 달리고 놀아야 한다**. 서울: 하움출판사.

김병석(2022). 반려견에 대한 보상기반 훈련프로그램이 복종훈련 단계, 민감도, 문제행동에 미치는 효과. 원광대학교 일반대학원 박사학위논문.

김병석, 김현주, 이봉재, 최동락, 김수진(2022). (동물보건사와 반려동물행동지도사를 위한) **반려동물 행동교정학**. 서울: 동문사.

김병석, 이현아, 김옥진(2021). 반려견 문제행동, 훈련 및 행동교정방법에 관한 연구. **인문사회 21, 12**(5), 785-799.

김소희(2010). **모든 개는 다르다**. 서울: 페티앙북스.

김옥진(2015). **동물매개치료 입문**. 서울: 동일출판사.

김옥진(2015). **반려동물학**. 서울: 형설출판사.

김옥진, 김병수, 박우대, 이형석, 정성곤, 하윤철, 황인수, 최인학(2015). **반려동물행동학**. 서울: 동일출판사.

김옥진, 김현주, 이시종, 유지현, 홍선화(2017). **반려동물관리학**. 서울: 동일출판사.

김옥진, 손민우, 오홍근, 박철, 임세라, 김현주(2014). **동물행동상담학**. 서울: 동일출판사.

김옥진, 홍선화, 남혜영(2017). **펫헬스테라피**. 서울: 동일출판사.

김재엽, 김일곤(2018). 폭발물 탐지견 도수사들의 폭발물 탐지업무에 관한 인식 연구. 한국융합보안학회.

김재원(2020). 탐지견 제도의 도입 쟁점에 관한 연구. 경기대학교 대학원 석사학위논문.

농림축산식품부(2022). **동물보호법 관련 규정집**. 세종: 농림축산식품부.

데즈먼드 모르스(2022). **도그 워칭**. (홍수원 역). 서울: 도서출판 두레.

류호승, 최승복, 김민선(2021). 방화탐지견(K-9) 현장 적응을 위한 실용성 검증 연구. 한국화재소방학회.

박우대, 임현곤, 한윤찬(2016). **견 훈련학**. 서울: 도서출판 삼보.

박창렬(2008). 탐지견 양성에 있어서 한미 간의 비교연구: 한국의 관세청과 미국의 어번대학을 중심으로. 건국대학교 대학원 석사학위논문.

박효진(2022). **반려동물행동상담학**. 서울: 동문사.

서병진(2013). 탐지견을 이용한 효과적인 과학수사 기법연구. 충남대학교 평화안보대학원 석사학위논문.

유지현, 김수미(2020). 강아지 사회화 교육 및 시사점: 미국과 영국의 켄넬클럽에서 본 관점. **한국디지털 정책학회,** 18(2), 413-419.

이문기(2022). **반려견 교육. 말로 소통하기.** 서울: 북랩.

이웅종(2024). **반려동물행동지도사 한권으로 끝내기.** 서울: (주)시대고시기획.

임신재(2013). **동물행동학.** 경기도: 살림출판사.

임신재(2019). **응용동물행동학.** 서울: 라이프사이언스.

최동권(2010). 탐지견의 행동양식과 훈련단계별 심박수 변화에 관한 연구. 건국대학교 대학원 박사학위 논문.

한국애견연맹(2024). **반려동물행동지도사 기본서.** 서울: 한국애견연맹.

한석현(2012). **경찰견 훈련학.** 서울: 삼보.

황철용(2016). **개·고양이 필수 건강 백과 우리 아이가 아파요.** 서울: 책공장 더불어.

Alexander, M. B., Friend, T., Haug, L. I. (2011). Obedience training effects on search dog performance. *Applied Animal Behaviour Science, 132*(3), 152-159.

American College of Veterinary Behaviors (2014). *Decoding your dog*. Foilio Literary Management, LLC and Danny Hong Agency: USA. 장정인 역(2014). **강아지와 대화하기.** 서울: 처음북스.

American Kennel Club (2019). AKC S.T.A.R. Puppy.

American Society for the Prevention of Cruelty to Animals (2022). Common Cat Behavior Issues. https://www.aspca.org/pet-care/cat-care/common-cat-behavior-issues

American Veterinary Medical Association (2015). Welfare Implications of Socialization of Puppies and Kittens.
https://www.avma.org/resources-tools/literature-reviews/welfare-implications-socialization-puppies-and-kittens

American Veterinary Society of Animal Behavior (2008). Position Statement On Puppy Socialization.

American Veterinary Society of Animal Behavior (2008). Position Statement on the Use of Dominance Theory in Behavior Modification of Animals.

American Veterinary Society of Animal Behavior (2021). Position Statement On Humane Dog Training.

Bao, K. J., & Schreer, G. (2016). Pets and happiness: Examining the association between pet ownership and wellbeing. *Anthrozoös A multidisciplinary journal of the interactions of people and animals, 29*(2), 283-296.

Beck, A. M., & Katcher, A. H. (2003). Future directions in human-animal bond research. *American Behavioral Scientist, 47*(1), 79-93.

Beerda, B., Schilder, M. B. H., Van Hooff, Jan A. R. A. M., de Vries, H. W. (1997). Manifestations of chronic and acute stress in dogs. *Applied Animal Behaviour Science, 52*, 307-319.

Bennett, P. C., & Rohlf, V. I. (2007). Relationship between demographic variables, potentially problematic behaviours, training engagement and shared activities. *Applied Animal Behaviour Science, 102*, 65-84.

Berns, G. (2013). *How dogs love us*. Levine Literary Agency, Inc: USA. 김신아 역(2016). **반려견은 인간을 정말 사랑할까?**. 서울: 진성북스.

Blackwell, E. J., Twells, C., Seawiright, A., Casey, R. A. (2008). The relationship between training methods and the occurrence of behavior problems, as reported by owners, in a population of domestic dogs. *Journal of Veterinary Behavior, 3*, 207-217.

Bradshaw, J. W. S., Blackwell, E. J., Casey, R. A. (2009). Dominance in domestic dogs-useful construct or bad habit?. *Journal of Veterinary Behavior, 4*, 134-144.

Browne, C., Starkey, N., Foster, M., McEwan, J. (2014). Dog training: Reinforcement timing and owner body language. School of Psychology, University of Wikato, New Zealand.

Casey, R. A., Loftus, B., Bolster, C., Richards, G. J., Blackwell, E. J. (2014). Human directed aggression in domestic dogs(Canis familiaris): Occurrence in different contexts and risk factors. *Applied Animal Behaviour Science, 152*, 52-63.

Christley, R. M., Murray, J. K., Anderson, K. L., Buckland, E. L., Casey, R. A., Harvey, N. D., Harris, L., Holland, K. E., McMillan, K. M., Mead, R., Owczarczak-Garstecka, S. C., Upjohn, M. M. (2020). Impact of the First COVID-19 Lockdown on Management of Pet Dogs in the UK. *Animals, 11*(1).

Clark, G. I., & Boyer, W. N. (1993). The effects of dog obedience training and behavioural counselling upon the human-canine relationship. *Applied Animal Behaviour Science, 37*(2), 147-159.

Coren, S. (2000). *How to speak dog*. Laura Hartman Maestro: USA. 박영철 역(2014). **개는 어떻게 말하는가**. 서울: 보누스.

Cornell University College of Veterinary Medicine Animal Behavior Clinic (2021). Canine Behavioral History.

Crowell-Davis, S. L. (2007). Socialization Classes for Puppies and Kittens. COMPENDIUM, 674-676.

Cutler, J. H., Coe, J. B., Niel, L. (2017). Puppy socialization practices of a sample of dog owners from across Canada and the United States. *Journal of the American Veterinary Medical Association, 251*(12), 1415-1423.

Darwin, R. C. (1859). *On the origin of species by means of natural selection, or the presentation of favoured races in the structure for life*. 송철용 역(2013). **종의 기원**. 서울: 동서문화사.

Darwin, R. C. (1859). *The expression of the emotions in man and animals*. 김성한 역(2020). **인간과 동물의 감정 표현**. 서울: (주)사이언스북스.

De Waal, F. (2009). *The age of empathy: Natures's lesson for kinder society*. The Crown Publishing Group, a division of Random House: USA. 최재천, 안재하 역(2017). **공감의 시대**. 경기: 김영사.

De Waal, F. (2016). *Are we enough to know how smart animals are?*. Tesslor Literary Agency LLC: USA. 이충호 역(2017). **동물의 생각에 관한 생각**. 서울: 세종.

De Waal, F. (2019). *Mama's last hug*. Tesslor Literary Agency LLC: USA. 이충호 역(2019). **동물의 감정에 관한 생각**. 서울: 세종.

Deldalle, S., & Gaunet, F. (2014). Effects of 2 training methods on stress-related behaviors of the dog (Canis familiaris) and on the doge owner relationship. *Journal of Veterinary Behavior, 9*, 58-65.

Department for Environment Food & Rural Affairs, UK (2017). Code of Practice for the Welfare of Dogs.

Dodman, N. H., Brown, D. C., Serpell, A. J. (2018). Associations between owner personality and psychological status and the prevalence of canine behavior problems. PLOS ONE.

Donaldson, J. (2013). *The culture clash*. The Academy for Dog Trainers, Washington, USA.

Drews, C. (1993). The concept and definition of dominance behavior. *Behavior, 125*, 284-313.

Dunbar, I. (2010). *Before and after getting your puppy: The positive approach to raising a happy, healthy, and well-behaved do*. New World Library: USA. 이종세 역(2013). **비포 & 애프터**. 경기: 조이독.

Dunbar, I. (2012). *Doctor Dunbar's good little dog book*. James & Kenneth, Publishers: USA. 이종세 역(2013). **애견훈련바이블**. 경기: 조이독.

Dunbar, I. (2012). *The dog training of behavior problems*. 이종세 역(2014). **애견행동문제가이드**. 경기: 도서출판맑은샘.

Duxbury, M. M., Jackson, J. A., Line, S. W., Anderson, R. K. (2003). Evaluation of association between retention in the home and attendance at puppy socialization classes. *Journal of the American Veterinary Medical Association, 223*(1), 61-6.

Fernandes, J. G., Olsson, A. S., Vieira de Castro, A. C. (2017). Do aversive-based training methods actually compromise dog welfare?: A literature review. *Applied animal behaviour science, 196*, 1-12.

Freedman, D. G., King, J. A., Elliot, O. (1961). Critical period in the social development of dogs. *Science, 133*, 1016-1017.

Gerencsér, L., Bunford, N., Moesta, A., Miklósi, A. (2018). Development and validation of the Canine Reward Responsiveness Scale-Examining individual differences in reward responsiveness of the domestic dog. *SCIENTIFIC REPORTS, 8*, 4421.

González-Martínez, Á., Martínez, M. F., Rosado, B., Luño, I., Santamarina, G., Suárez, M. L., Camino, F., Cruz, L. F., Diéguez, F. J. (2019). Association between puppy classes and adulthood behavior of the dog. *Journal of Veterinary Behavior, 32*, 36-41.

González-Ramírez, M. T., Quezada-Berumen, Lucía del Carmen., Vanegas-Farfano, M., Landero-Hernández, R. (2018). The effects of dog-owner relationship on perceived stress and happiness. *Human Animal Interaction Bulletin, 6*(2), 44-57.

Goodloe, L. P., & Borchelt, P. L. (1998). Companion Dog Temperament Traits. *Journal of Applied Animal Welfare Science, 1*, 303-338.

Hakanen, E., Mikkola, S., Salonen, M., Puurunen, J., Sulkama, S., Araujo, C., Lohi, H. (2020). Active and social life is associated with lower non-social fearfulness in pet dogs. *SCIENTIFIC REPORTS, 10*, 13774.

Haug, L. I. (2008). Canine aggression toward unfamiliar people and dogs. *Veterinary Clinics of North*

America Small Animal Practice, 38, 1023-1041.

Hennessy, M. B., Williams, M. T., Miller, D. D., Douglas, C. W., Voith, V. L. (1998). Influence of male and female petters on plasma cortisol and behaviour: can human interaction reduce the stress of dogs in a public animal shelter?. *Applied animal behaviour science, 61*, 63-77.

Herron, M. E., Shofer, F. S., Reisner, I. R. (2009). Survey of the use and outcome of confrontational and non-confrontational training methods in client-owned dogs showing undesired behaviors. *Applied Animal Behaviour Science, 117*, 47-54.

Heverbeke, A., Laporte, B., Depiereuxc, E., Giffroya, J. M., Diedericha, C. (2008). Training methods of military dog handlers and their effects on the team's performances. *Applied Animal Behaviour Science, 113*, 110-122.

Hiby, E. F., Rooney, N. J., Bradshaw, W. S. (2004). Dog training methods: Their use, effectiveness and interaction with behavior and welfare. *Animal Welfare, 13*, 63-69.

Houpt, K. A., Honig, S. U., Reisner, I. R. (1996). Breaking the human-companion animal bond. *Journal of the American Veterinary Medical Association, 208*, 1653-1659.

Howell, T. J., King, T., Bennett, P. C. (2015). Puppy parties and beyond: The role of early age socialization practices on adult dog behavior. *Journal of Veterinary Medicine: Research and Reports, 6*, 143-153.

Jagoe, A., & Serpell, J. (1996). Ownership characteristics and interactions and the prevalence of canine behaviour problems. *Applied animal behaviour science, 47*, 31-42.

Jensen, J. B. H., Sandoe, P., Nielsen, S. S. (2020). Owner-related reasons matter more than behavioural problems—a study of why owners relinquished dogs and cats to a danish animal shelter from 1996 to 2017. Animals.

Kennel Club(2019). The Kennel Club Good Citizen Dog Scheme.

Kim Gahee (2016). Assessment of separation anxiety in dogs: The search for a diagnostic method. Master's thesis. Purdue University.

Kim Young-Mee, Kim Sun-A, Lee Sang-Mok, Choi Yoon-Ju, Kim Byung-Joo, & Shin Nam-Shik (2010). Canine behavioral problems and their effect on relinquishment of the Jindo dog. *Journal of Veterinary Science, 11*(4), 345-350.

Kobelt, A. J., Hemsworth, P. H., Barnett, J. L., Coleman, G. J. (2003). A survey of dog ownership in suburban Austrailia-conditions and behaviour problems. *Applied animal behaviour science, 82*, 137-148.

Kutsumi Ai, Nagasawa Miho, Ohta Mitsuaki, Ohtani Nobuyo (2013). Importance of puppy training for future behavior of the dog. *J Vet Med Sci, 75*(2), 141-149.

Kwan, J. Y., & Bain, M. J. (2013). Owner attachment and problem behaviors related to relinquishment and training techniques of dogs. *JOURNAL OF APPLIED ANIMAL WELFARE SCIENCE, 16*, 168-183.

Landsberg, G. M. (2018). Treatment of Behavior Problems in Cats.

https://www.msdvetmanual.com/cat-owners/behavior-of-cats/treatment-of-behavior-problems-in-cats.

Lawshe, C. H. (1975). A quantitative approach to content validity. *Personnel Psychology, 28*(4), 563-575.

Lorenz, K. (1954). *Man meets dog*. Routledge Classics 2002, Taylor & Francis Group: New York, USA.

Makowska, I. J. (2018). Review of dog training methods: welfare, learning ability, and current standards. BCSPCA.

Marschark, E. D., & Baenninger, R. (2002). Modification of instinctive herding dog behavior using reinforcement and punishment. *A multidisciplinary journal of the interactions between people and other animals, 1*, 51-68.

McConnell, P. (2002). *The other end of the leash*. Zachary Schuster Harmsworth, a Literary & Entertainment Company. 신남식, 김소희 역(2011). **당신의 몸짓은 개에게 무엇을 말하는가?**. 서울: 페티앙북스.

McDevit, L. (2007). *Control unleashed*. Clean Run Oriductons LLC: MA, USA.

Millan, C. (2008). Understanding Aggression. Available at: http://www.cesarmillaninc.com/tips/issues_understand_aggression.php.

Millan, C., Emery, S. P., Sumner, K. B. (2004). MPH Entertainment (Firm), Screen Media Films (Firm). Dog Whisperer with Cesar Milan: The Complete First Season.

Mills, D., Karaginnis, C., Zulch, H. (2014). Stress—its effects on health and behavior: a guide for practitioners. *Veterinary Clinics of North America Small Animal Practice, 44*(3), 525-41.

Nagasawa Miho., Kikusui Takefumi., Onaka Tatsushi., Ohta Mitsuaki (2009). Dog's gaze at its owner increases owner's urinary oxytocin during social interaction. *Hormones and behavior, 55*(3), 434-441.

Polo, G., Calderón, N., Clothier, S., de Casssia Maria Garcia, R. (2015). Understanding dog aggression: Epidemiological aspects. *Journal of Veterinary Behavior, 10*(6), 525-534.

Pryor, K. (1999). *Clicker training for dogs*. Writers House: USA. 김소희 역(2012). **개를 춤추게 하는 클리커 트레이닝**. 서울: 페티앙북스.

Rooney, N. J., & Cowan, S. (2011). Training methods and owner–dog interactions: Links with dog behaviour and learning ability. *Applied Animal Behaviour Science, 132*, 169-177.

Royal Society for the Prevention of Cruelty to Animals (2021). Advice and Welfare. https://www.rspca.org.uk/adviceandwelfare/pets

Rugaas, T. (2005). *My dog pulls. What do i do?*. Dogwise Publishing: Washington.

Rugaas, T. (2006). *On talking terms with dogs: Calming signals*. Dogwise Publishing: Washington.

Rugaas, T. (2008). *Barking the sound of a language*. Dogwise Publishing: Washington.

Ryan, T. (2008). *Coaching people to train their dogs*. Legacy Canine Behavior & Training, Inc.: WA, USA.

Schilder, M. B. H., & van der Borg, J. A. M. (2004). Training dogs with help of the shock collar:

short and long term behavioural effects. *Applied Animal Behaviour Science, 85*, 319-334.

Seligman, M. E. P., Maier, S. F., Geer, J. (1979). Alleviation of learned helplessness in the dog. Psychopathology in Animal Life, 401-409.

Stepita, M. E., Bain, M. J., Kass, P. H. (2013). Frequency of CPV infection in vaccinated puppies that attended puppy socialization classes. *Journal of the American Animal Hospital Association, 49*(2), 95-100.

The Association of Professional Dog Trainers (2019). Position Statement on Dominance and Dog training. https://apdt.com/about/position-statements/

The Association of Professional Dog Trainers (2020). Position Statement on DOG TRAINING TELEVISION SHOWS. https://apdt.com/about/position-statements/

The monks of New Skete (2002). *How to be your dog's best friend*. Little, Brown and Company: Boston. 류초롱 역(2015). **뉴스킷 수도원의 훈련법**. 서울: 바다출판사.

The monks of New Skete (2011). *The art of raising a puppy*. Little, Brown and Company: Boston. 김윤정 역(2014). **뉴스킷 수도원의 강아지들**. 서울: 바다출판사.

Vandergraf, S. K. (2017). The Effects of Reward-Based Training on the Behavioral Assessment of the Domestic Dog. Master's thesis. Murray State University.

Victoria Agriculture, Australia (2019). Obedience training. https://agriculture.vic.gov.au/pets/dogs/training-and-behavioural-problems/obedience-training

Vieira de Castro, A. C., Araújo, A., Fonseca, A., Olsson, A. S. (2021). Improving dog training methods: Efficacy and efficiency of reward and mixed training methods. PLOS ONE.

Voith, V. L., Wright, J. C., Danneman, P. J. (1992). Is there a relationship between canine behavior problems and spoiling activities, anthropomorphism, and obedience training?. *Applied Animal Behaviour Science, 34*(3), 263-272.

Yin, Sophia (2007). Dominance versus leadership in dog training. CompendiumVet.com. https://www.researchgate.net/profile/Sophia-Yin-4/publication/6113443_Dominance_versus_leadership_in_dog_training/links/00b495368a4bbb9ad6000000/Dominance-versus-leadership-in-dog-training.pdf.

Yin, Sophia (2010). *How to behave so your dog behaves*. TFH PUBLICATIONS, Inc.: USA. 최윤주, 김소희 역(2015). **개는 어떻게 가르쳐야 하는가**. 서울: 페티앙북스.

Yuko Sato (2003). Naruhodo! Inu no Shinri to Kodo. Seitosha Co., Ltd.: Japan. 김환 역(2004). **애견의 심리와 행동**. 서울: 그린홈.

Ziv, G. (2017). The effects of using aversive training methods in dogs—A review. *Journal of Veterinary Behavior, 19*, 50-60.

〈기관 및 단체〉
관세청
농림수산식품 교육문화정보원
농림축산식품부
삼성화재안내견 학교
한국애견연맹
한국애견협회
한국인명구조견협회

Resi Gerritsen, Ruud Haak(2014). K9 Personal Protection. Dog Training Press.
Resi Gerritsen, Ruud Haak(2014). K9 Search and Rescue. Dog Training Press.
Resi Gerritsen, Ruud Haak(2015). K9 Scent Training. Dog Training Press.
Resi Gerritsen, Ruud Haak(2016). K9 Drug Detection. Dog Training Press.
Resi Gerritsen, Ruud Haak(2017). K9 Explosive and Mine Detection. Dog Training Press.
Resi Gerritsen, Ruud Haak(2018). THE Malinois. Dog Training Press.

저자소개

김병석박사

현) 신라대학교 일반대학원 반려동물학과 초빙교수

현) 가톨릭상지대학교 반려동물과 초빙교수

전) 부산경상대학교 반려동물산업과 교수(학과장)

전) (주)소통공감반려견아카데미 대표

장인배

경기대학교 대체의학 대학원 동물매개자연치유 석사

전) 부산경상대학교 겸임교수

반려동물행동지도사를 위한

반려동물 훈련학 이론과 실무

초판 1쇄 인쇄 / 2024년 8월 26일

초판 1쇄 발행 / 2024년 8월 30일

공저자 / 김병석 · 장인배

발행인 / 이 중 수

발행처 / **동 문 사**

서울특별시 서대문구 홍제원 1길 12

(홍제동 137-8)

Tel: 02)736-3718(대), 736-3710, 3720

Fax: 02)736-3719

등록번호: 1974.04.27. 제9-17호

가격: 28,000원

ISBN: 979-11-6328-603-5(93490)

E-mail: dong736@naver.com

www.dongmunsa.com